图解实战版

从零开始学炒股票与基金

龙飞 著

人民邮电出版社
北京

图书在版编目（CIP）数据

从零开始学炒股票与基金：图解实战版 / 龙飞著. -- 北京：人民邮电出版社，2018.2（2022.9重印）
ISBN 978-7-115-45909-1

Ⅰ. ①从… Ⅱ. ①龙… Ⅲ. ①股票投资一基本知识②基金一投资一基本知识 Ⅳ. ①F830.91②F830.59

中国版本图书馆CIP数据核字(2018)第007835号

内 容 提 要

本书通过12个主题内容、190多个知识精讲点、300多张图片注解，以图文并茂的方式分析了经典K线买入卖出形态、通过形态找买卖点、技术指标找买卖点、基金投资必学技巧和基金投资必知技巧等内容，增强了内容的实战性，帮助投资者快速掌握炒股票与基金实战技巧。

本书结构清晰，案例丰富，实战性强，不仅适合刚入门的股票投资者学习使用，还可以作为证券、投资等公司用于培训、指导客户的教材。

◆ 著　　　龙　飞
责任编辑　恭竟平
责任印制　周昇亮

◆ 人民邮电出版社出版发行　北京市丰台区成寿寺路11号
邮编　100164　电子邮件　315@ptpress.com.cn
网址　http://www.ptpress.com.cn
北京虎彩文化传播有限公司印刷

◆ 开本：700×1000　1/16
印张：16　　　2018年2月第1版
字数：349千字　　　2022年9月北京第17次印刷

定价：45.00元

读者服务热线：(010)81055296　印装质量热线：(010)81055316
反盗版热线：(010)81055315
广告经营许可证：京东市监广登字20170147号

前言 Preface

■ 写作驱动

本书将通过 12 个主题内容、300 多张清晰图片全方位介绍股票与基金投资的各项方法和技巧。

本次升级增加了经典 K 线买入卖出形态、通过形态找买卖点、技术指标找买卖点、基金投资必学技巧和基金投资必知技巧等内容，进一步增强了内容的实战性。本书包含了丰富的实战技巧，每个实战技巧都进行了详细介绍，力图使交易者能掌握其中的奥秘和方法，并运用自如。

■ 主要特色

【知识精简，结构清晰】

本书精挑细选股票与基金投资中最实用的方法和技术进行重点讲解，知识体系非常系统，一招一式来自大量实战，帮助读者轻松读懂股票与基金投资。

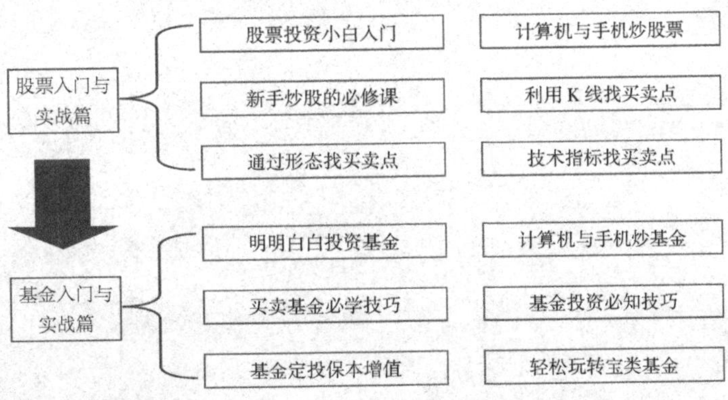

【案例实用，全程图解】

在写作上，本书运用丰富的图例对理论知识进行辅助说明。读者若对理论知识感到枯燥，可以从图例中体会到股票与基金投资的神秘和乐趣，从而提高股票和基金分析技术，更快地获得投资收益。

【手机炒股，随时随地】

目前市场上的图书内容大多是针对 PC 版的，而讲解手机炒股票与基金的书极少。本书则对手机炒股票与基金的应用技巧讲解非常全面，介绍了运用 APP 进行手机炒股票和基金的方法技巧，帮助读者随时随地掌控股票和基金投资。

■ 本书学习的注意事项

股票与基金投资的技巧和方法不计其数，本书罗列的技术和方法比较全面，投资者不需要全部掌握，可针对性地挑选几种技术深入学习并不断总结，在实战中进行综合运用即可达到很好的效果。

读者在阅读时还应结合实际情况灵活变通，举一反三，养成勤思考的好习惯，形成良好的归纳总结能力。

■ 作者售后

由于作者知识水平有限，书中难免有错误和疏漏之处，恳请广大读者批评、指正。

目录 Contents

CHAPTER 1

第1章 股票投资小白入门

学前提示

对于散户们来说，想要在股市里面捞一桶金不算难事，难的是源源不断地获得盈利。究其原因就是他们不懂得更新知识和自如地运用学到的知识。对于股票基础知识基本为零的新手们来说，应该懂得“武装好大脑，才能武装好钱包”的道理。

要点展示

- 股票基础知识
- 开户与入市
- 防范风险陷阱

1.1 股票基础知识

华尔街有两个人不断交易一罐沙丁鱼罐头，每一次甲方都用更高的价钱从乙方手里买进，这样双方都赚了不少钱。一天，甲决定打开罐头看看：一罐沙丁鱼为什么要卖这么高价钱？结果令他大吃一惊：鱼是臭的！他为此指责对方。乙的回答是：罐头是用来交易的，不是用来吃的啊！

从这个交易罐头的故事中，不难看出其反复交易的本质，就是不断地提高罐头的价格，从中获得最大的利益，而股票的本质也在于此。

在当今社会中，股票已经不是一个陌生的名词，但对其有真正理解的人却并不多。那么对于想要开始学习炒股的投资者，需要进一步认识股票究竟是什么。

1.1.1 股票的概念和特征

股票是股份公司（包括有限公司和无限公司）在筹集资本时向出资人发行的股份凭证，代表着其持有者（即股东）对股份公司的所有权。这种所有权为一种综合权利，如参加股东大会、投票表决、参与公司的重大决策等，并收取股息或分享红利等。在股票电子化以前，股民购买股票时可以得到一张印刷精致的纸质凭证，即实物股票，如图 1-1 所示。

图 1-1 实物股票

随着股票交易的电子化，实物股票逐渐退出了股票交易的舞台。现如今，实物股票已被我国国家博物馆界定为文物，很难再看到了。

股票一般可以通过买卖方式有偿转让，股东能通过股票转让收回其投资，但不能要求公司返还其出资。股东与公司之间的关系不是债权债务关系。股东是公司的所有者，以其出资额为限对公司负有限责任、承担风险、分享收益。在一些西方国家（如美国），投资在社会经济中已经占有极为重要的地位。在资产经济繁荣的华尔街，来来往往的人士大部分都是投资家，如资金雄厚的企业家、银行家、经济学家等，通过与全球不同国家和公司的合作，涉及广泛的领域，所得到的回报通常也是非常可观的。

股票作为一种有价证券，有以下几个特点。

（1）不可偿还性。股票是一种无偿还期限的有价证券，当投资者认购了股票后，就不能再要求退股，只能通过二级市场卖给第三者。股票的转让只意味着公司股东的改变，并不减少公司资本。从期限上看，只要公司存在，其所发行的股票就存在，也就是说股票的期限等于公司存在的期限。

（2）参与性。作为股票持有者，每一位股民都有参与股份公司盈利分配和承担有限责任的权利和义务。股东有权出席股东大会，选举公司董事会，参与公司重大决策。股票持有者的投资意志和享有的经济利益，通常是通过行使股东参与权来实现的。股东参与公司决策的权利大小，取决于其所持有股份的多少，只要股东持有的股票数量达到左右决策结果所需的实际数时，就能掌握公司决策控制权。

（3）收益性。股东凭其持有的股票，有权从公司领取股息或红利，获取投资的收益。股息或红利的大小，主要取决于公司的盈利水平和公司的盈利分配政策。股票的收益性，还表现在股票投资者可以获得价差收入或实现资产保值增值。通过低价买入和高价卖出股票，投资者可以赚取价差利润。

（4）流通性。股票的流通性是指股票在不同投资者之间的可交易性。流通性通常以可流通的股票数量、股票成交量及股价对交易量的敏感程度来衡量。可流通股数越多，成交量越大，价格对成交量越不敏感（价格不会随着成交量一同变化），股票的流通性就越好，反之就越差。股票的流通，使投资者可以在市场上卖出所持有的股票，取得现金。通过股票的流通和股价的变动，可以看出人们对于相关行业和上市公司的发展前景和盈利潜力的判断。那些在流通市场上吸引大量投资者、股价不断上涨的行业和公司，可以通过增发股票，不断吸收大量资本进入生产经营活动，达到优化资源配置的效果。

（5）价格波动性和风险性。股票在交易市场上作为交易对象，和商品一样，有自己的市场行情和市场价格。由于股票价格要受到如公司经营状况、供求关系、银行利率、大众心理等多种因素的影响，其波动有很大的不确定性。正是这种不确定性，有可能使股票投资者遭受损失，价格波动的不确定性越大，投资风险也越大。因此，股票是一种高风险的金融产品。例如，称雄于世界计算机产业的国际商用机器公司（IBM），当其业绩不凡时，每股股票的价格可高达170美元，但在其地位遭到挑战，出现经营失策而招致亏损时，股价也会下跌到40美元。因此，如果投资者不合时宜地在高价位买进该股，就有可能损失严重。

1.1.2 证券交易所和券商

股票市场是已经发行的股票按市价进行转让、买卖和流通的市场。相比而言，股票流通市场的结构和交易活动比发行市场更为复杂，其作用和影响也更大，大部分国家都有一个或多个股票交易所。

证券交易所是有组织的有价证券交易市场，属于非盈利的事业法人，接受国家证券主管机关证券委员会及证监会的领导、管理和监督。证券交易所的业务主要是提供证券集中交易的场所和设施，在主管机关批准的范围内管理证券商和上市公司，提供证券市场的信息服务等。

通常情况下，证券交易所本身并不参与证券交易，而且也不能决定证券价格。证券交易所主要有两种组织形式：公司制和会员制。

例如，我国的深圳、上海两大证券交易所都是采用会员制组织形式。由于证券交易是由会员组成，只给会员提供交易场所，所以普通自然人和法人不能直接到证券交易所进行买卖交易，所有证券交易都必须通过券商来进行，即成为交易所会员的券商可以进入交易市场参与交易。

从券商的功能分，券商可分为证券经纪商、证券自营商和证券承销商。

（1）证券经纪商：是指代理客户买卖有价证券的证券机构，是中介者，以赚取佣金为目的。

（2）证券自营商：是指自行买卖证券的证券机构，其以自己的名义、账号在交易市场买卖证券。

（3）证券承销商：是以包销或代销的方式发售证券的机构。

专家提醒

目前，我国在上海和深圳设立了证券交易所，各地券商则分别是两个证券交易所的会员。在国内，券商可以兼营以上3种业务。通常，投资者只需要和证券公司有直接联系，如果需要买卖股票，可到证券公司办理委托，券商的业务员在受理委托后，便会立即通知在证券交易所内的驻场交易员，驻场交易员接到委托通知，按一定方式在场内依照委托要求进行公开申报，完成交易。

1.1.3 股市常用术语

在认识了相应的股票和股票市场知识后，投资者需要对相关的股市名词术语进行相应的了解，如表1-1所示。股票术语就是在股市上用来表达各种量能关系的特殊语言，其广泛流通于股票交易的市场分析中。

表 1-1　股市常用术语

常用术语	基本含义
牛市	“牛市”也称多头市场，指证券市场行情普遍看涨、买入者多于卖出者、延续时间较长的大升市。此处的证券市场泛指常见的股票、债券、期货、期权（选择权）、外汇、基金、可转让定存单、衍生性金融商品及其他各种证券
熊市	“熊市”也称空头市场，指行情普遍看淡，延续时间相对较长的大跌市，是指股市行情萎靡不振，交易萎缩，指数一路下跌的态势
利多	利多也称为利好，是指刺激股价上涨的信息，如股票上市公司经营业绩好转、银行利率降低、社会资金充足、银行信贷资金放宽、市场繁荣等，以及其他政治、经济、军事、外交等对股价上涨有利的信息
利空	利空就是指能够促使股价下跌的信息，如股票上市公司经营业绩恶化、银根紧缩、银行利率调高、经济衰退、通货膨胀、天灾人祸等，以及其他政治、经济、军事、外交等促使股价下跌的不利消息
多头	多头是指投资者对股市看好，预计股价将会看涨，于是趁低价时买进股票，待股票上涨至某一价位时再卖出，以获取差额收益。一般来说，通常把股价长期保持上涨势头的股票市场称为多头市场。多头市场股价变化的主要特征是一连串的大涨小跌
空头	空头是投资者和股票商认为现时股价虽然较高，但对股市前景看坏，预计股价将会下跌，于是及时卖出，待股价跌至某一价位时再买进，以获取差额收益。采用这种先卖出后买进、从中赚取差价的交易方式称为空头。通常把股价长期呈下跌趋势的股票市场称为空头市场。空头市场股价变化的特征是一连串的大跌小涨
买空	买空是投资者预测股价将会上涨，但自有资金有限不能购进大量股票，于是先缴纳部分保证金，并通过经纪人向银行融资以买进股票，待股价上涨到某一价位时再卖，以获取差额收益
卖空	卖空是投资者预测股票价格将会下跌，于是向经纪人交付抵押金，并借入股票抢先卖出。待股价下跌到某一价位时再买进股票，然后归还借入股票，从中获取差额收益

续表

常用术语	基本含义
除息	除息是指股票发行企业在发放股息或红利时，需要事先进行核对股东名册、召开股东会议等多种准备工作，于是规定以某日在册股东名单为准，并公告在此日以后一段时期为停止股东过户期。停止过户期内，股息红利仍发给登记在册的旧股东，新买进股票的持有者因没有过户就不能享有领取股息红利的权利。同时股票买卖价格应扣除这段时期内应发放股息红利数，就是除息交易
除权	除权与除息一样，也是停止过户期内的一种规定，即新的股票持有人在停止过户期内不能享有该种股票的增资配股权利。配股权是指股份公司为增加资本发行新股票时，原有股东有优先认购或认配的权利
开盘价	开盘是指某种证券在证券交易所每个营业日的第一笔交易，而第一笔交易的成交价即为当日开盘价。按上海证券交易所规定，如开市后半小时内某证券无成交，则以前一天的收盘价为当日开盘价。有时某证券连续几天无成交，则由证券交易所根据客户对该证券买卖委托的价格走势，提出指导价格，促使其成交后作为开盘价。首日上市买卖的证券经上市前一日柜台转让平均价或平均发售价为开盘价
收盘价	收盘价是指某种证券在证券交易所一天交易活动结束前最后一笔交易的成交价格。如当日没有成交，则采用最近一次的成交价格作为收盘价。因为收盘价是当日行情的标准，又是下一个交易日开盘价的依据，可据以预测未来证券市场行情，所以投资者对行情分析时，一般采用收盘价作为计算依据
建仓	股票建仓就是买入股票。建仓是个形象的说法，一般指某个个体看好某只股票的前景，有计划地持续地买入一定量的该股票，稳定持有等待其股价上涨，建仓期就是完成这个买入计划所花费的时间
平仓	平仓一般指买进股票后，股价上涨有盈利后卖出股票并有了成交结果的行为
斩仓	斩仓一般指买进股票后，股价开始下跌造成亏损后，卖出股票并有了成交结果的行为。例如，投资者第一天以 10 元买进了万科 A800 股，第 3 天股价下跌，投资者认为股价还可能继续下跌，于是当天以 9 元卖出 800 股，顺利成交后，该行为称为斩仓
拨档	投资者做多头时，若遇股价下跌，并预计股价还将继续下跌时，马上将其持有的股票卖出，等股票跌落一段差距后再买进，以减少做多头在股价下跌那段时间受到的损失，这种交易行为称为拨档
回档	在股市上，股价呈不断上涨趋势，终因股价上涨速度过快而反转回跌到某一价位，这一调整现象称为回档。一般来说，股票的回档幅度要比上涨幅度小，通常是反转回跌到前一次上涨幅度的 1/3 左右时又恢复原来上涨趋势
反弹	在股市上，股价呈不断下跌趋势，终因股价下跌速度过快而反转回升到某一价位的调整现象称为反弹。一般来说，股票的反弹幅度要比下跌幅度小，通常是反弹到前一次下跌幅度的 1/3 左右时，又恢复原来的下跌趋势

续表

常用术语	基本含义
停板	因股票价格波动超过一定限度而停做交易，其中因股票价格上涨超过一定限度而停做交易叫涨停板，因股票价格下跌超过一定限度而停做交易叫跌停板。我国证券制度规定，除上市首日之外，股票（含 A、B 股）和基金类证券在一个交易日内的交易价格相对上一交易日收市价格的涨跌幅度不得超过 10%，超过涨跌限价的委托为无效委托。我国的涨跌停板制度与国外制度的主要区别在于股价达到涨跌停板后，不是完全停止交易，在涨跌停价位或之内价格的交易仍可继续进行，直到当日收市为止
套牢	套牢指进行股票交易时所遭遇的交易风险。例如，投资者预计股价将上涨，但在买进后股价却一直呈下跌趋势，这种现象称为多头套牢。相反，投资者预计股价将下跌，将所借股票放空卖出，但股价却一直上涨，这种现象称为空头套牢
解套	解套指当套牢时通过各种策略，使股票回归成本或有盈利。解套的方法有主动性和被动性的
多头陷阱	多头陷阱就是多头设置的陷阱，通常发生在指数或股价屡创新高，并迅速突破原来的指数区且达到新高点，随后迅速滑落跌破以前的支撑位，结果使在高位买进的投资者严重被套
空头陷阱	空头陷阱就是市场主流资金大力做空，通过盘面中显现出明显疲弱的形态，诱使投资者恐慌性抛售股票
送配股	送配股包括送股和配股两个意思。 ① 送股是指上市公司将利润（或资本金转增）以红股的方式分配给投资者，使投资者所持股份增加而获得投资收益。 ② 配股是股份有限公司在扩大生产经营规模、需要资金时，通过配售新股票向原有股东募集资本金的一种办法
分红	分红是股份公司在盈利中每年按股票份额的一定比例支付给投资者的红利，是上市公司对股东的投资回报。投资者购买一家上市公司的股票，对该公司进行投资，同时享受公司分红的权利。一般来说，上市公司分红主要有两种形式：向股东派发现金股利和股票股利。上市公司可根据情况选择其中一种形式进行分红，也可以使用两种形式

1.2 开户与入市

股票账户是指投资者在券商处开设的进行股票交易的账户。作为一个新入市的投资者，在进入股市进行证券交易之前，必须首先开立股票账户，有了这个“通行证”，才能入市进行证券买卖操作。

专家提醒

俗话说：“不要懵懵懂懂地随意买股票，要在投资前扎实地做一些功课，才能成功。”在了解了股票的基本知识后，投资者还必须明确如何进行炒股、需要注意的具体事项及各种交易规则等，只有做足了准备，才能稳步前进。

1.2.1 选择适合自己的券商

如今，为投资者提供证券服务的券商有很多，它们实际上就是证券交易所的代理商。如图 1–2 所示，介绍了一些国内较出名的券商供大家选择。

图 1–2　国内较出名的券商

专家提醒

我国的证券投资者在委托买卖证券时应支付相关费用和税收，按收取机构可分为证券商费用、交易场所费用和国家税收。

目前，投资者在购买我国券商交易上交所和深交所挂牌的 A 股、基金、债券时，需交纳的各项费用主要有委托费、佣金、印花税、过户费及转托管费等。

（1）委托费：主要用于支付通信等方面的开支。一般按笔计算，交易上交所股票、基金时，上海本地券商按每笔 1 元收费，异地券商按每笔 5 元收费；

交易深交所股票、基金时，券商按每笔 1 元收费。

（2）佣金：是指投资者在委托买卖成交后所需支付给券商的费用。上海股票、基金及深圳股票均按实际成交金额的 3.5‰ 向券商支付佣金，上海股票、深圳股票成交佣金起点为 5 元；债券交易佣金收取最高不超过实际成交金额的 2‰，大宗交易可适当降低。

（3）印花税：是指投资者在卖出成交后支付给财税部门的税收。股票交易均按实际成交金额的 1 ‰ 支付，此税收由券商代扣后由交易所统一代缴。债券与基金交易均免交此项税收。

（4）过户费：是指股票成交后，更换户名所需支付的费用。由于我国两家交易所不同的运作方式，上交所股票采取的是“中央登记、统一托管”，所以此费用只在投资者进行上海股票、基金交易中才支付，深交所交易时无此费用。此费用按成交股票数量（以每股为单位）的千分之一支付，不足 1 元按 1 元收。

（5）转托管费：是办理深交所股票、基金转托管业务时所支付的费用。此费用按户计算，每户办理转托管时需向转出方券商支付 30 元。

大多数投资者在初入股市之时，最急切关注的一个问题就是：哪家券商好？我的户要开在哪里？如果不仔细斟酌就随便开了户，日后可能会产生许多不必要的麻烦，投资者必须牢记投资炒股的一大禁忌——切忌盲目跟风。买股票如是，选券商亦如是，正所谓“没有最好的，只有最适合自己的”。如图 1-3 所示，列举了选择适合自己的证券公司的常用方法。

图 1-3　选择适合自己证券公司的常用方法

专家提醒

另外，股票投资的一项基本费用就是佣金。佣金水平的高低也是选择券商的一个要素。

1.2.2 股票入市的交易流程

对于在知识、信息、设备和资金方面都处于劣势的中小投资者来说，不可能花费太多时间和精力钻研股市理论和行情，所以有不少股民是在对股票知之甚少，甚至一无所知的情况下入市的。这使他们面临着很大的风险。

因此，炒股首先要全面而详细地认识各种股票，了解上市公司，掌握股市行情，眼观六路，耳听八方，慎重交易，其中，最重要的一点就是要熟知股票入市交易流程，如图 1–4 所示。

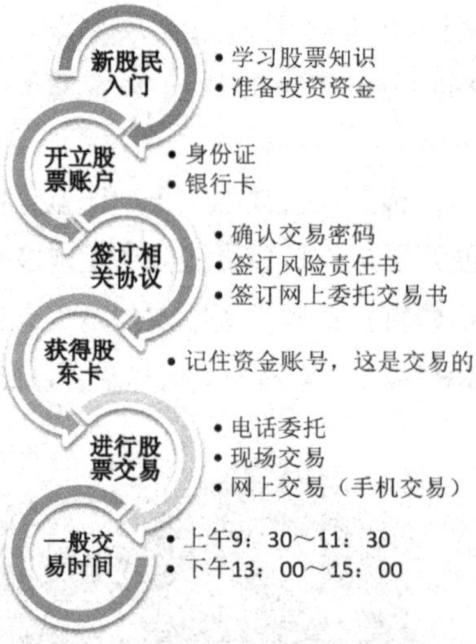

图 1–4 入市流程

新股民要做的第一件事就是为自己开立一个股票账户（即股东卡）。股票账户相当于一个“银行户头”，投资者只有开立了股票账户才可进行证券买卖。

总之，成功需要正确的方法，炒股更是一门高深的学问，如果认为随随便便买卖股票就可以赚钱，贸然入市，那一定会损失惨重的。笔者建议，投资者一定要牢记炒股的交易流程，积累一定的股票知识和操作经验。

1.2.3 开设账户的基本流程

开户也称为开设账户，投资者可以在券商柜台或网上办理。国内有众多的券商，如海通证券、中信证券、宏源证券、光大证券、兴业证券等，投资者可以择优选取一家进行开户。柜台股票开户流程，如图 1-5 所示。

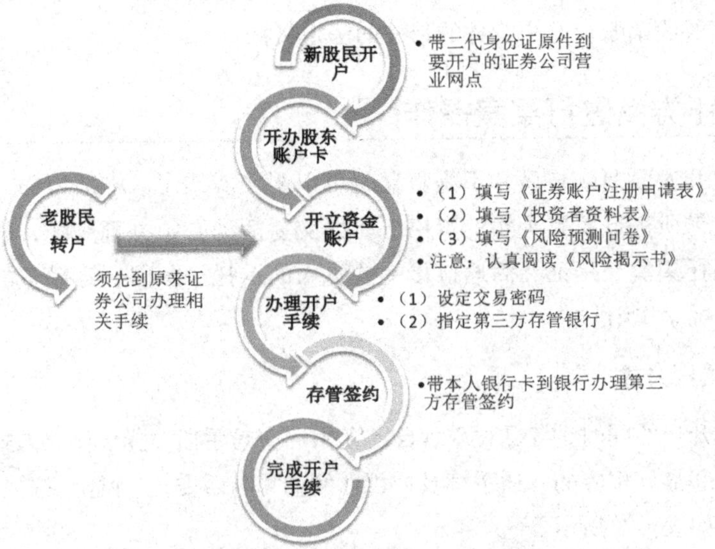

图 1-5 柜台开设账户的流程

投资者如需入市，应事先开立证券账户卡。下面分别介绍在证券公司柜台开立深圳证券账户卡和上海证券账户卡要准备的资料，如表 1-2 所示。

表 1-2 开立证券账户卡的条件

项目	深圳证券账户卡	上海证券账户卡
投资者	可以通过所在地的证券营业部或证券登记机构办理，需提供本人有效身份证及复印件；委托他人代办的，还需提供代办人身份证及复印件	可以到中央登记结算公司在当地的开户代理机构处，办理有关申请开立证券账户手续，带齐有效身份证件和复印件
法人	持营业执照（及复印件）、法人委托书、法人代表证明书和经办人身份证办理	需提供法人营业执照副本原件或复印件，或民政部门、其他主管部门颁发的法人注册登记证书原件和复印件；法定代表人授权委托书以及经办人的有效身份证明及其复印件
备注	证券投资基金、保险公司开设账户卡则需到深圳证券交易所直接办理	委托他人代办须提供代办人身份证明及其复印件，以及委托人的授权委托书
费用	A 股账户的开户费用，由个人 90 元、机构 900 元调整为个人 40 元、机构 400 元，其他账户的开户收费不变。账户注册资料变更及账户注销业务暂免收费	

当前，如要买卖在上海、深圳两地上市的股票，投资者需分别开设上海证券交易所股票账户和深证证券交易所股票账户，开设上海、深圳A股股票账户必须到证券登记公司或由其授权的开户代理点办理，如北京证券登记有限公司是北京地区股民办理上海、深圳A股股票账户开户业务的唯一的法定机构。

1.2.4 委托券商进行买卖操作

投资者在开通股票账户后并不是直接就可以买卖股票了。在股市中，股民没有直接进入证券交易所进行股票买卖的资格，所以交易活动必须办理委托，通过证券商来进行买卖。委托买卖又是证券商通过接受投资人的委托，赚取一定佣金的交易行为。券商起到一个桥梁作用。

1．六大委托方式

投资者在开户的同时，需要对今后自己采用的交易手段、资金存取方式进行选择，并与证券营业部签订相应的开通手续及协议。例如，电话委托、网上交易、手机炒股、银证转账等，如表1–3所示。

表1–3　股票交易委托类型

类型	说明
电话委托	电话委托不需要委托人亲自到证券营业厅，只需拨通营业部的委托电话，然后根据电话提示，通过电话上的数字键来完成相关操作
网上交易	网上委托通过互联网下达委托命令，以便快速完成操作
手机炒股	基于移动通信网的数据传输功能来实现用手机进行信息查询和炒股，让一个普通手机成为综合性的处理终端
银证转账	在银行与券商联网的基础上，投资者直接利用在银行各网点开立的活期储蓄存款账户卡、折作为证券保证金账户，通过银行的委托系统（如电话银行、银行柜台系统、银行网上交易系统、手机银行），或通过证券商的委托系统（电话委托、自助键盘委托、网上委托、户呼叫中心等）进行证券买卖的一种新型金融服务业务
柜台委托	柜台委托是最原始的委托方式，由于委托人需要填写委托单，所以也称填单委托，委托时必须出示相关证件，操作比较麻烦
传真委托	传真委托以传真的方式，将确定的委托内容与要求传真给证券商，委托他们代理买卖股票交易

现在的交易方式基本都是网上交易了，投资者要考虑除网上交易外是否有网上咨

询服务、股票手机交易软件、电话语音报单等其他服务，目的是使交易方便顺畅。

专家提醒

网上委托因为方便快捷的操作方法，已经成为委托买卖的主要方式。此外，还有电报委托、信函委托等方式，但由于比较麻烦，目前已不常用。

2．委托买卖流程

委托买卖的流程如图 1-6 所示。

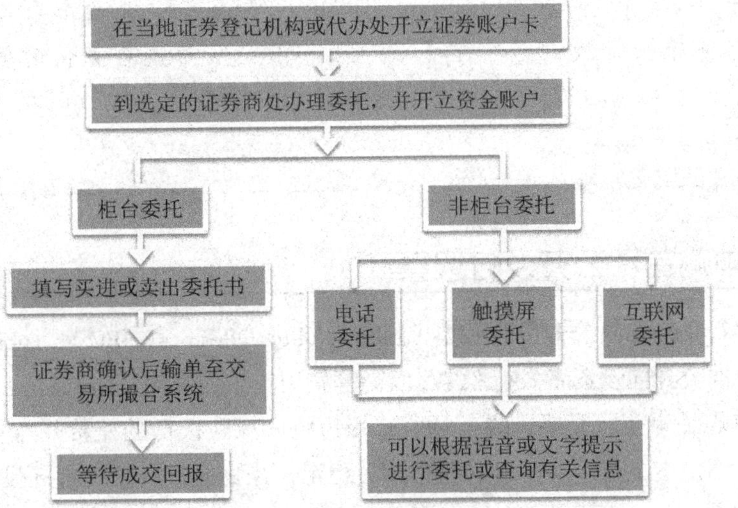

图 1-6　委托买卖程序操作流程

3．办理委托报价技巧

我国常用的委托报价方式有限价委托和市价委托两种。

（1）限价委托就是在买入股票时，限定一个最高价，只允许证券经纪人按其规定的最高价或低于最高价的价格成交；而在卖出股票时，限定一个最低价，只允许证券经纪人按其规定的最低价或高于最低价的价格成交。该妥托方式的特点是股票买卖可以按照投资者希望的价格或更好的价格成交，有利于实现预期投资计划。

（2）市价委托是指定交易数量而不给出具体的交易价格，但要求按该委托进入交易大厅或者交易撮合系统时，以市场上最好的价格进行交易。该委托方式的特点是能保证即时成交，相对其他委托报价方式，其消除了因价格限制不能成交所产生的风险。

投资者在委托买卖股票时，报价十分重要，而了解交易所竞价规则，掌握报价技巧对投资收益有很大帮助。无论在哪个交易所，成交价格都遵循“价格优先，时间优先”的原则，同时，在这个原则中，“价格优先于时间”。

（1）价格优先：较高价格买进申报优先于较低价格买进申报，较低价格卖出申报优先于较高价格卖出申报。

（2）时间优先：买卖方向、价格相同的，先申报者优先于后申报者。先后顺序按交易主机接受申报的时间确定。

专家提醒

上海和深圳股票交易所的股票交易时间为：星期一至星期五正常工作日的上午9：30～11：30，下午13：00～15：00。双休日和交易所公布的休市日休市。全天内只有上午9：15～9：25为集合竞价时间，投资者可以下单，委托价格限于前一个营业日收盘价的加减10%，即在当日的涨、跌停板之间。

1.2.5 申购首次公开发行股票

新股发行是指首次公开发行股票（Initial Public Offerings，IPO），是指企业通过证券交易所首次公开向投资者发行股票，以期募集用于企业发展资金的过程。

新股申购是为获取股票一级市场、二级市场间风险极低的差价收益，不参与二级市场买卖，不仅本金非常安全，收益也相对稳定，是稳健投资者理想的投资选择。

1．发行新股的条件

在股市中，只有具备一定的条件，并符合国家相关规定的上市公司，才具备发行新股的资格。根据我国《证券法》《公司法》等的相关规定，公司若要发行新股，必须具备以下条件。

- 公司在最近3年内连续盈利，并可以向股东支付股利。
- 前一次发行的股份已募足，并间隔1年以上。
- 进行沪深A股、债券和基金交易。
- 公司在最近3年内财务文件无虚假记载。
- 公司预期利润率可达到同期银行存款利率。

此外，上市公司发行新股，还必须具备以下条件。

- 具有完善的法人治理机构，与对其具有实际控制权的法人或其他组织及其他关联企业在人员财务上独立且资产完整。

- 股东大会的通知、召开方式、表决方式和决议内容必须符合《公司法》及有关规定。
- 公司章程符合《公司法》和《上市公司章程指引》的规定。
- 本次新股发行募集资金数额原则上不超过公司股东大会批准的拟投资项目的资金需要数额。
- 本次新股发行募集资金用途符合国家产业政策的规定。
- 公司有重大购买或者出售资产行为的，应当符合中国证监会的有关规定。
- 不存在资金法人或其他组织及其关联人占用的情形或其他损害公司利益的重大关联交易。
- 中国证监会规定的其他要求。

2．申购新股的程序

投资者开户申购新股必须在发行日之前办好上海证交所或深圳证交所证券账户，并且要确保所拥有的股票市值符合交易所规定。

2016 年的新股申购操作流程如下所示。

- T–2 日前，打新（用资金参与新股申购）市值准备：以投资者为单位计算的 T–2 日前 20 个交易日（含 T–2 日）的日均市值计算。
- T–1 日，发行人与主承销商（股票发行中独家承销或牵头组织承销的证券经营机构）刊登网上发行公告。
- T 日（申购日），投资者根据额度进行申购，申购时无需缴款，当日配号，并且发送配号结果数据。
- T+1 日，主承销商公布中签率，组织摇号抽签，形成中签结果，上交所于当日盘后向证券公司发送中签结果。原 T+1 日申购资金验资环节取消。
- T+2 日，主承销商公布发行价格及中签结果，投资者也可以向其指定交易的证券公司查询中签结果。
- T+3 日 15：00 前，结算参与人向中国结算申报其投资者放弃认购数据；16：00，中国结算对认购资金进行交收处理，将认购资金划入主承销商资金交收账户。
- T+4 日，主承销商将认购资金扣除承销费用后划给发行人，公布网上发行结果。

另外，投资者也可以通过炒股软件，查看最新的新股申购指南，具体操作方法为：在菜单栏中，单击“资讯”→“股票”→“新股申购”命令，即可在打开的窗口中查看相应的新股列表、申购指南等信息，如图 1–7 所示。

3．新股申购常见名词

新股申购的常见名词有以下几类，如表 1–4 所示。

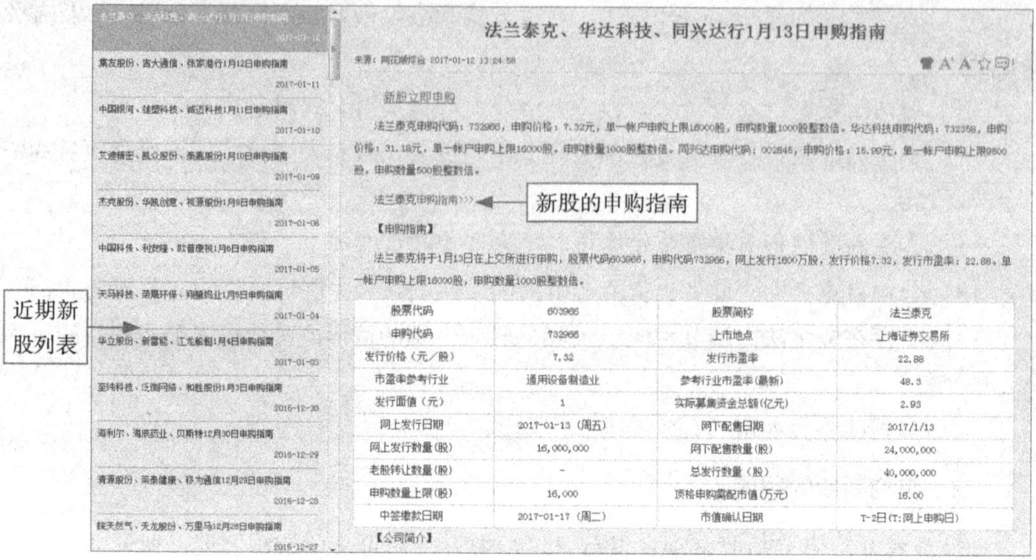

图 1-7　同花顺“新股申购指南”界面

表 1-4　新股申购的常见名词

常见名词	基本含义
代销	指证券发行人委托承销业务的证券经营机构，代为向投资者销售证券
承销	指证券经营机构借助自己在证券市场上的信誉和营业网点，在规定的发行有限期限内将证券销售出去
包销	指发行人与承销机构签订合同，由承销机构买下全部或销售剩余部分的证券，承担全部销售风险
公开发行	指发行人通过中介机构向社会公众公开地发售证券。在该情况下，所有合法的社会投资者都可以参加认购，包括个人投资者、法人机构及证券投资基金
私募发行	又称不公开发行或内部发行，指面向少数特定投资者发行证券的方式
平价发行	也称等额发行或面额发行，指发行人以票面金额作为发行价格
股票上市	指已经发行的股票经证券交易所批准后，在交易所公开挂牌交易的法律行为
上市公司	指依法公开发行股票，并在获得证券交易所审查批准后，其股票在证券交易所上市交易的股份有限公司。上市公司是股份有限责任公司，具有股份有限公司的一般特点

1.2.6　如何实现竞价成交

交易所目前所采用的竞价方式为计算机集中竞价，即由计算机交易主机接受投资者的委托买卖指令，然后撮合成交。

1．竞价成交原则

交易所市场所有的证券交易都是按照“价格优先、时间优先”的原则进行竞价成交的，即买入时谁输入的买价高谁就优先成交，卖出时谁输入的卖价低谁就先成交。在出价相同的时候，谁的时间优先即谁先委托谁就先成交。竞价成交的基本规则如表1–5所示。

表 1–5　竞价成交的基本规则

交易时间				
时间段	9：15 ~ 9：25	9：30 ~ 11：30	13：00 ~ 14：57	14：57 ~ 15：00
上海交易所	开盘集合竞价	连续竞价	连续竞价	连续竞价
深圳交易所	开盘集合竞价	连续竞价	连续竞价	收盘集合竞价
备注：9：30 ~ 11：30、13：00 ~ 14：57、14：57 ~ 15：00 这 3 个时间段为开市时间				
不能撤单时间				
上海交易所	9：20 ~ 9：25			
深圳交易所	9：20 ~ 9：25、14：57 ~ 15：00			
买卖时间规则				
T + 1	A 股、B 股、封闭式基金	当天买入，当天不能卖出		
T + 0	权证、债券、债券回购	当天买入，当日就可以卖出		
交割时间规则				
A 股：T + 1	B 股：T + 3	港股：T + 0		

2．集合竞价

投资者在开盘时关注的数据之一就是集合竞价，其是分析开盘走势时重要的数据之一。集合竞价是指在股票每个交易日上午 9：15 ~ 9：25，由投资者按照自己所能接受的心理价格自由地进行买卖申请。

所谓集合竞价，就是在当天还没有开盘之前，投资者可根据前一天的收盘价和对当日股市的预测来输入股票价格。在集合竞价时间里输入计算机主机的所有订单，按照价格优先和时间优先的原则计算出最大成交量的价格。这个价格就是集合竞价的成交价格，而这个过程被称为集合竞价。集合竞价的撮合原则，如图 1–8 所示。

集合竞价采用最大成效量原则，即以此价格成交能够得到最大成交量

- 高于集合竞价产生的价格的买入申报全部成交
- 低于集合竞价产生的价格的卖出申报全部成交
- 等于集合竞价产生的买入或卖出申报，根据买入申报量和卖出申报量的多少，按少的一方的申报量成交

图 1-8　集合竞价的撮合原则

到当天 9：25 以后，就可以看到各股票集合竞价的成交价格和数量。有时某种股票因买入人给出的价格低于卖出人给出的价格而不能成交，那么，9：25 后该股票的成交价一栏就是空的。当然，有时有的公司因为要发布消息或召开股东大会而停止交易一段时间，那么集合竞价时该公司股票的成交价一栏也是空的。

因为集合竞价是按照最大成交量的价格成交的，所以对于普通投资者来说，在集合竞价时间，只要输入的股票价格高于实际的成交价格就可以成交。当然，如果按涨停价买或按跌停价卖，则保证优先成交。

所以，散户如果希望在集合竞价时优先买到股票，通常可以把价格输的高一些，目的是获得优先成交权，因为你的成交价是较低的集合竞价。

如果上个交易日的 K 线形态不同，则次日股票集合竞价时所产生的开盘价所指示的盘面意义也有所不同。

- 【案例分析】上个交易日为阳线的集合竞价盘面分析

如果上个交易日为阳线，在集合竞价后，股票以高于上个交易日的最高价开盘，则说明买方势力可能比较强大。此时，投资者就要判断股价是假突破还是真突破，并根据实际情况进行操作，下面举例说明。

步骤 1　如图 1-9 所示，潍柴动力（000338）2016 年 10 月 24 日以 9.33 元的价格阳线报收。

步骤 2　第二个交易日，股价以 9.4 元的价格开盘。单个交易日内价格持续走高，最终以接近最高价的 9.89 元收盘，如图 1-10 所示。这表示买方势力依然强劲，投资者可抓住机会，适时入场或加仓。

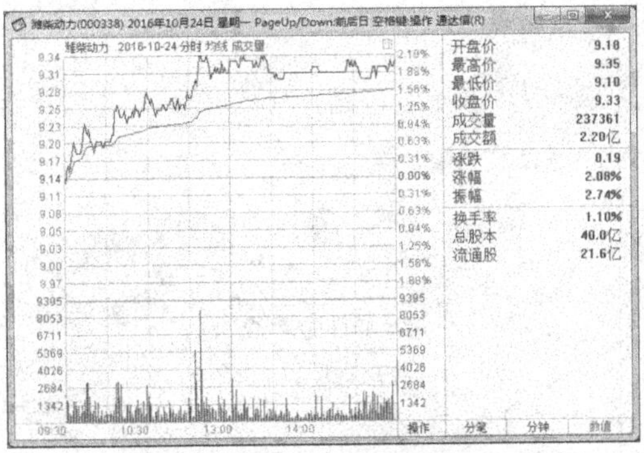

图 1-9 潍柴动力分时图（1）

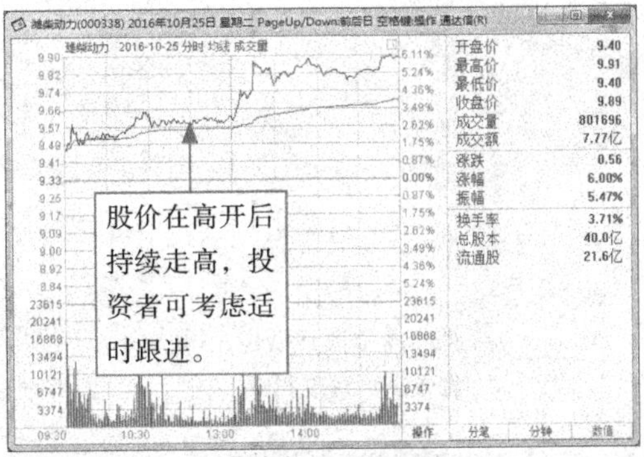

图 1-10 潍柴动力分时图（2）

在集合竞价后，股票的开盘价在上个交易日阳线的实体内，说明卖方随时都有可能进行反攻，下面举例说明。

步骤 1 图 1-11 所示为中国联通（600050）2016 年 8 月至 2016 年 12 月的 K 线走势图，从图中可以看出股价为上升行情。

步骤 2 2016 年 8 月 31 日，股价以 4.27 元的价格开盘，其开盘价位于上一交易日的 K 线实体中，如图 1-12 所示。

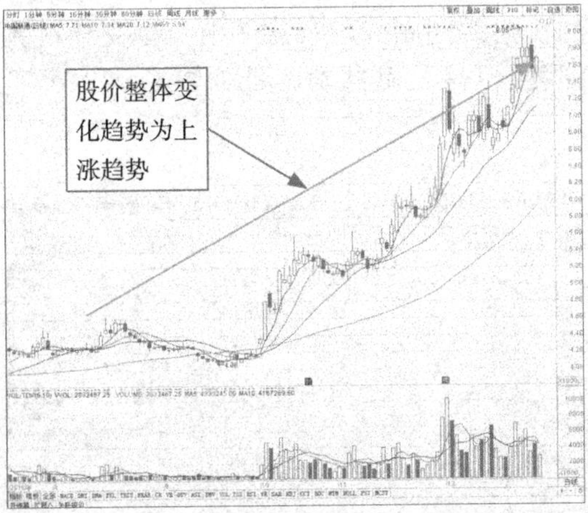

图 1-11 中国联通走势图（1）

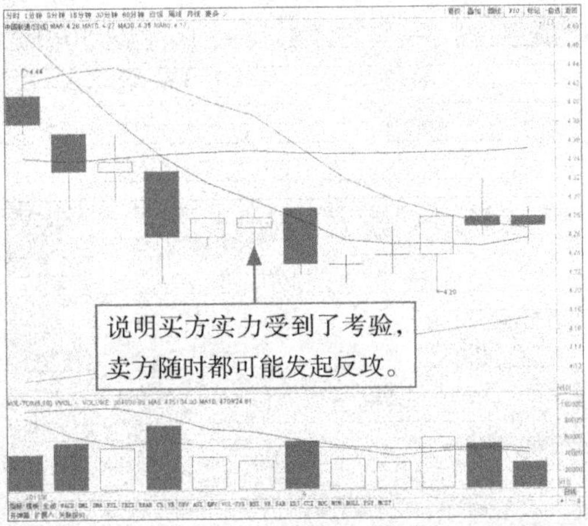

图 1-12 中国联通走势图（2）

步骤 3 由于卖方的势头太强，股价 9 月 1 日在高位出现了低开低走盘面，并最终以一条阴线收盘，如图 1-13 所示。

步骤 4 就在 9 月 1 日收阴线后，该股票多空双方进行角力，最终以卖方势力强于买方势力而使股价出现持续下跌，如图 1-14 所示。此时，为了避免造成更大的亏损，投资者宜适时逢高做空。

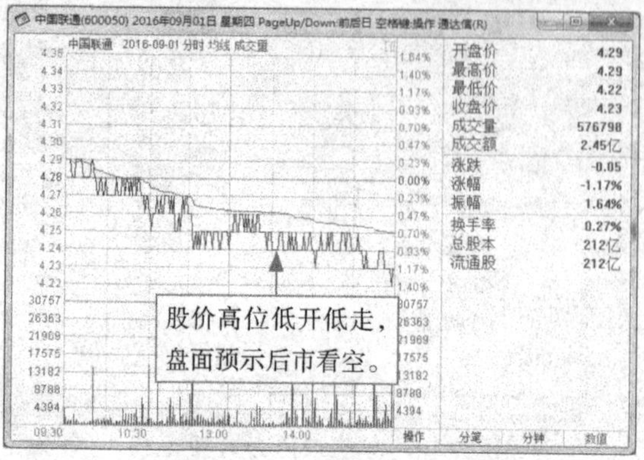

图 1-13　中国联通分时图

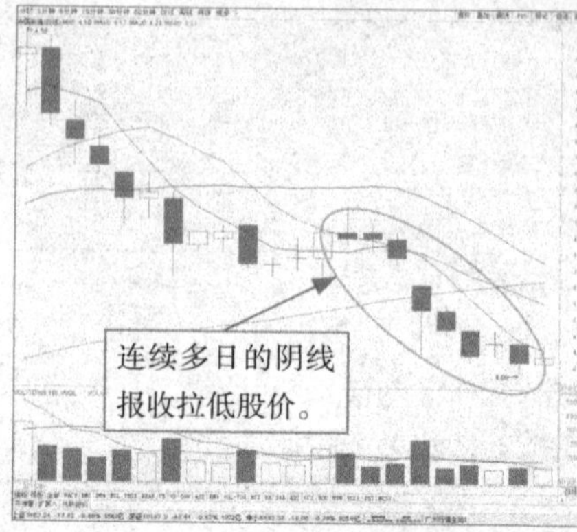

图 1-14　中国联通走势图（3）

- 【案例分析】上个交易日为带上下影线的阴线的集合竞价盘面分析

如果上个交易日为带上下影线的阴线，在集合竞价后，股票以高于上个交易日的最高价开盘，说明股价暴涨是必然趋势。此时，投资者可以在利好时机逢低吸纳，进入股市。下面举例分析上个交易日为带上下影线的阴线的集合竞价盘面。

步骤 1 图 1-15 所示为中航地产（000043）2016 年 6 月 23 日的分时走势图。该交易日内其股价以 7.65 元带上下影线的阴线报收。

步骤 2 第二个交易日，股价以 8.00 元的价格跳空高开，且高于上一个交易日的最高价，如图 1-16 所示。这说明股价呈上涨趋势，此时散户可以大胆入市。

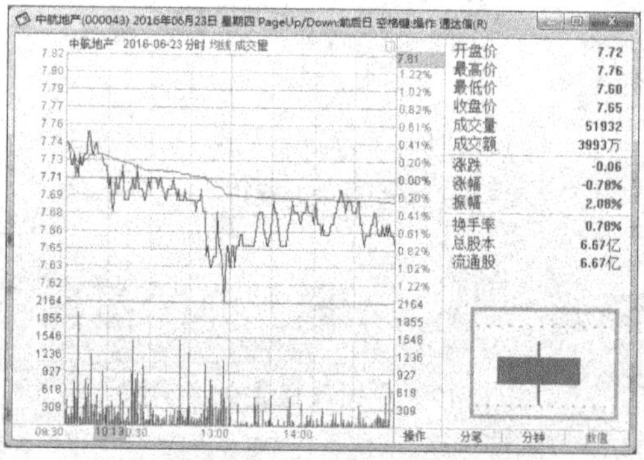

图 1-15　中航地产分时图（1）

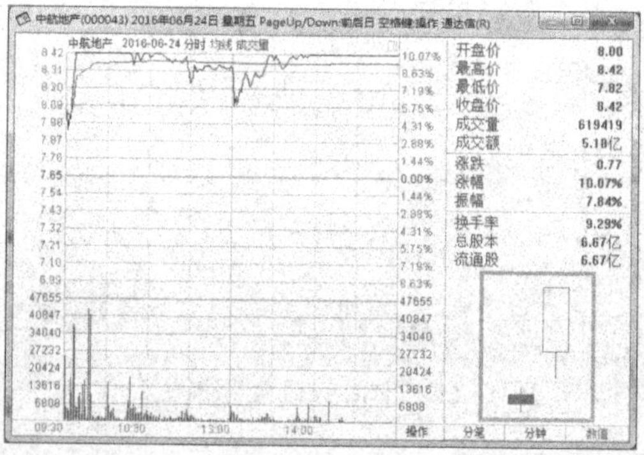

图 1-16　中航地产分时图（2）

步骤 3 随后股价迅速上涨，并保持持续上涨趋势，如图 1-17 所示。

在集合竞价后，股票的开盘价在上个交易日下影线内（即在上个交易日的最低价和收盘价之间），说明卖方势力继续增强，后市将沿着下跌趋势继续发展。如果开盘价低于上个交易日的最低价，说明卖方占了绝对的优势，趋势看跌。

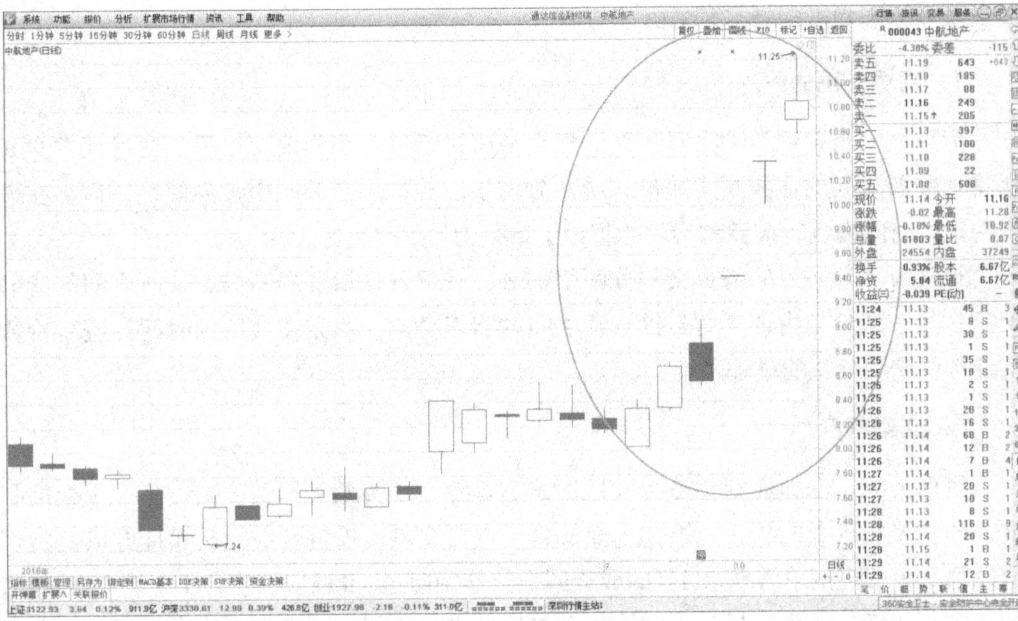

图 1-17　中航地产走势图

专家提醒

在集合竞价后，如果股价以介于上个交易日的开盘价与最高价之间的价格开盘，说明买方在试探卖方的实力。此时，散户必须根据卖方的决定操作。如果股价以介于上个交易日的K线实体的价格开盘，说明买卖双方实力没有太大的变化。这时，散户投资者需进一步观察。

3. 连续竞价

连续竞价指的是对申报的每一笔买卖进行委托，由计算机交易系统按照以下两种情况产生成交价。

- 最高买进申报价格与最低卖出申报价格相同，则该价格即为成交价格。
- 买入申报价格高于卖出申报价格时，或卖出申报价格低于买入申报价格时，申报在先的价格即为成交价格。

在连续竞价过程中，当每一笔买卖委托进行申报后，计算机自动撮合系统会在最短的时间内对这些委托进行处理，可以成交的马上成交，不能成交的继续等待成交机会。

1.2.7 了解清算交割的原则

清算交割反映了投资者证券买卖的最终结果，是维护证券买卖双方正当权益、确保证券交易顺利进行的必要手段。

1．清算交割的概念

清算交割是指证券买卖双方在证券交易所进行证券买卖成交以后，通过证券交易所将证券商之间的证券买卖数量和金额分别予以轧抵，其差额由证券商确认后，在事先约定的时间内进行证券和价款的收付了结行为。

投资者一般所说的清算交割分两个部分：一部分是指证券商与交易所之间的清算交割；另一部分是指证券商与投资者之间的清算交割，双方在规定的时间内进行价款与证券的交收确认的过程。

2．交割制度

目前上海、深圳证券交易所A股股票、基金、债券及其回购，实行T＋1交割制度，即在委托买卖的次日（第二个交易日）进行交割，投资者委托买卖证券成交与否应以第二天的交割单为准，当日的成交回报仅作为参考。B股股票实行T＋3交割制度，即在委托买卖后（含委托日）的第4个交易日进行交割。证券如未成交，则不能办理交割手续。

3．清算与交割的区别

清算与交割的根本区别在于是否发生财产转移。清算只是一个结算过程，其主要目的在于确定应收应付净额，而财产的实际转移则是在交割过程中发生的。

专家提醒

为了确定成交与否，投资者应在委托后及时到指定交易的证券营业部办理清算交割手续，及时了解证券账户和资金账户的库存余额情况。委托是否成交，一般以清算交割为准。在办理清算交割时，证券营业部应向投资者提供书面交割凭证，如《成交交割通知单》等。

1.2.8 如何退出股票市场

在炒股的过程中，投资者难免会遇到一些意外变化，这时候就需要办理相应的手续，如过户、转托管和销户等，让自己全身而退。

1．股票过户

股票过户是投资者从证券市场上买到股票后，到该股票发行公司办理变更股东名簿记载的活动，是股票所有权的转移。股票有记名股票与不记名股票两种，不记名股票可以自由转让，记名股票的转让必须办理过户手续。在证券市场上流通的股票基本上都是记名股票，都应该办理过户手续才能生效。

股票过户的相关流程如图 1–18 所示。

1. 原有股东在交割后，应填写股票过户通知书一份，加盖印章后连同股票一起送发行公司的过户机构。公司的过户机构可以自行设置，也可以委托金融机构代办。
2. 新股东在交割后，应向发行公司索取印章卡两张并加盖印章后，送发行公司的过户机构。印章卡主要记载新股东的姓名和住址、新股东持股股数及号码、股票转让日期。
3. 过户机构收到旧股东的过户通知书、旧股票与新股东印签卡后，进行审核，若手续齐全就立即注销旧股票发新股票，然后将新旧股票一起送鉴定机构，并变更股东名簿上的相应内容。
4. 鉴定机构对过户机构送来的新旧股票及有关材料进行审检，若手续齐全则在新旧股票正面签证，再送过户机构。
5. 过户机构收到经签证的新旧股票后，将新股票送达新股东，而旧股票则由过户机构存档备案。

图 1–18　股票过户的相关流程

2．股票转托管

转托管又称证券转托管，是专门针对深交所上市证券托管转移的一项业务，是指投资者将其托管在某一证券商那里的深交所上市证券转到另一个证券商处托管，是投资者的一种自愿行为。股票转托管的一般流程，如图 1–19 所示。

> **专家提醒**
>
> 值得注意的是：转托管只有深市有，沪市没有转托管问题。

3．股票销户

需要销户的投资者在正常的交易日都可以到营业部开户柜台办理销户手续，但必须由本人亲自办理，办理销户时不收取任何费用。销户需要符合以下几个条件。

- 已办理撤销指定交易。

- 已结息并提取剩余款。
- 当日无委托交易情况。
- 除了上交所挂牌证券外，没有其他证券余额。
- 无透支款、无欠付利息及其他未了事宜。

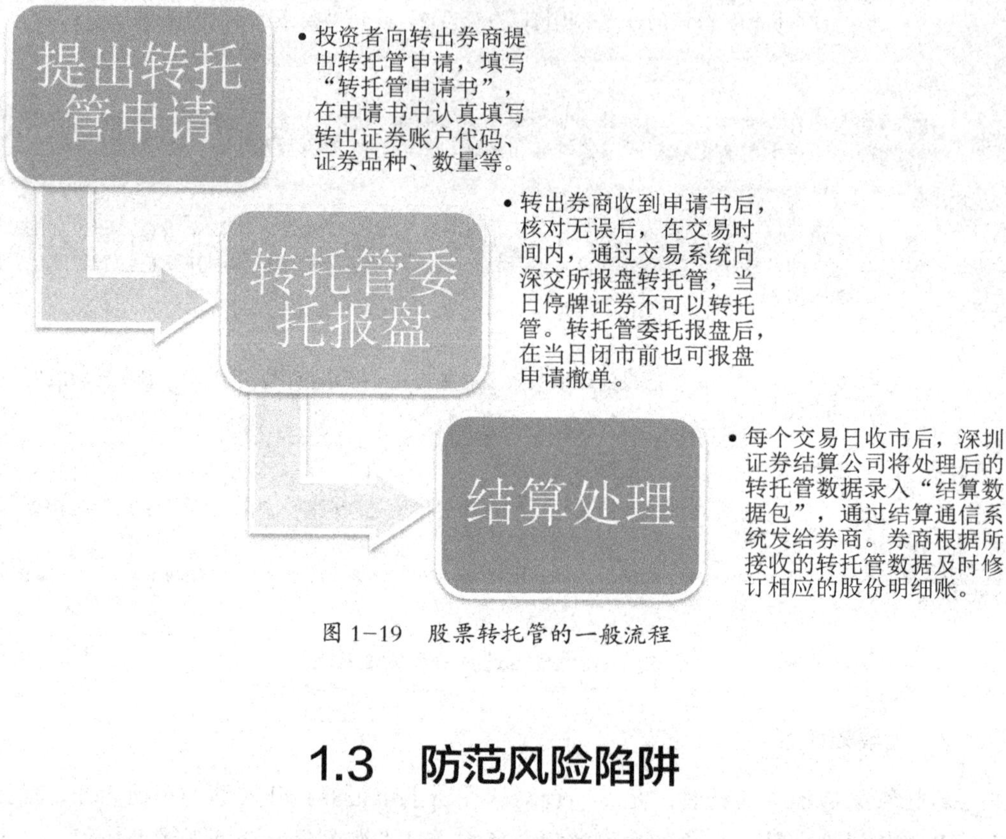

图 1-19　股票转托管的一般流程

1.3　防范风险陷阱

“股市有风险，入市需谨慎”，人人都知道股市是一个高风险的地方，但是近年来我国的股市还是进入了一个飞速发展时期。了解风险与陷阱，并掌握如何防范，对投资者有很大的帮助。

1.3.1　了解常见股市风险

股市风险就是买入股票后在预定的时间内不能以高于买入价将股票卖出发生账面损失，或以低于买入价格卖出股票造成实际损失。“成也股票，败也股票”，直接反映了股票高风险和高收益的特色。为了尽最大可能地规避风险并获得利润，投资者需要了解各种常见的股市风险。

（1）不可分散风险。不可分散风险指发生原因跟上市公司无关的市场风险，一般会导致股市上所有股票价格的下跌，影响面较大。

（2）可分散风险。可分散风险是与整个股票市场的波动无关的风险，一般只是造成个别股票价格下跌，从而给该股票持有人带来损失的风险。

（3）客观风险。客观风险的内容比较复杂，包括不可分散风险和可分散风险都属于客观风险，此外传言也是客观风险。

（4）主观风险。主观风险主要源于投资者对于股市的认识和心理上的误区。

1.3.2 了解常见股市陷阱

陷阱与风险的不同之处在于陷阱是运用不正当的手段人为制造的，目的是故意引诱投资者进入，从中谋取私利。股市中常见的陷阱如下。

（1）技术分析图表的陷阱。一些人通过对股价和成交量的操纵，使技术分析图中呈现出一些表示虚假的买卖时机形态。因此，投资者在决策的时候还要将技术分析与基本面分析、股市大形势结合起来，不能单纯依赖技术分析。

（2）多头陷阱与空头陷阱。多头陷阱是主力利用资金、消息或其他手段改变图表的技术形态，使其显现出多头排列的信号，诱使散户买入。空头陷阱是指市场主流资金大力做空，通过盘面中显现出明显疲弱的形态，诱使投资者恐慌性抛售股票。

（3）财务报表中的陷阱。有些上市公司为了保护本公司的利益，或者是出于一些其他目的，有时候会在财务报表上动手脚，已达到欺骗投资者、吸引投资的目的。

（4）成交量的陷阱。成交量是指股票交易市场或者个股买卖交易的数量，也是主力设置陷阱的最佳办法。

（5）股评陷阱。股评陷阱指有一部分股评人士利欲熏心，为了达到某种目的错误地引导股民。因此，股民在听取时也要小心谨慎，不能完全相信。

1.3.3 常见股市操作误区

在股市操作中，许多新入市的投资者不知不觉就踏入了误区。股民常见的股市操作误区有以下几种。

（1）患得患失，不愿及时止损。止损和止盈的设置是非常重要的，很多股民总是幻想在最低点买进，在最高点卖出，对“股市如战场”认识不清，当破位时一定要止损。

（2）控制不好不同波段位置的仓位。在人气极旺的时候，许多股民就迫不及待地入场，小赢了几次后，就自我感觉良好，迅速做出满仓决定，生怕资金搁着浪费了利息，而不仔细研判大盘是处于波段底部、中部或是顶部，以致先赢后输。

（3）喜欢预测大盘。很多股民喜欢通过技术分析“预测”股票价格。其实，对于技术分析，股民要辩证地看待，应将技术分析结果与实际走势相结合，顺势而为，尽可能地避免风险。

（4）只想赢大利，而看不上“小利”。许多投资者总是垂涎别人的成功，一心只想快速赚到大钱。却不知，在股市中不善于在资金卡上做“小加法”的人，是不可能在资金卡上做“大加法”的。

（5）跟踪购买热门股票。通常在热门股票上涨前后 15 分钟左右的短时间就需要购买，当普通的投资者发现热门股票时，往往已经错过最佳购入时机。

1.3.4 防范股市风险陷阱

投资者除了要了解股票的风险与陷阱外，还必须掌握防范的方法，以保证自己的投资利益。

1．掌握必要的证券专业知识

炒股不是一门科学，而是一门艺术。但艺术同样需要扎实的专业知识和基本技能。如果你只想靠运气赚大钱，即使运气好误打误撞捞上一笔，也不可能期望好运气永远伴随着你。因此，新入市的投资者在进行股票交易之前，要规避风险，并从投资中得到收益，必须做到下面两点。

（1）详细了解相应的股票知识，才能了解风险与陷阱所在。

（2）根据一定的专业知识，进行分析和避免这些风险和陷阱。

2．认清投资环境和投资时机

在股市中常听到这样一句格言：“选择买卖时机比选择股票更重要。”所以，在投资股市之前，应该首先认清投资的环境，避免逆势买卖。否则，在没有做空机制的前提下，你选择熊市的时候大举进攻，而在牛市的时候却鸣金收兵，休养生息，则会错过赚钱机会。

要把握大体的投资时机，投资者可以注意以下两个细节。

（1）政治变动。政治因素很容易影响社会的稳定，如果政权更迭给社会带来动荡，则股市会发生下跌。

（2）物价上涨。一般情况下，物价上涨后，一般与其相对应类型的个股股价随之上涨；物价下跌，与其相对应的个股股价则下跌。

投资者要适当地关心政治事件、通货膨胀、物价变动等大环境，培养对国家大事和国际时事的热情，了解国家政策实施和经济发展，应敏锐地判断出宏观政治经济变动给经济形势可能带来的影响。

3．选择正确投资方式和股票

股市毕竟是一个高风险的地方，即使采取再多的技巧、学习再多的理论，也不可避免地会遭遇风险。因此，选择合适的投资方式和股票是为了能够有效地降低遭遇股市中的各种风险的概率。

（1）确定合适的投资方式。一般情况下，短线交易利润最高，中线交易次之，长期交易再次。股票投资采用何种方式因人而异，例如，没有太多时间关注股票市场，但有相当的资金及投资经验，多适合采用中线交易方式；空闲时间较多，有丰富的股票交易经验，反应灵活，采用长中短线交易均可。

（2）选择投资正确的股票。选择适当的股票亦为投资前应考虑的重要工作。股票选择正确，则可能会在短期内获得盈利；而如果选择错误，则可能天天看着其他股票节节攀升，而自己的股票却如老牛拖车，甚至狂跌不止。

4．制订周详的资金管理方案

俗语说："巧妇难为无米之炊。"股票交易中的资金，就如同我们赖以生存、解决温饱的大米一样。"大米"有限，不可以任意浪费和挥霍。因此，"巧妇"如何将有限的"米"用于"炒"一锅好饭，便成为极重要的课题。

资金管理是交易系统的重要组成部分，本质上说是系统中决定你头寸大小的那部分。它可以确定系统交易中你可以获取多少利润、承担多少风险。其实，在弱肉强食的股市中，必须首先制订周详的资金管理方案，对自己的资金进行妥善安排，并切实实施，才能确保资金的风险最小。只有保证了资金风险最小，才能使投资者进退自如，轻松面对股市的涨跌变化。

5．随时警惕不良的咨询机构

很多股民都在赔钱，而咨询公司却将大把大把的钞票轻松收入囊中，其中玄机，外人难窥门径。

多数股票咨询机构都在遵循着"不炒股票炒股民"的运营方式，他们信奉：如果大家都相信河对面的山上有黄金，你不应该也去淘金，而应该在河上经营船渡。

（1）不要盲目跟随"炒股博客"炒股。"炒股博客"的博主大多未取得证券、期货投资咨询从业资格，同时"炒股博客"可能成为某些人操纵市场的工具，股民若盲目将"炒股博客"上获取的所谓"专家意见"当成投资依据，只会大大增加投资风险，很有可能血本无归。

（2）谨防委托民间私募基金炒股。民间私募基金本身并不是合法的金融机构，或不是完全合法的受托集合理财机构，存在保证本金安全、保证收益率等不受法律保护的条款。更有部分不良私募基金存在暗箱操作等违背善良管理人义务的行为，严重侵害投资者利益。

（3）谨防非法证券投资咨询机构诈骗。有些非法证券投资咨询机构利用股市火爆趁机对投资者实施诈骗活动，其主要手法和特点是：利用互联网发布广告、散布虚假信息吸引投资者；采取多种手段隐藏身份，逃避打击。

再一次提醒股民：炒股还是要相信自己，不能轻易相信任何小道消息！

6．严守纪律，懂得适可而止

股市风险不仅存在于熊市中，在牛市行情中也一样有风险。在股市脱离其内在价值时，股民们应执行投资纪律，坚决离开。股市中的风险无处不在，但并不是无法控制的。设置止损点就是在股票交易的过程中，为了尽可能地降低损失，而人为设定的股票的最低的必须卖出价格。

设置止损点有以下几个方面的内容需要注意。

（1）设置止损范围。在股票成本价位之下的3%～10%位置处设止损点，跌破后应止损出局。

（2）考虑不同类型股票。绩优股、高价股、大盘股止损点设置要高，绩差股、低价股、小盘股的止损点应设得相对低一点。

（3）考虑入市时机。如果是在涨了一倍以上后再买入，止损点要高；如果是在刚启动时进入，则止损点可定得低一些。

（4）考虑大盘的因素。例如，当大盘盘整或处于强势，止损点可以相对低一点，因为上涨可能性较大。

止损不仅是资金风险管理与仓位控制的其中之一，还是对买入错误的修正。一个好的止损与买点选择是否最优，与初仓比例、加减仓的操作密切相关。

合理的止损是减少投资者损失、保证投资者现金持有量的一个有效措施。如果投资者没有止损的意识，很容易就会被深度套牢，从而失去在股市中再次寻找机会的资格。常用的短线止损设定方法如下。

（1）移动平均线止损：是指投资者在买进一只股票后将某一条移动平均线作为止损位，一旦股价向下跌破该均线，就止损卖出。

（2）趋势线止损：是指投资者将某一趋势线作为止损位，一旦股价跌破该趋势线，表明投资者的判断出现错误，应及时止损卖出。

（3）固定比例止损：是指投资者在买进股票后当损失超过某一固定比例（如2%、5%等）时就止损卖出。

7．善于舍弃，防止资金被套

很多投资者都遭受过套牢之苦。不少投资者在精研各种技术图形，了解合约基本面后，投资成绩仍不理想，原因固然多种多样，但原因之一是不会在恰当时机舍弃，心中之结总也解不开。

在复杂的环境下，一旦被套，大多数投资者往往采取守仓之策，但在风云突变的股市，守仓决不是上策。股海搏击的成败往往系于取舍之间，不少投资者看似素质很高，实质上却常因为难以舍弃眼前的蝇头小利，而忽视了更长远的目标。机遇的获取，关键就在于投资者是否能够进行果断的取舍。所以，发现投资错误应及时纠正，挥泪也得“丢”。

8．炒股获利，永远还有明天

股票赚钱的机会永远在，今天没赚到，永远都有明天。要摆脱股市输家的命运，建设“今天没赚，永远还有明天”的观念和心态很重要。

错过了买点没关系，股票向来是自己怎么上就怎么下，不怕没有低点让你买，所以这次没参与到没关系。股市买卖比的是气长，是场“龟兔赛跑”比赛的坚持不懈。很少有人进入股市是赚了一次或赔了一次就永远退出的，沉得住气是很重要的。如果你像那些贪吃的鱼儿，时时被主力弄得沉不住气上钩洗盘。此时，你需要的就是像那些有经验的鱼儿学习，沉住气不轻易上当。

9．保持清醒，不要盲目跟风

在股市中，很多投资者喜欢一哄而上，如早些年股市比较好，不少人把所有的资金都投资于股市，而不理会风险。随着市场的低迷才发现风险极大，可惜为时已晚。投资者都必须记住一句话：被普遍发现的好篮子一定是贵篮子。所以，要学股神沃伦·巴菲特，就一定要比别人快，不要跟风，而要别人跟你。

10．控制情绪，别影响到生活

一些股民每天关心着自己的市值，如果市值增加了就欣喜若狂，如果市值减少了，心情就非常郁闷。不良情绪的危害有多大呢？它会在体内滋生病毒细胞，因为不良的情绪作用于人体会分泌出对人体有害的物质。这些物质长期积淀，就会成为阻碍身体气血正常运行的“病毒细胞”。长期下去，就会导致身体病变。买卖股票作为一项投资，正如投资做生意也是有赚有赔，因此投资股票在追求收益的同时，也蕴含着风险。

投资者必须谨记一点：进入股市的目的在于投资致富，切勿本末倒置，让股票害了你的人生。因此，要控制赚赔的情绪，勿将不当的情绪影响自己和家人的生活。进入股市一定会赚会赔，如果你无法控制赚赔的情绪，那请你“立即退出股市”。

CHAPTER 2

第 2 章 计算机与手机炒股票

学前提示

随着经济的发展，希望学习投资和理财的人越来越多。而股票作为最突出的理财方式之一，向来是众多投资者聚集之地。但是究竟如何进行炒股的相关操作，许多初学者却是知之甚少。

本章将详细介绍初学者必须掌握的计算机和手机炒股的基础知识和操作方法，并对初学者在使用计算机和手机炒股时经常会遇到的问题进行专家级的指导。

要点展示

- 计算机炒股票软件——同花顺
- 手机炒股 APP——大智慧
- 注意网上炒股安全性

2.1 计算机炒股票软件——同花顺

炒股软件也就是股票软件，其基本功能是信息的实时揭示（包括行情信息和资讯信息），所以早期的炒股软件有时候会被叫作行情软件。一般炒股软件都会提供股票、期货、外汇、外盘等多个金融市场的行情、资讯和交易服务等一站式服务。

随着证券分析技术和软件技术的发展，炒股软件进化出很多功能：技术分析、基本面分析、资讯汇集、智能选股、自动选股、联动委托交易等，也因此分化出种种不同流派特点的炒股软件产品。比较著名的有大智慧、同花顺、钱龙、通达信、红股通、股融软件等。

本节主要以同花顺免费版为例，介绍炒股软件的主要功能。

2.1.1 查看股票分析图

在炒股软件上查询个股走势，比在网页上更加详细专业。下面介绍通过同花顺免费版查看个股分析图的方法。

步骤 1 登录同花顺免费版，单击工具栏中的“个股”按钮，如图 2-1 所示。

步骤 2 执行操作后，即可进入个股“涨幅排名”界面，使用鼠标左键双击想要查询的股票名称超链接，如图 2-2 所示。

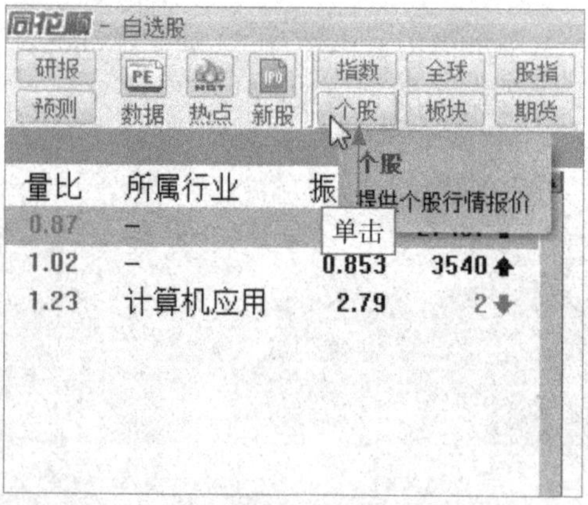

图 2-1 单击“个股”按钮

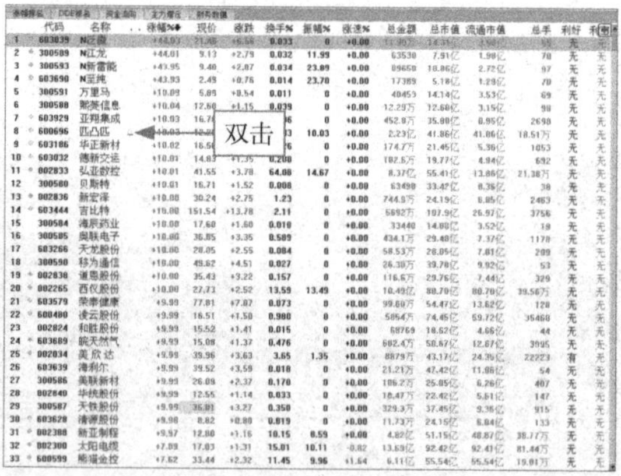

图 2-2 “涨幅排名”界面

步骤 3 执行操作后，即可看到该只股票的 K 线图，单击 K 线图的任何一处，即可打开详细数据窗口，如图 2-3 所示。

步骤 4 在 K 线图上单击鼠标右键，在弹出的快捷菜单中选择“分析周期”选项，可以选择不同时间坐标的 K 线图类型，如图 2-4 所示。

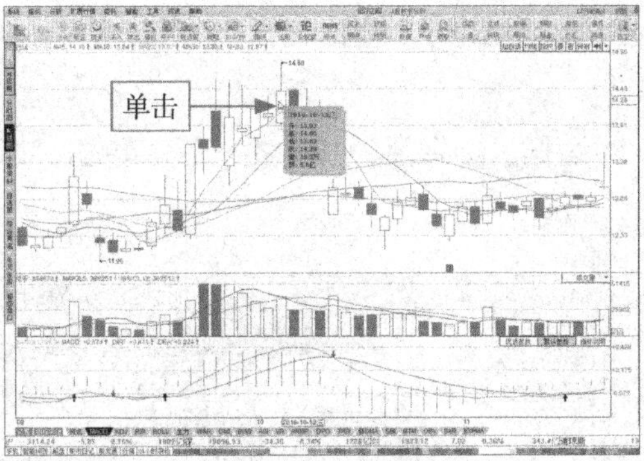

图 2-3 查看 K 线图

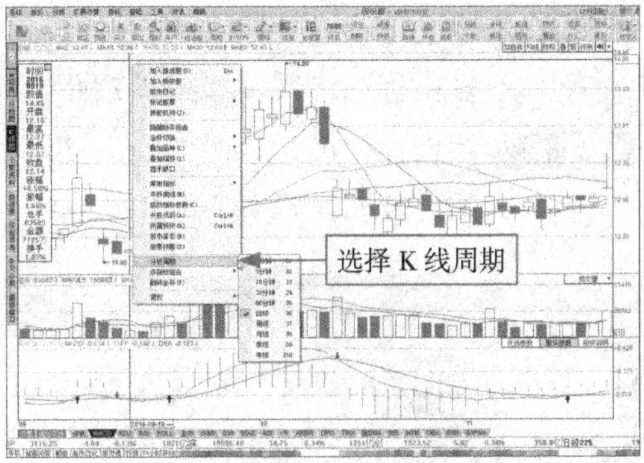

图 2-4 设置“分析周期”

步骤 5 单击菜单栏中的“分析”→“分时图”命令，如图 2-5 所示。

步骤 6 执行操作后，即可查看个股的价格分时图，如图 2-6 所示。

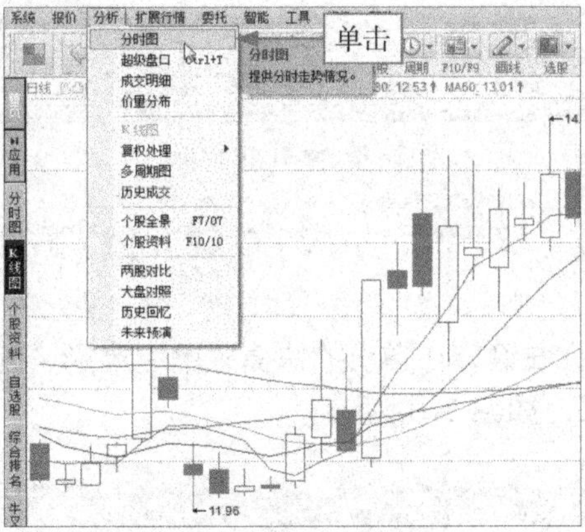

图 2-5 单击“分时图”命令

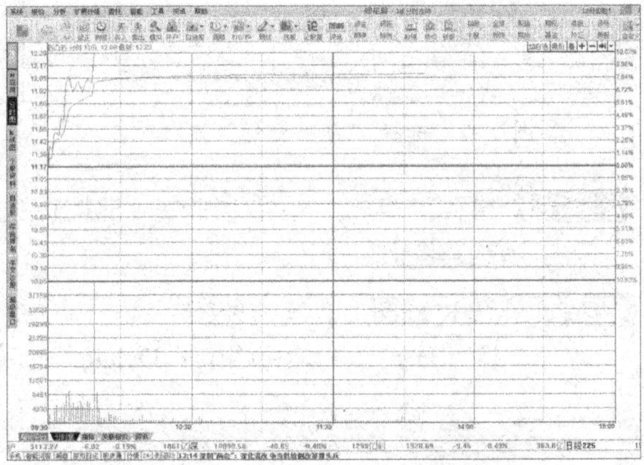

图 2-6 查看个股的价格分时图

专家提醒

在分时走势页面里面每按【↓】键一次，即可多显示前面一个交易日的走时图。这样用户就可以仔细地查看最近一段时间某只股票的走势了。在个股分时走势页面里按【F1】键或【01 + Enter】键，都可以切换到成交明细表，在这里用户可以看到当天按时间次序排列的每一笔成交的时间、价格，以及当时买入价、卖出价、成交手数。

2.1.2 指标线的设置方法

在 K 线图中，有许多供参考的指标线，用户可对其中的指标线进行添加和删除。下面介绍通过同花顺免费版添加与删除指标线的操作方法。

步骤 1 在K线图上单击鼠标右键，在弹出的快捷菜单中选择“常用指标”→“更多指标”选项，如图2-7所示。

步骤 2 执行操作后，弹出“请选择指标”对话框，选择要添加的指标线，单击“确定”按钮，如图2-8所示。

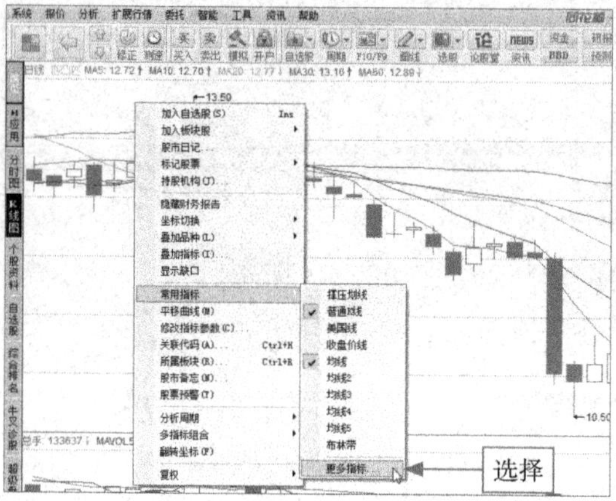

图 2-7 选择“更多指标”选项

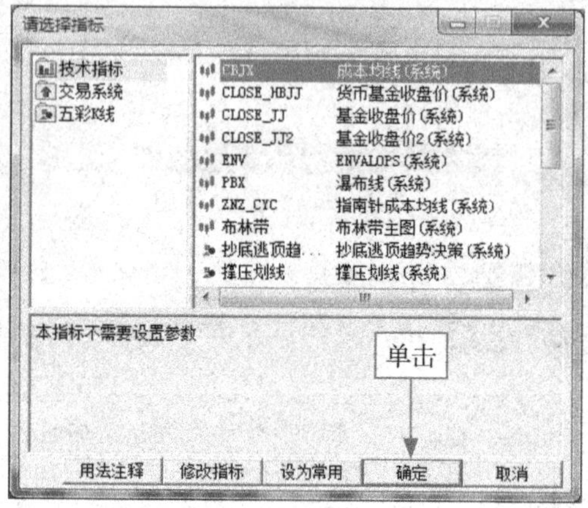

图 2-8 选择指标线

步骤 3 执行操作后，即可添加相应的指标线，图2-9所示为添加“成本均线”后的走势图。

步骤 4 在K线图上选择一条指标线，单击鼠标右键，在弹出的快捷菜单中选择“删除（D）成本均线 Ctrl + Delete”选项，如图2-10所示。

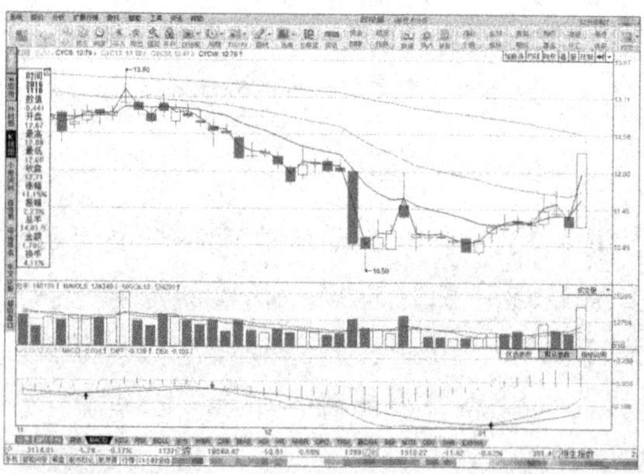

图 2-9 添加“成本均线”后的走势图

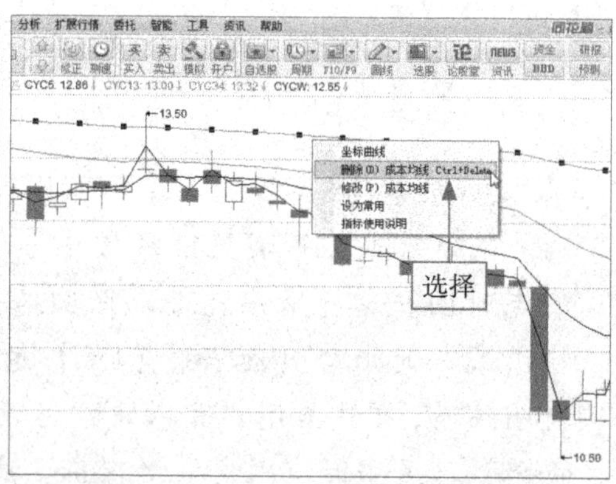

图 2-10 选择“删除（D）成本均线 Ctrl + Delete”选项

步骤 5 执行操作后，即可删除相应的指标线，如图2-11所示。

步骤 6 在K线图上单击鼠标右键，在弹出的快捷菜单中选择“多指标组合”选项，可选中各种多指标组合类型，如图2-12所示。

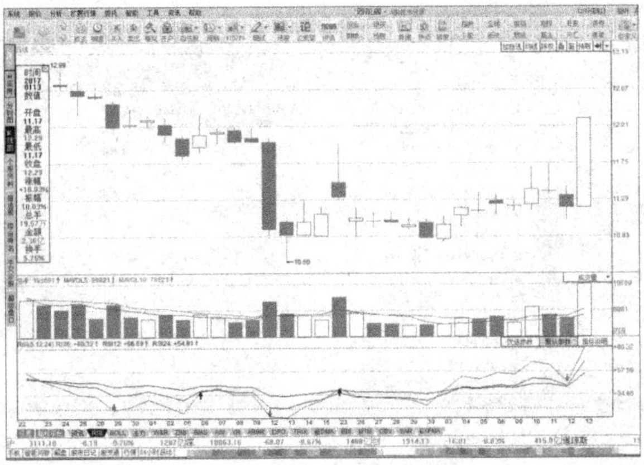

图 2-11 删除“成本均线”后的走势图

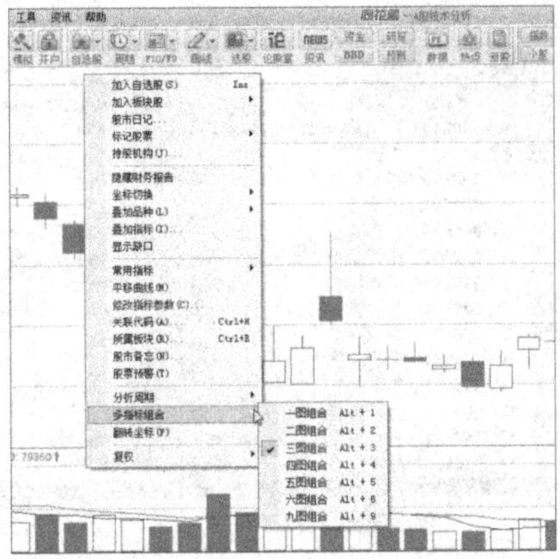

图 2-12 “多指标组合”选择

2.1.3 股票的报价分析

报价页面主要是以表格的形式显示商品的各种信息。报价页面可以让用户对所关注股票的各种变化一目了然，可以同时显示多只股票，并对这些股票的某项数据进行排序，让用户方便、快速地捕捉到强势、异动的股票。下面介绍同花顺免费版的报价分析功能使用方法。

步骤 1 在“报价”菜单里可以调用各种报价分析的页面，如图 2-13 所示。

步骤 2 例如，“多窗看盘”是同花顺软件为用户实时看盘特制的页面，可以让用户同时浏览所关注的多只股票，如图 2-14 所示。

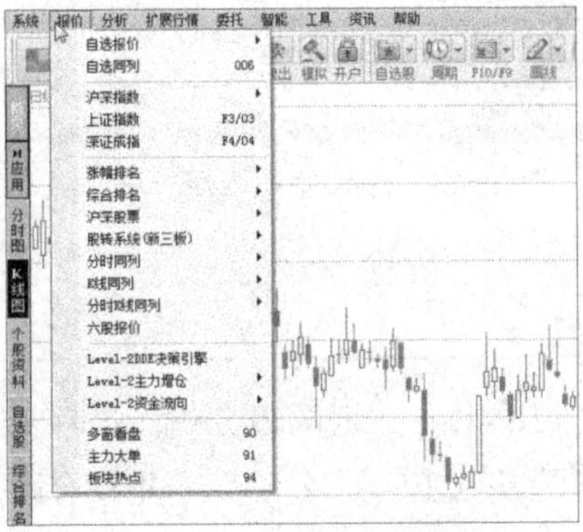

图 2-13 “报价”菜单

图 2-14 “多窗看盘”界面

步骤 3 单击表格中栏目的名称，表格将按此栏目的降序排列，再次单击则按升序排列（在栏目名称旁有箭头表示状态），如图 2-15 所示。

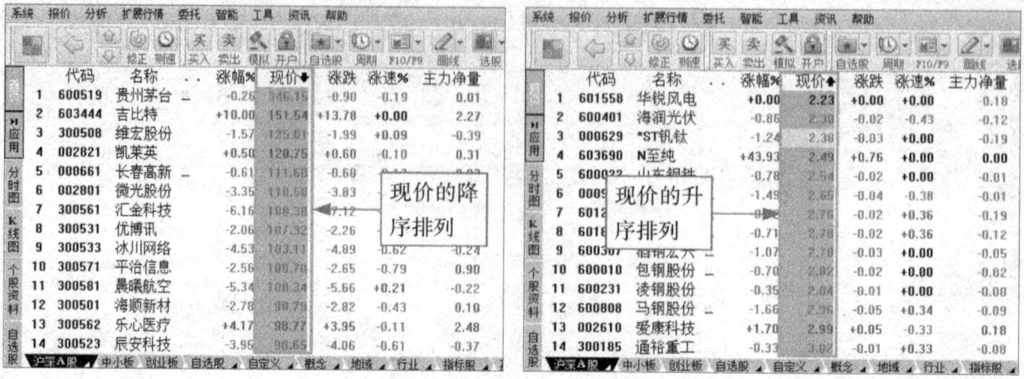

图 2-15　按现价的升降排序

步骤 4 由于表格往往显示较多的股票和各种数据，难以在一个屏幕里显示所有的内容，用户可以用【Page Up】键和【Page Down】键来对表格翻页，如图 2-16 所示。

步骤 5 当表格下面有各种标签的时候，用户可以通过标签选择版块来查看相应的某一类股票，如图 2-17 所示。

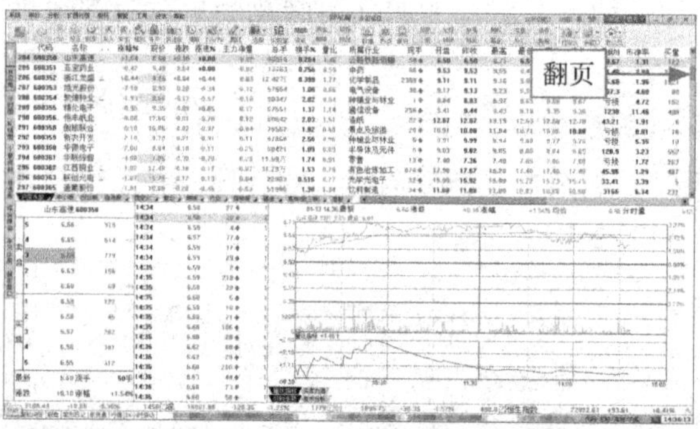

图 2-16　对表格翻页

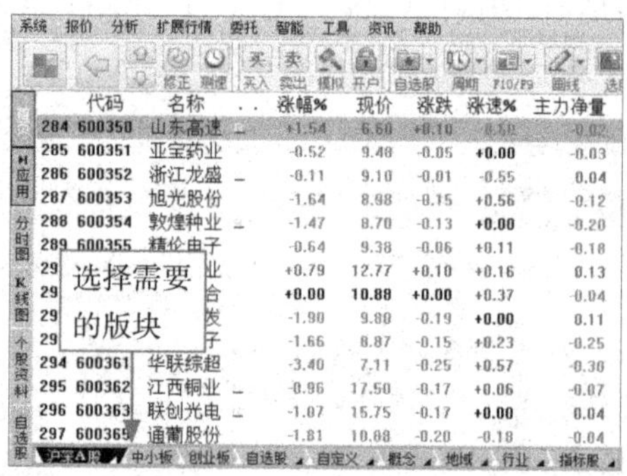

图 2-17　通过标签选择版块

2.1.4　股票的财务分析

在股市的分析中，其中有一项是股市针对上市公司的财务数据图表分析。这项分析在某些程度上是建立在股民对财务有一定专业知识的基础上。那么对于一些没有财务分析经验的投资者，他们的投资活动会不会存在阻力呢？回答是否定的。这些投资者们可以通过炒股软件工具的应用，来弥补知识的空缺，了解和掌握更多的知识，同时为他们的投资活动助力。

同花顺将各种复杂的财务数据通过图形和表格的形式表达出来，使上市公司的经营绩效清晰地展示在投资者的面前，并可以在上市公司之间、板块之间做各种比较、计算，还配以丰富的说明，让以前没有财务分析经验的投资者轻松地掌握这种新的强大的工具。

步骤 1 单击“分析”→“个股资料”命令，即可查看上市公司的基本资料。通过该部分，用户能够具体了解到上市公司的目前的运营状况业务收支的状态等，如图 2-18 所示。

步骤 2 例如，单击“财务指标”超链接，即可查看上市企业总结和评价财务状况和经营成果的相对指标，如图 2-19 所示。

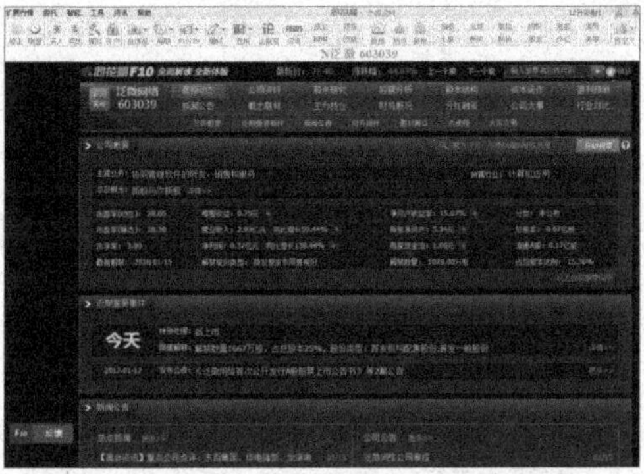

图 2-18　基本资料

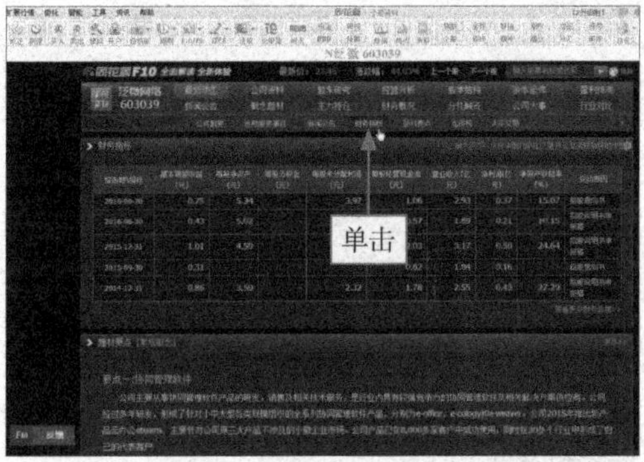

图 2-19　财务指标

步骤 3 单击左侧的“牛叉诊股”标签，同花顺将大量财务数据、交易数据和分析师研究数据经过先进、科学的数学模型算法加工而成的一个股票评价黑箱。这些数据对于用户来说，是很重要的财务信息，如图 2-20 所示。

步骤 4 单击“资金面诊股”按钮，即可查看该股的资金流向、机构持仓等图表信息，如图 2-21 所示。

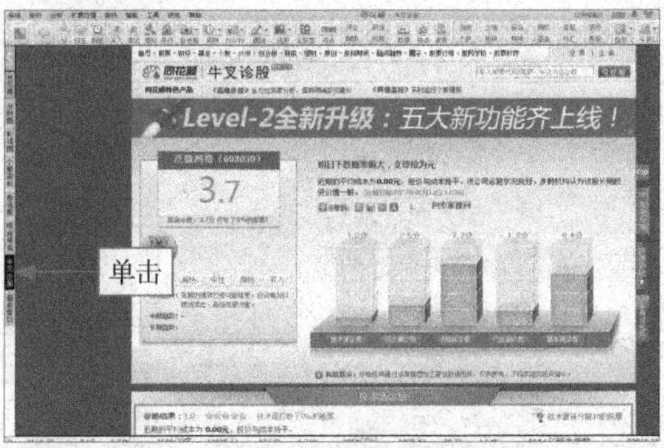

图 2-20　“牛叉诊股”界面

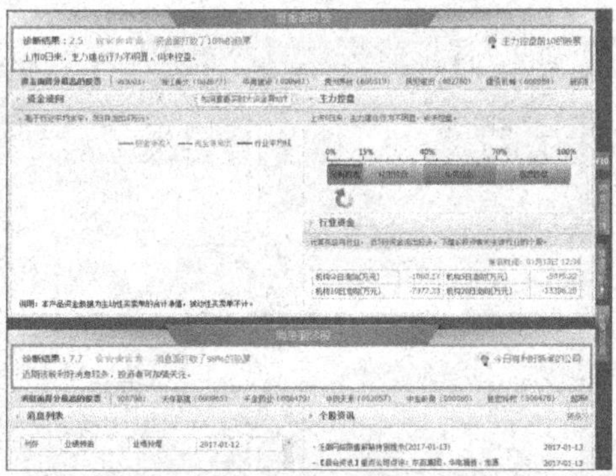

图 2-21　“资金面诊股”界面

2.1.5 智能选股平台

通过炒股软件的智能选股功能，投资者可以在茫茫股票池里快速选出自己关注的股票，轻松把握股市良机。智能选股其实很简单，只要轻松一勾，就可通过 K 线选股、指标选股、财务选股、综合选股、自定义选股等进行选股。下面介绍同花顺免费版的智能选股功能。

步骤 1 在菜单栏中，单击“智能”→“选股平台”选项，如图 2-22 所示。

步骤 2 弹出“选股平台”对话框，单击“高级选项”按钮，如图 2-23 所示。在弹出的列表框中选择“选择板块”选项。

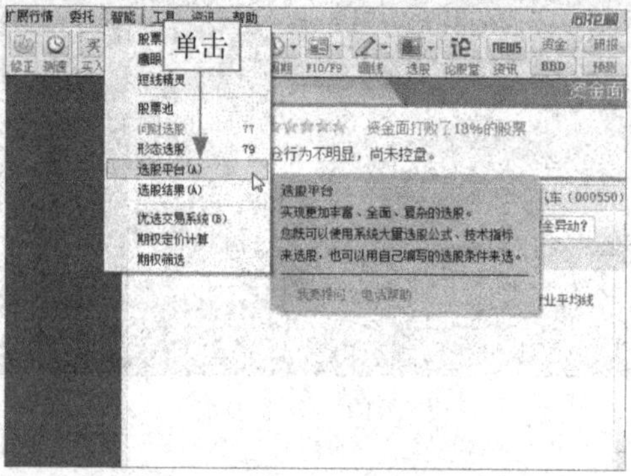

图 2-22 单击“选股平台”选项

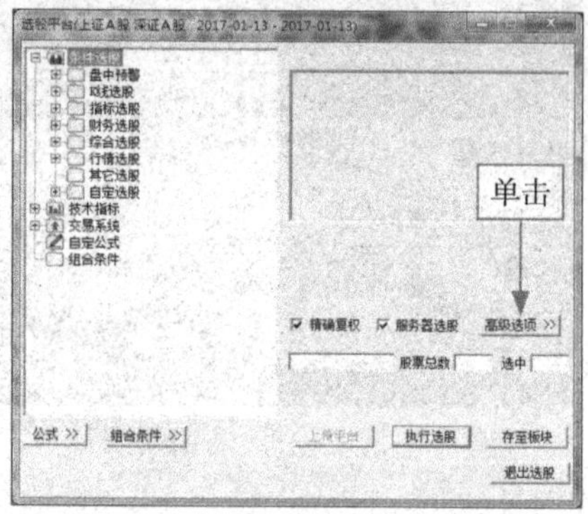

图 2-23 单击“高级选项”按钮

步骤 3 弹出“适用代码设置”对话框，在“待选板块”下拉列表框中选择上证 A 股，选好后单击“确定”按钮，如图 2-24 所示。

步骤 4 在左侧列表框中依次选择“K 线选股”→“智能选股”→“创近 30 日历史新高”选项，单击“执行选股”按钮，如图 2-25 所示。如果需要自己添加或者删除列出的备选条件，用户可以在“选股平台”里面设置。

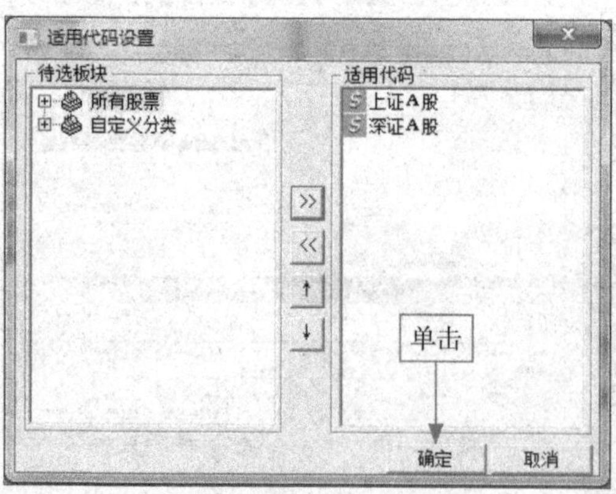

图 2-24 单击“确定”按钮

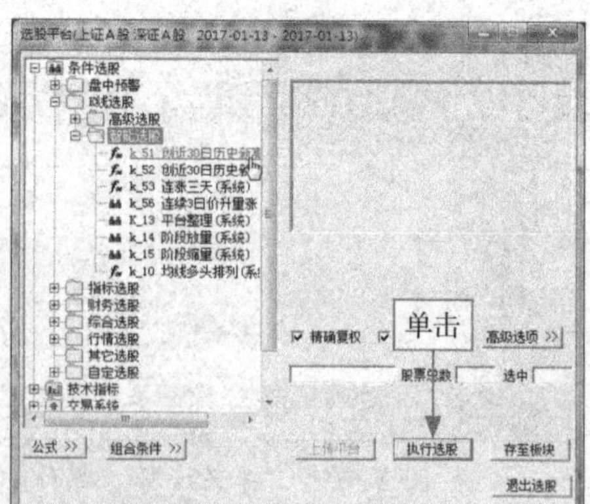

图 2-25 单击“执行选股”按钮

步骤 5 执行操作后，即可开始智能选股操作，如图 2-26 所示。在选股过程中，因为涉及大量的计算，会消耗一定的时间。这期间，用户可以自由进行其他操作，不影响选股结果。

步骤 6 稍等片刻，可以在客户端软件中显示满足上证 A 股中“创近 30 日历史新高”这个条件的股票，如图 2-27 所示。

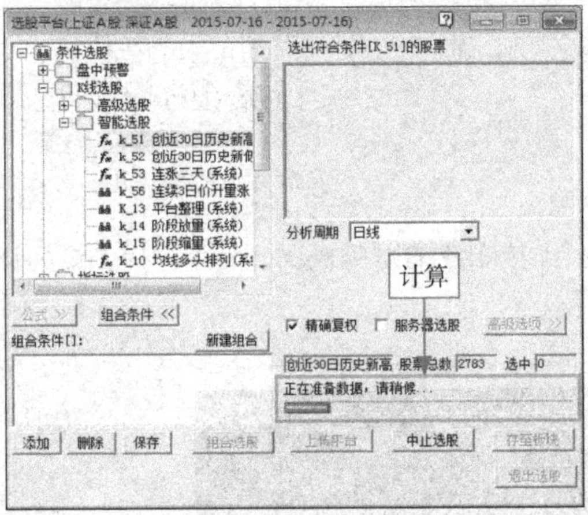

图 2-26　开始选股

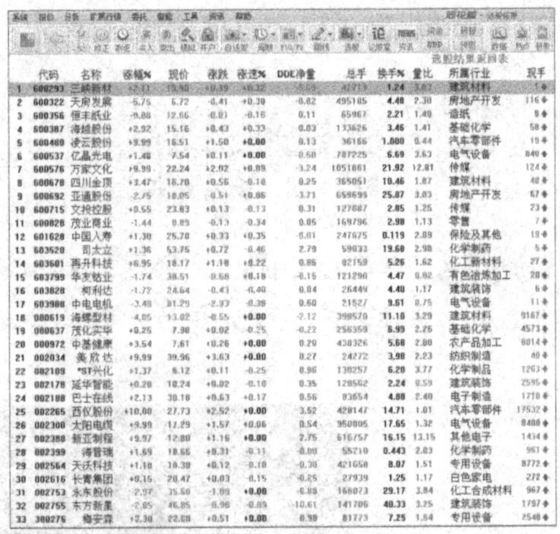

图 2-27　智能选股结果

专家提醒

同花顺是一个强大的资讯平台，能为投资者提供文本、超文本、信息地雷、财务图示、紧急公告、滚动信息等多种形式的资讯信息，能同时提供多种不同的资讯产品（如巨灵资讯等），并能与券商网站紧密衔接，可向投资者提供券商网站的各种资讯。

2.1.6 查看个股的星级

炒股软件特有的“评星评级”功能则可让投资者快速地了解个股的基本面并掌握基本面变动情况。评星级评定方法主要是从企业经营业绩、经营风险、行业环境等几个方面，对上市公司进行综合评级，为用户提供价值投资参考。下面介绍同花顺免费版的评星评级功能。

步骤 1 对于个股，可以直接在详情界面中查看星级，如图 2-28 所示。

步骤 2 将鼠标指针移动至星级上时，还会出现星级股票的数据汇总信息，如图 2-29 所示。从下面的表格中，可以清晰地看到，目前的小盘股中，五星的有 123 只、四星的有 391 只、三星的有 546 只、二星及以下的有 341 只。

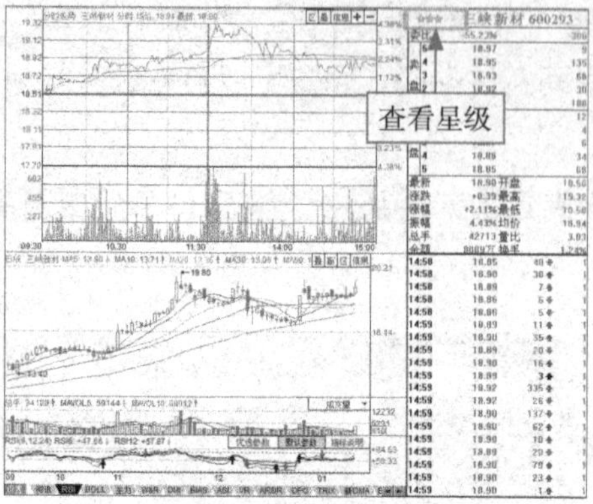

图 2-28　查看星级

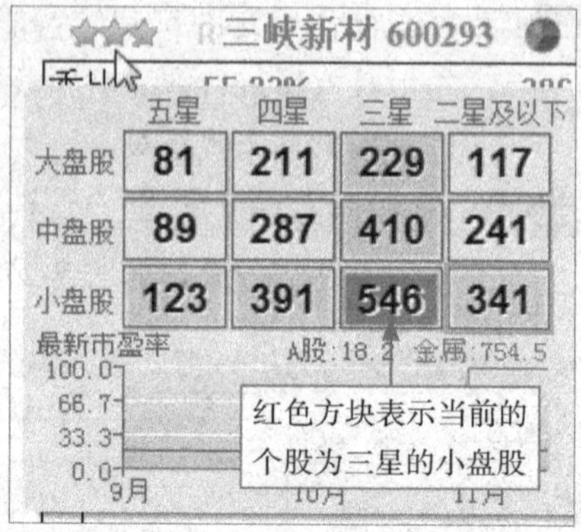

图 2-29　显示数据汇总信息

步骤 3 单击星级图标，还可以查看该个股上市企业的财务概况，为用户提供更为详细的价值投资参考，如图 2-30 所示。

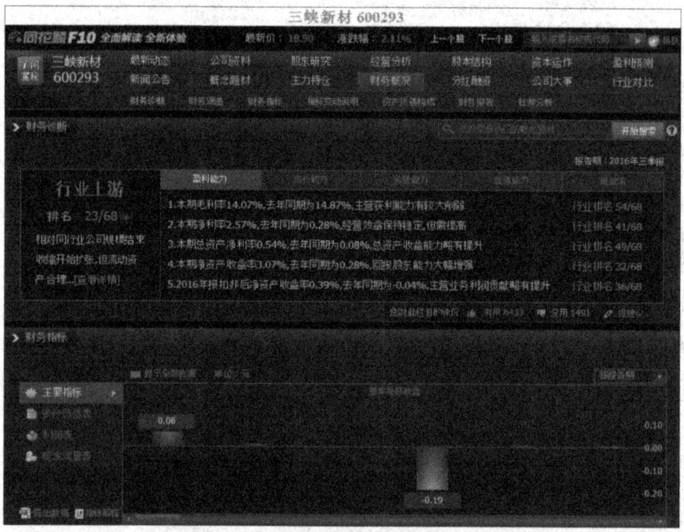

图 2-30　财务诊断总分和相关数据

2.1.7　模拟炒股增强经验

炒股就是买卖股票，靠做股票生意而盈利，买了股票其实就是买了企业的所有权。模拟炒股就是根据股票的交易规则，基于一种虚拟的平台，实现股票买卖的一种炒股手段。

模拟炒股系统是一种利用互联网技术，根据股市实盘交易规则设计的模拟仿真操作的系统。股票投资者通过模拟炒股系统可以系统地锻炼或学习买卖股票技术。下面介绍使用同花顺免费版模拟炒股的操作方法。

步骤 1 在同花顺主界面中，单击菜单栏中的“委托”→“模拟炒股”选项，如图 2-31 所示。

步骤 2 执行操作后，弹出“模拟炒股”对话框，单击“模拟炒股交易区”按钮，如图 2-32 所示。

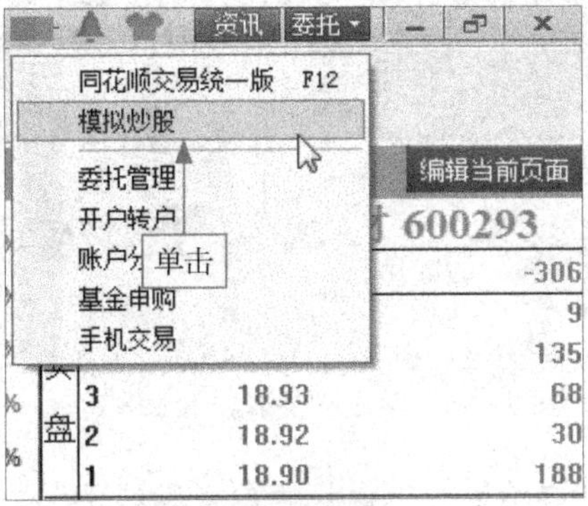

图 2-31 单击“模拟炒股”选项

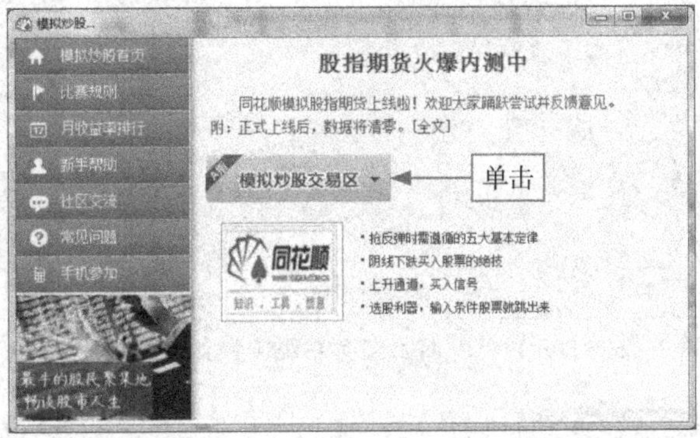

图 2-32 单击“模拟炒股交易区”按钮

步骤 3 弹出“委托管理”对话框，在“普通委托”下拉列表框中选择相应证券平台，单击“添加券商”按钮，如图 2-33 所示。

步骤 4 弹出“委托程序安装目录设置”对话框，设置好安装目录，并单击“安装”按钮，如图 2-34 所示。

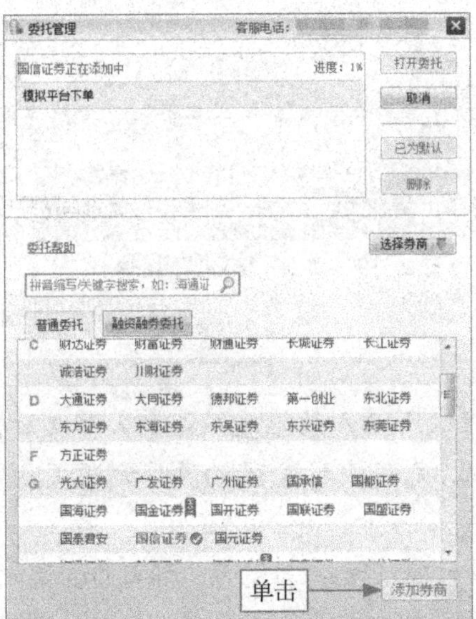

图 2-33 单击“添加券商”按钮

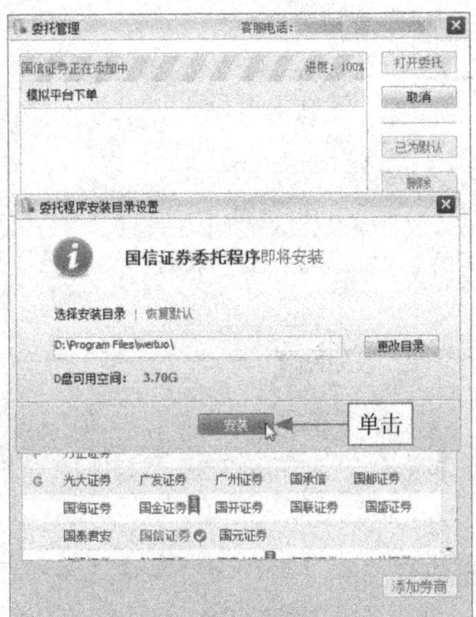

图 2-34 单击“安装”按钮

步骤 5 安装完成后，单击“打开委托”按钮，即可打开同花顺网上交易系统（模拟炒股），如图 2-35 所示。

步骤 6 在“买入股票”选项区中，设置证券代码和买入数量，单击“买入”按钮，如图 2-36 所示。

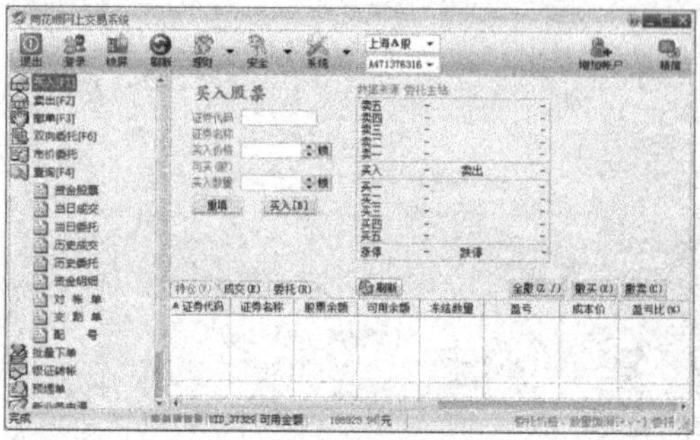

图 2–35　打开同花顺网上交易系统（模拟炒股）

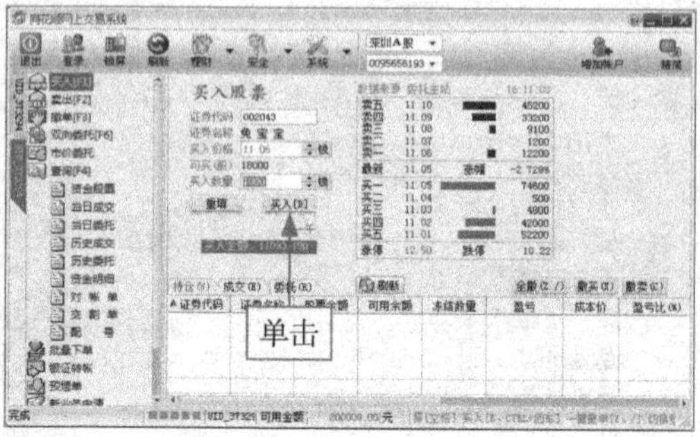

图 2–36　单击“买入”按钮

步骤 7 执行操作后，弹出“委托确认”对话框，显示委托的详细信息，确认无误后单击“是”按钮，如图 2-37 所示。

步骤 8 弹出“提示”对话框，提示用户的买入委托已成功提交，单击“确定”按钮，如图 2-38 所示。

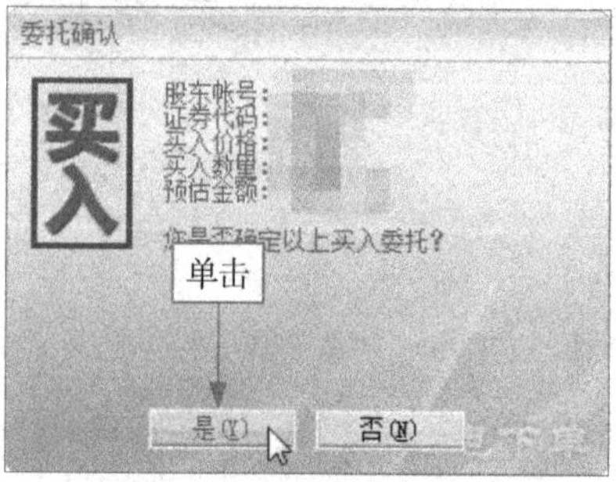

图 2–37　单击“是”按钮

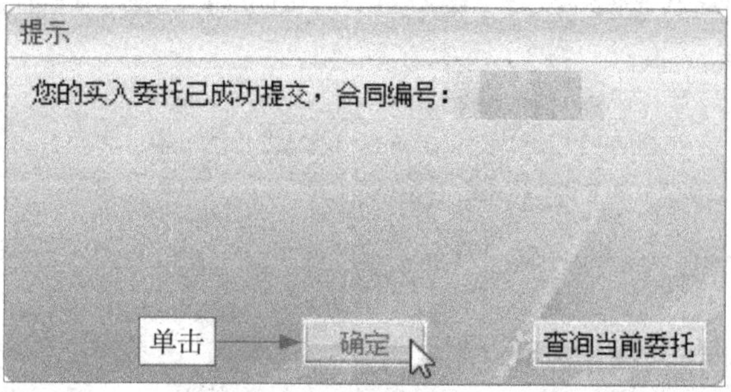

图 2–38　单击“确定”按钮

专家提醒

投资者在买入或卖出股票时，需注意确认所输入的信息，待确认无误后，再单击“买入下单”或“卖出下单”按钮，以免确认后发现错误时无法更改。

步骤 9 在同花顺网上交易系统展开“查询”→“当日委托”选项，即可查看买入委托，如图 2-39 所示。

步骤 10 切换至“卖出”窗口，在“卖出股票”选项区中设置证券代码和卖出数量，单击“卖出”按钮，如图 2-40 所示。

图 2-39　查看买入委托

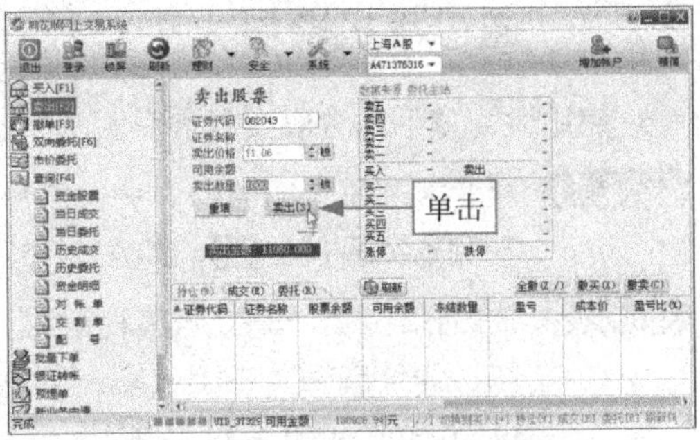

图 2-40　单击"卖出"按钮

步骤 11 执行操作后，弹出"委托确认"对话框，显示委托卖出的详细信息，确认无误后单击"是"按钮，如图 2-41 所示。

步骤 12 弹出"提示"对话框，提示用户的卖出委托已成功提交，单击"确定"按钮即可，如图 2-42 所示。

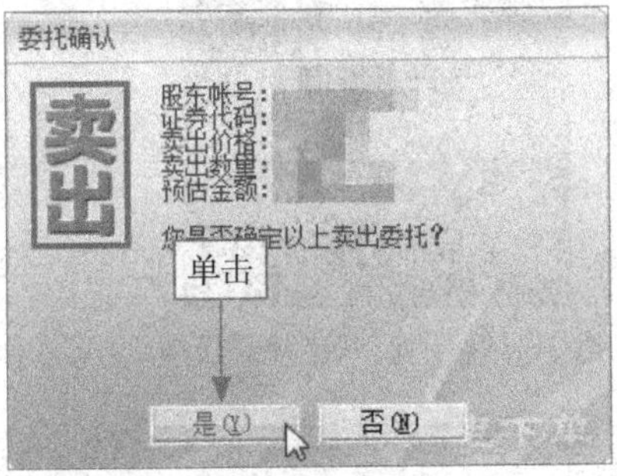

图 2-41　单击"是"按钮

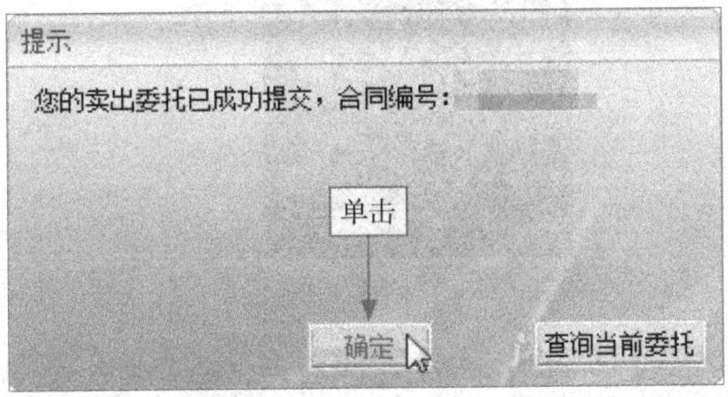

图 2-42　单击"确定"按钮

专家提醒

在考虑成交量控制的模拟炒股系统中，由于模拟炒股用户委托价格并不会影响到实际行情的变化，所以用户在玩模拟炒股的时候，小资金体验往往是仿真度较高的，而多数模拟炒股系统都不能体现出大资金对行情的影响。

2.2　手机炒股 APP——大智慧

大智慧手机炒股软件提供沪深、基金、债券、外汇等实时免费行情，并采用最新技术手段做到微秒级更新，让好行情领先 1 秒钟送达投资者手中，帮助投资者抓住每一个赚钱机遇。

2.2.1 通过手机查看大盘指数

使用大智慧手机炒股票软件看大盘指数的具体操作方法如下。

步骤 1 登录大智慧手机 APP，点击底部的“行情”按钮进入其界面，并点击“指数”右侧的更多按钮，如图 2-43 所示。

步骤 2 执行操作后，进入“沪深市场”界面，显示沪深市场的常用指数，如上证指数、深证成指、中小板指、创业板指、沪深 300、上证 B 股、成份 A 股、上证 50 等，如图 2-44 所示。

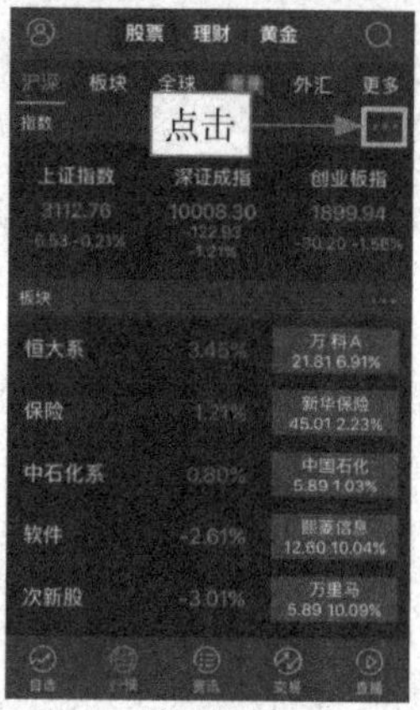

图 2-43　“行情”界面

图 2-44　“沪深市场”界面

步骤 3 点击某种大盘指数后，即可进入其分时走势页面。图 2-45 所示为“深证成指的分时图”界面。

步骤 4 点击分时走势图右上方的图标，即可查看该指数的行情数据情况，如图 2-46 所示。

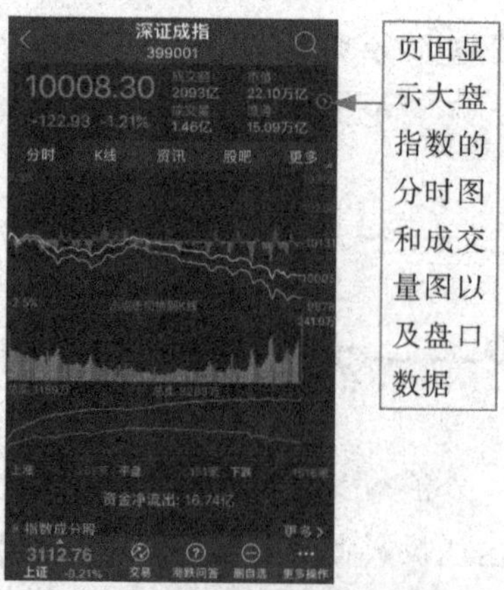

图 2-45　“深证成指的分时图”界面

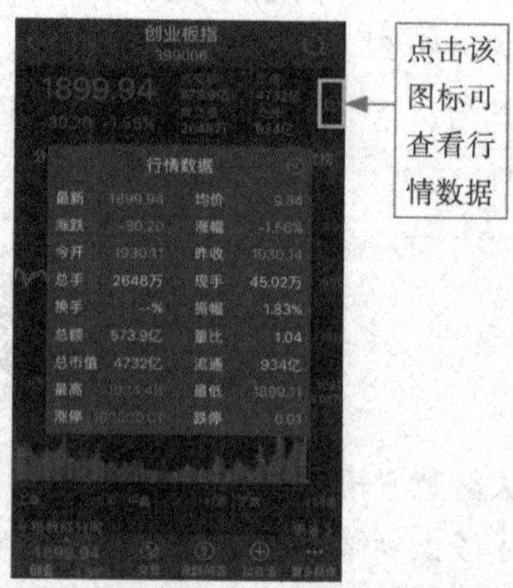

图 2-46　查看指数的行情数据

步骤 5 点击“K 线”按钮，即可切换至 K 线走势图界面，如图 2-47 所示。在 K 线图上可点击显示光标，并可以查看光标时间点的相关数据信息。

步骤 6 在“深证成指的 K 线”界面，用户可以对 K 线的周期进行选择，点击“分钟”按钮，甚至可以让 K 线的周期精确到 1 分钟，如图 2-48 所示。

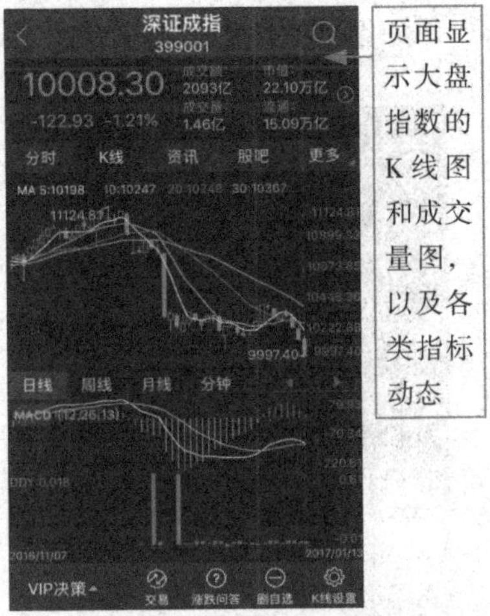

图 2-47 “K 线”界面

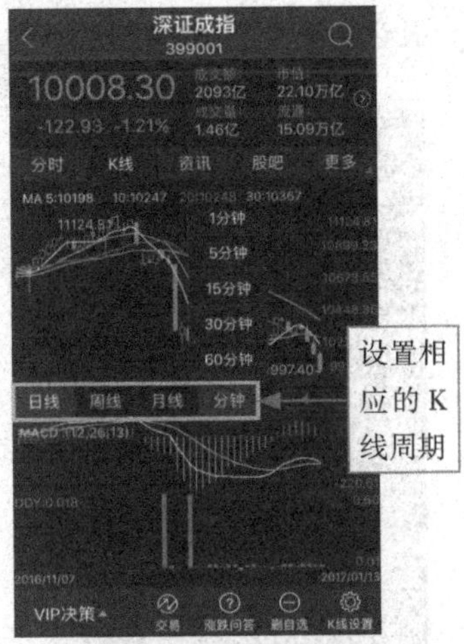

图 2-48 设置 K 线周期

步骤 7 “K线”界面不仅可以对K线的周期进行选择，还可以对指标的显示进行选择。用户只要点击页面中的“VOL”链接，就会弹出一个指标选择的菜单栏，如图 2-49 所示。

步骤 8 例如，在“K 线”界面选择 MACD 选项之后，即可显示 MACD 指标窗口，如图 2-50 所示。

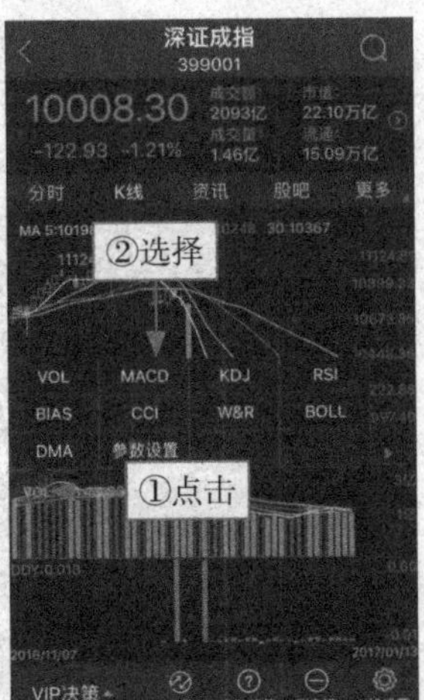

图 2-49 设置辅助指标

图 2-50 显示 MACD 指标窗口

2.2.2 通过手机查看个股行情

使用大智慧手机炒股票软件查看个股行情的具体操作方法如下。

步骤 1 在大智慧主界面点击右上角的按钮，如图 2-51 所示。

步骤 2 执行操作后，进入“股票查询”界面，在搜索框中输入相应的股票代码或拼音首字母，如常山股份的代码“000158”，如图 2-52 所示。

图 2-51 点击按钮

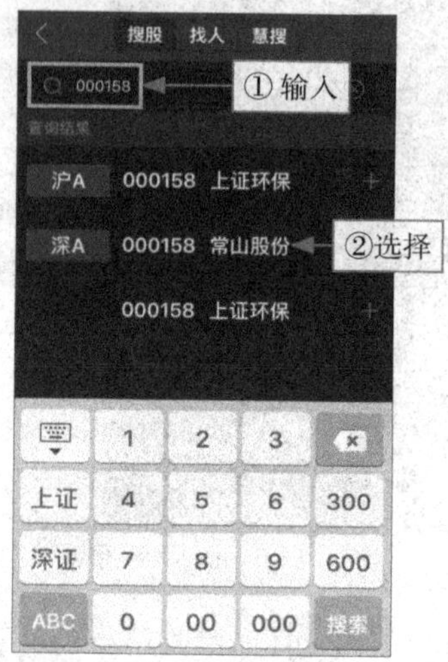

图 2-52 “股票查询”界面

步骤 3 点击相应的查询结果，进入个股详情界面，如图 2-53 所示。

步骤 4 点击“K 线”按钮，进入“K 线”界面，用户可以设置 K 线周期，如图 2-54 所示。

图 2-53 个股详情界面

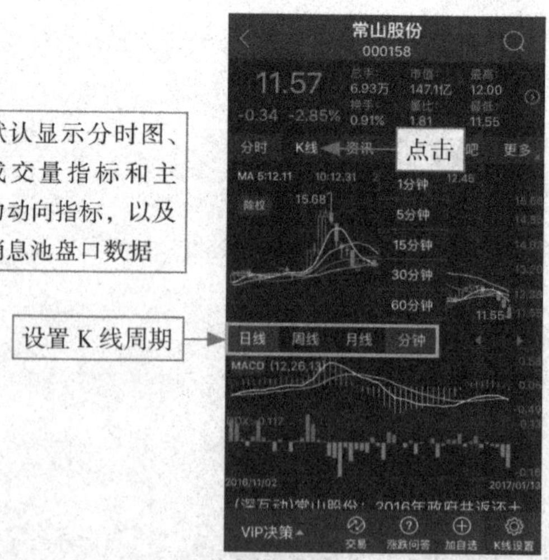

图 2-54 切换副图指标

步骤 5 点击“F10”按钮进入其界面，还可以查看个股的消息提醒、主要指标、概念题材、主营构成等基本面信息，如图 2-55 所示。

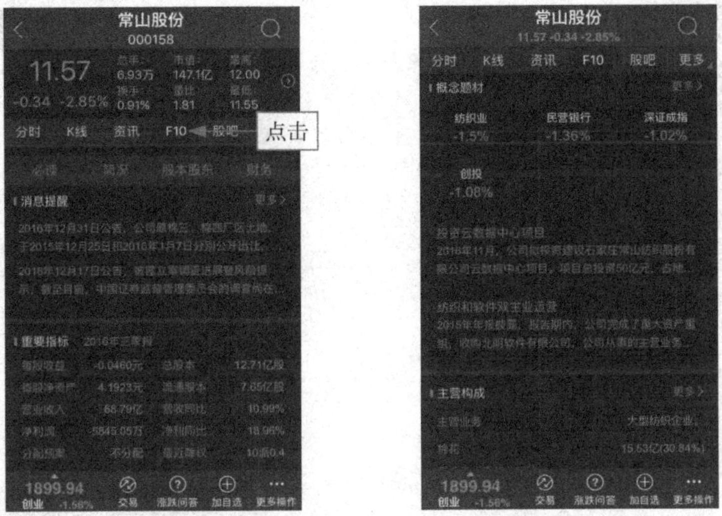

图 2-55 “F10”界面

2.2.3 通过手机查看财经资讯

使用大智慧手机炒股票软件查看财经资讯的具体操作方法如下。

步骤 1 点击大智慧主界面底部的“资讯”按钮，如图 2-56 所示。

步骤 2 进入“资讯”界面，显示“快讯”列表，如图 2-57 所示。

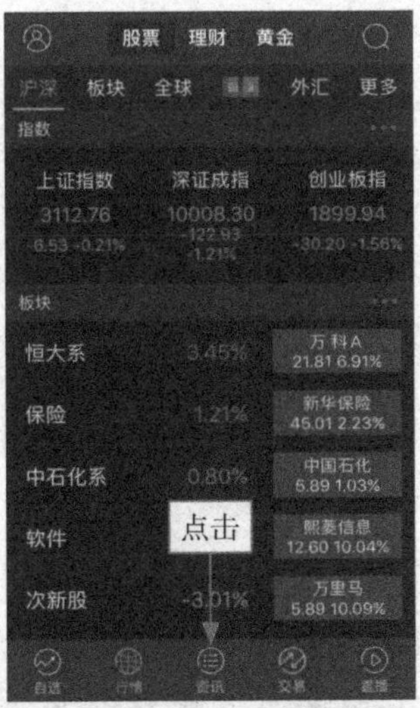

图 2-56 点击“资讯”按钮

图 2-57 “资讯”界面

步骤 3 点击相应的快讯标题，即可查看其具体内容，如图 2-58 所示。

步骤 4 点击“更多”按钮，可对更多的资讯主题进行选择，如图 2-59 所示。

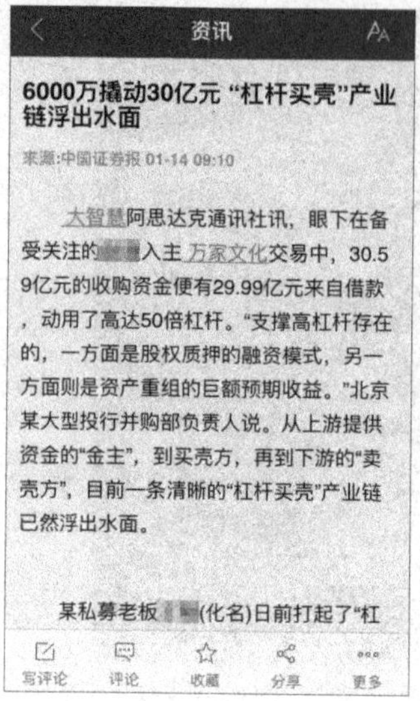

图 2-58 快讯内容

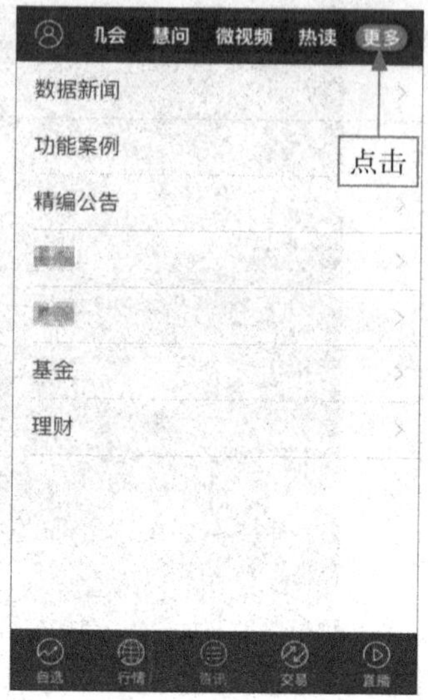

图 2-59 “更多”界面

2.2.4 手机设置个股价格预警

大智慧手机版的股价预警设置只对“股价涨到”“股价跌到”“日涨跌幅超”有效。在用户设定一只股票的上限价位、下限价位后，当股价运行到限制价位时，用户将自动收到提醒信息。

使用大智慧手机炒股票软件自选股提醒功能的具体操作方法如下。

步骤 1 进入个股详情界面，点击右下方的“更多操作”按钮，并在弹出的菜单栏中选择“预警”选项，如图 2-60 所示。

步骤 2 执行操作后，页面转至“添加预警”界面。在该页面输入需要添加的预警信息，并点击下方的“完成”按钮，预警便添加完成了，如图 2-61 所示。预警添加完成后，用户还可以点击“我的预警”按钮，对添加的预警进行查看。

专家提醒

股票预警最常用的方式有以下 3 种。

- 实时的软件弹出预警消息，多种软件都提供这功能。
- 股票短信预警，即实时收到预警短信，网上有免费的股票短信预警网。
- 股票电话预警，即实时收到预警电话，但这种方式比较少见。

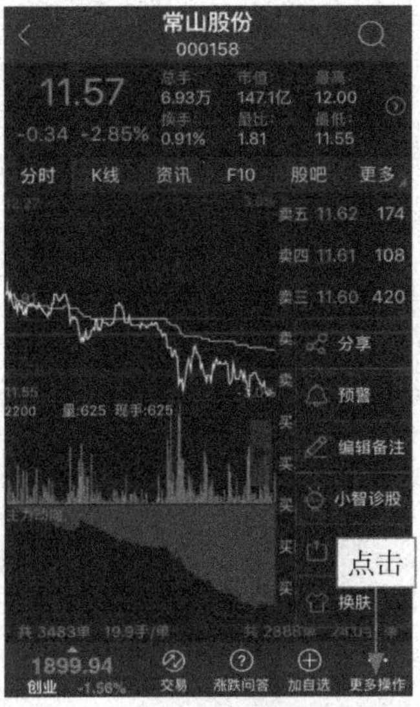

图 2-60 点击“更多操作”按钮

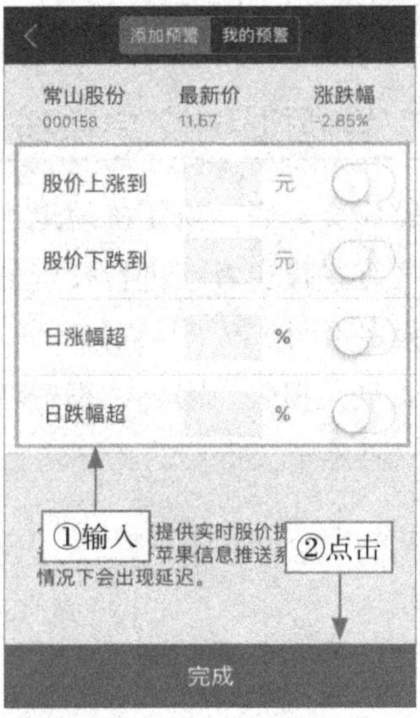

图 2-61 “添加预警”界面

2.3 注意网上炒股安全性

随着网络的发展和计算机的普及，上网的人越来越多，网上股票交易也逐渐成为一种趋势。网上交易的优点很多，操作也很简单，不受地域限制，但是在进行网上交易时，也需要注意其安全性。

2.3.1 保护交易密码

网上交易只要输入自己的账户号码和密码就可以进行操作，而如果账户号码和密码被他人盗取，并以投资者的名义进行网络交易，就很可能给投资者带来很大的损失。因此，广大投资者在利用互联网进行交易时，不要轻易下载来路不明的软件，以免给计算机黑客提供可乘之机。此外，经常更改密码，确保密码不被他人知晓，也是保护自己网上交易安全性的方法。

2.3.2 操作过程须谨慎

除了保护好账户和交易密码外，投资者在进行股票交易过程中，也需要特别谨慎。其中，网络故障可能造成无法下单或者下单延迟，一旦因为计算机或者网络连接出现暂时性故障，会无法交易。投资者一定要记住应急热线电话，当网上交易出现故障，可以通过电话询问行情或者下达交易指令，避免操作不及时引起的不必要损失。同时，在操作过程中，银行转账的密码也应保护好，以免被他人知晓，造成重大损失。

2.3.3 全面退出交易系统

在完成交易后，要正确地退出账户，并关闭交易系统，不能给图谋不轨者留有机会。往往有些投资者在进行投资分析或者交易后，忘记退出系统，而网络运行中经常会带来很多不明木马，从而给计算机黑客提供了机会，使投资者的账户和密码被盗取，而造成了很大损失。因此，投资者需要时刻谨记，在进行网上交易时，保护好自己的账号和密码是至关重要的。

CHAPTER 3

第3章 新手炒股的必修课

学前提示

俗话说："不管A股B股，能赚钱就是好股。"如何选择好股票是投资者最迫切想要知道的。股票市场广阔且波动很大，没有固定的好股之说，对于不同的投资者，找到适合自己投资方式的股票是非常重要的。

要点展示

- 必修课1：看准市场大势
- 必修课2：认准市场人气、热点题材
- 必修课3：掌握一种技术工具
- 必修课4：将风险控制在较低的状态
- 必修课5：实战的基本原则

3.1 必修课 1：看准市场大势

股市行情随时在变动，投资者应学会在不同的时期如何选购股票，利用各时期的特点，综合分析、实践操作。

3.1.1 牛市选股策略

“股市就是这样，牛市之后是熊市，熊市之后是牛市，是不断循环的。现在是熊市，说明牛市也不远了”。杨百万的这段话很简单地概括了牛市和熊市持续循环的特点。那么，如何选股成了重要的问题。

在理性投资者的理念中，“在股市中比的不是谁今天赚得多，比的是谁在股市中生存的时间长”。如果比谁赚得多，股市中有太多大喜大悲的案例，有很多几年前在股市叱咤风云的人物早已消失，倒在了牛市形成之前。谁生存的时间长，则意味着所获得市场赐予的机会就越多。新股民可以关注短线选股的“三高”理论。

1．涨幅要高

绝大部分股票发动行情，起步于较好的技术状态，经历了由缓涨到加速的过程。大部分投资者希望做到最美的一段行情，正所谓“富贵险中求”，行情进入加速度的一段，就是人们认为危险的地方，就是涨幅已高的时候。涨幅高包含 3 层意思：绝对涨幅要高，如果股价从底部启动 50% 以上，进入主升浪应该是顺理成章的；实现阶段突破，能够成功突破前一顶部的股票，理当看好，不能突破或在前一顶部下逡巡，有无功而返的可能；股价创历史新高，说明价值重新发现，价格重新定位，在成交正常的情况下，应看高一线。

为了直接地查看股票的涨跌情况，在我国股市中，红色代表该股票当前状况为涨，绿色代表该股票当前状况为跌。

2．主力资金参与程度要高

不是主力就好，关键是散户的地位，决定了不可能对公司的基本面研究太深。主力资金实力雄厚，其敢于重仓参与的股票前景看好。散户无法研究公司的基本面，但可以通过 K 线研究主流资金的进驻程度：主力浅尝辄止的，股民放弃；主力实力弱小的，股民观赏；主力实力非凡、大举入驻的，便是股民重仓参与的对象。

3．板块呼应度要高

价值投资理念下，主力资金已经从个股挖掘转向行业挖掘。有板块呼应度的股票，说明该行业发展前景比较好，属于当然热点或潜在热点，有发展潜力。即便是临时性热点，板块呼应度高的特点也决定了被套的可能性不大，因为热点的反复表现，会多次创造解套获利的机会。

3.1.2 熊市选股策略

在熊市中选股的难度远远大于牛市，大盘在不断下跌，大部分个股的走势也逐级向下，只有极少数个股逆势上扬。虽然在熊市中选股难度很大，但也有一定的方法可循，具体如下。

1．选择基本面情况发生重大变化、业绩有望突升的个股

无论是在牛市还是在熊市，这类个股都是受追捧的对象。由于基本面发生了好转，必然或早或晚地反映到股市上。当然，在选择时需要注意时机，不要等到股价已经上涨到高点时再买进。

2．选择具有长期良好发展前景的个股

具有良好发展前景的公司，是大多数人选股时追求的目标。这类公司发展前景光明、经营稳健，被许多人看好，在牛市中股价可能高高在上，业绩被提前预支。但是在熊市中可能随着大盘的大幅下跌，尤其在暴跌时，可为投资者提供了一次很好的买入机会，可以用很低的价格得到一只优质股票。同时，需要注意，选择这类个股应立足于中长线，不能指望短期内获得高额利润。

3．选择主力机构参与的个股

股市中的主力机构实力强大，不是一般的中小投资者可以比的，但是也有进出不灵活的弱点，一旦参与一只个股，就要持有较长的时间，尤其是在熊市中，除非认输出局，否则就要利用每次反弹机会，伺机拉升个股。中小散户只要参与时机合适，成本价在主力之下或持平，并且不要贪恋过高的利润，就会有相对较大的获利机会。

4．选择在熊市后期超跌的个股

在熊市后期或熊市已经持续较长时间，一些个股总体跌幅已深，综合基本分析和技术分析，下跌空间已经有限，已经无法再跌。即使大盘继续下跌，这批个股也会提前止跌，率先反弹。

总结可知，熊市中重要的是关注大盘走势、了解盘中热点及政策的转变等。投资者可只选不买，为将来在牛市中选择做好准备。

3.1.3 涨停板选股策略

涨停板是防止新兴证券市场过度投机的产物，本义是防止市场过度波动。在实际过程中，涨停板在股票本身具有突然上涨 10% 以上冲击力时，被迫在 10% 处停住，第二天由于本身上涨要求，还要继续上涨。这是一个明显的投机机会，对买卖股票的双方产生明显的心理影响。

在选择追哪只涨停的股票时，要考虑以下因素。

- 涨停时间早晚。
- 个股形态如何。
- 第一次即将封涨停时，观察换手率的大小，小的比大的好。
- 如果大盘急跌，破位的不好，有涨停的不要追。
- 第一个涨停比较好，连续第二个涨停就不要追。
- 高开高走拉涨停的股票追起来安全些，最好开盘价就是最低价。
- 龙头股的涨停比跟风股好，有同类股的比没有同类跟风涨的涨停股好。
- 有重大利好首次被披露，拉涨停的股票比较好。
- 分时图上冲击涨停时气势强的比气势弱的好。

下面举例说明涨停板选股策略。

图 3-1 所示为匹凸匹（600696）2016 年 8 月至 11 月期间的 K 线走势图。

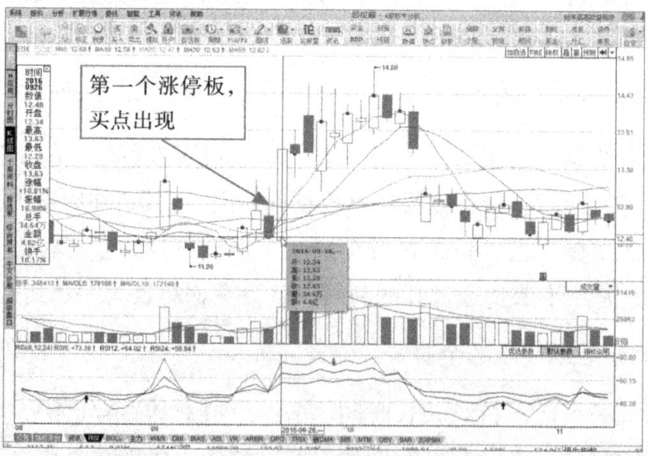

图 3-1　匹凸匹（600696）K 线图

从图中可以看到，2016 年 9 月 26 日，该股开盘后迅速攀升至涨停板，并一直保持到收盘，显示在利好刺激下多方完全占据主动。而之前该股一直处于低位盘整阶段，所以，投资者可以预见未来股价将有较大涨幅。在第一个封涨停交易日当天，投资者可以果断地在涨停板上排队。即使这个交易日无法成交，也可以在随后的交易日高开时追高买入，仍可获得不错的收益。

专家提醒

当股价经过长时间的下跌或者低位震荡后，出现第一个涨停板时，说明盘中的多方已经占据了绝对优势，股价近期可能走强，此时投资者可以在股价涨停的最后时刻挂单买进。另外，在上涨走势中出现第一个涨停板后，往往是股价的加速上涨阶段，但这种加速上涨阶段持续的时间往往不会太长，所以投资者在达到自己的获利目标后，就应该及时止盈。

3.1.4 跌价股票选购策略

在股票市场中，虽然有的公司业绩好，但是随着股市行情波动而上涨的股票，买进后不可能轻易再涨。所以，即使公司属于优良业绩者，也应当在廉价时购买，对大幅上涨中的股票不宜购买。

要了解公司的股价是否已下跌到底，须调查成交量的变动情形，如果与过去下跌时的情形相仿，则可确定跌价停止，但是股市无确定性，还可能再跌。投资家通常主张利用股价下跌时买进，获得良好的成果，但是，不是任何股票都适合采用这种方法。

下面举例分析跌价股票的选购策略。

步骤 1 图 3-2 所示为海天味业（603288）2016 年 8 月至 10 月期间的 K 线走势图，股价在 9 月 1 日运行到高位后回落，成交量多日内一度缩量至 5 日均量线下方，股价运行至底部后成交量出现放量，股价出现上涨趋势。

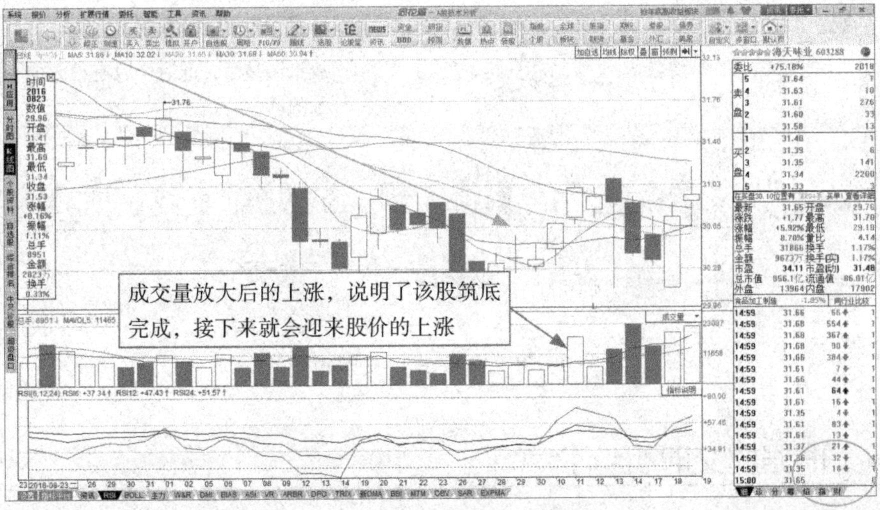

图 3-2　海天味业（603288）K 线走势图（1）

专家提醒

放量拉升是股价上涨中比较可靠的一个阶段。因为股价是放量拉升，所以通常出现在个股刚启动时，可看到底部出现成交量放大。股价上涨时，应当快速分析个股状况，适合参与的果断进场。

主力连续放量拉升股价时，主力的行踪就会暴露。此时，研究成交量的变化非常有实际意义。投资者如果能够准确地捕捉到主力的参与思路，那么可以回避拉升中的正常回调，在回调完毕后又能快速买进，持股等待主力拉升。

许多股民投资者对于成交量变化的规律认识不清，这是非常危险的。只有将股价分析与成交量分析相结合，才能真正地读懂市场的语言，洞悉股价变化的奥妙。成交量是价格变化的原动力，其在实战技术分析中的地位不言自明。

步骤 2 如图 3-3 所示，随后该股确实展开了一波上涨趋势，股价处在上涨趋势中，成交量也是逐渐放大的趋势。

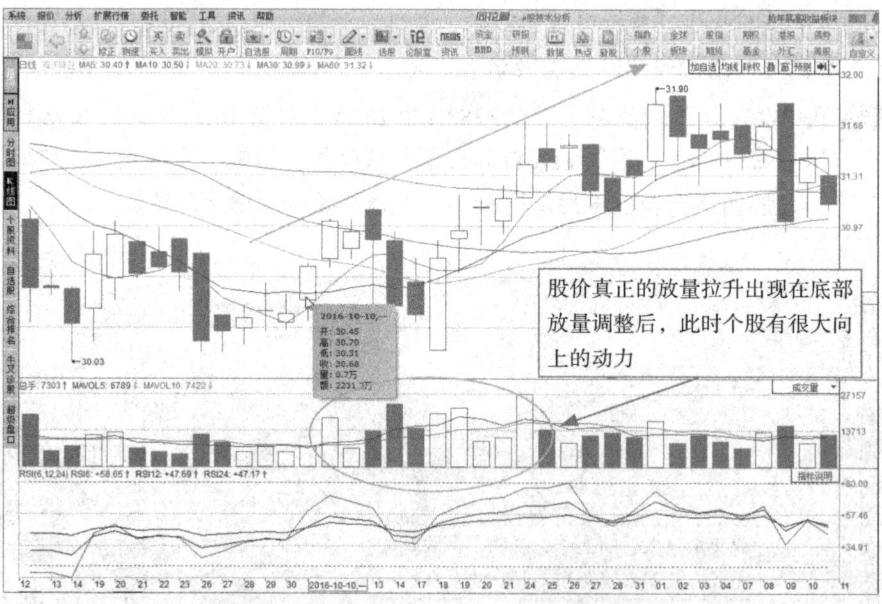

图 3-3 海天味业 K 线走势图（2）

3.1.5 根据成交时机选股

在买进股票时，投资者还需对最低价格和跌价时间进行相应的分析。例如，根据股价和成交量，股票已跌至最低价时，必须确认下跌停止的时间。因此，必须仔细观察目标数字的变动，等候股价波动的状态暂时维持平静。在预定购买后，必须确认此种股票在跌价的行情中再买进，虽然根据股票与成交量可以看出跌价，但是仍有持续再跌的可能。

专家提醒

在进行量价分析之前，首先需要对成交量的一些基本概念有一定的了解，包括成交、成交量、成交量值，具体含义如下。

（1）成交：买卖双方报价一致从而达成的交易行为。

（2）成交量：指定时间内成交的数量，其计算单位为手，1 手相对于 100 股。

（3）成交量值：指实际成交金额（每股成交价 × 成交量），其基本统计单位是元，在行情分析软件上都是以万元为统计单位。

下面将举例分析根据成交时机选股的策略。

步骤 1 图 3-4 所示为恒通股份（603223）2016 年 9 月至 11 月期间的 K 线走势图。从图中可以看出，该股前期经历了一波放量上涨的走势，直冲至 46.40 元高点后开始回落，并出现量增价跌的形态，显示有大量筹码在此出逃。

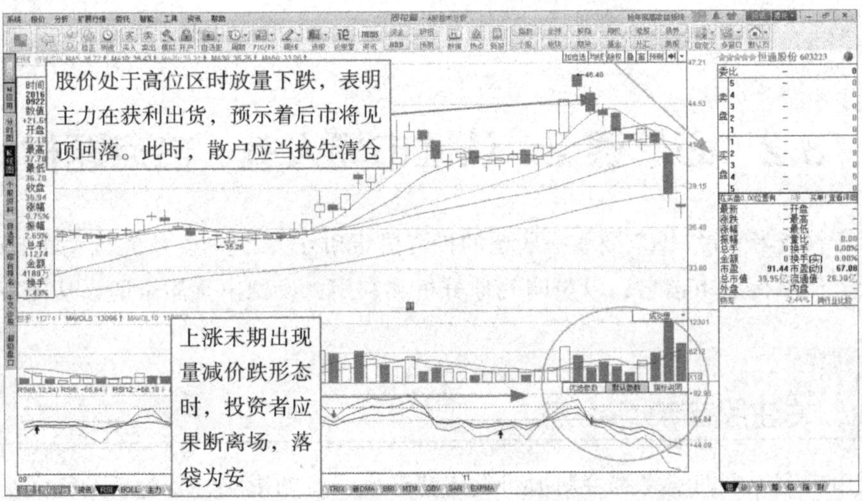

图 3-4 恒通股份 K 线走势图（1）

步骤 2 后市走势如图 3-5 所示，从图中可以看出，该股形成量减价跌形态，市场恐慌情绪高涨，股价后市开启了大幅度的下跌走势。此时，投资者必须离场观望，等待时机。

专家提醒

量增价跌形态用在股市上，表现为价格下跌，成交量反而上升，说明价格的下跌得到部分买家的认可大批购买，但也可能是主力在疯狂出逃。这时要看成交量、消息面、大市行情。在大家都疯狂出逃时，也会有人认为是建仓的好时机，价跌量增实质上是买卖双方分歧较大的反应。

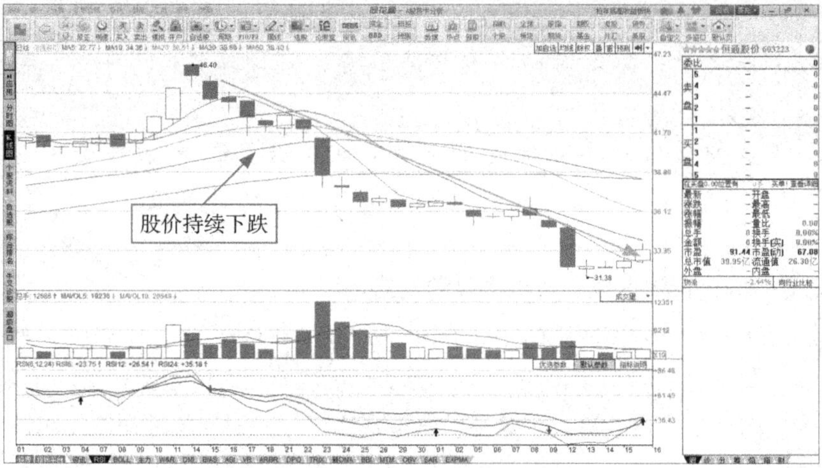

图 3-5　恒通股份 K 线走势图（2）

3.2　必修课 2：认准市场人气、热点题材

对于投资者来说，不仅要掌握股票的投资技巧和方法，同时更应时刻关注股市信息，从多个方面掌握股市信息，以更明确地分析和利用，发掘出优质个股，从而得到最大的回报。

3.2.1　关注股市热点消息

股市中有很多的消息都会对股价的走势产生一定的影响，其包括的范围也比较广泛，如国家产业政策扶持、合资或者股权转让、增资配股或者送股分红、经营业绩改善、控股和收购等。有时股票市场“利好”消息传来，股市行情未必因此上涨；有时坏消息不断，但股价也未必下降。因此，投资者要全面地关注股市各种消息，不能进行单一的判断。

对于主力机构来说，可以通过收集、研究内部消息等几种途径抓住热点，而散户则没有这样的优势。但是，散户同样可以在公开信息中找寻到好股，而且需要做到具有一双慧眼，能够敏锐地从公开信息中寻找到对上市公司内在估值产生实质影响的资料，同时要具有耐心和自信。

热点资讯就是投资者必须关注的一个重要方面。用一句通俗的话说：热点就是某一特定时间内在走红的板块或股票。这些在特定时间内走红的股票，常常被当时的股民称为“热门股”。如果投资者查看股票涨跌排行榜，就会发现在涨幅榜的前列大多是它们的身影。

下面介绍利用市场热点选股的方法。

步骤1 打开同花顺炒股软件，在工具栏中，单击“热点”按钮，如图3-6所示。

步骤2 执行操作后，进入“事件驱动”界面，如图3-7所示。

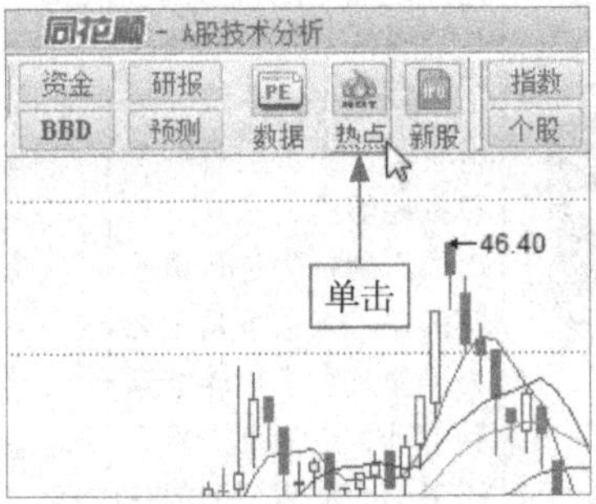

图3-6 单击“热点”按钮

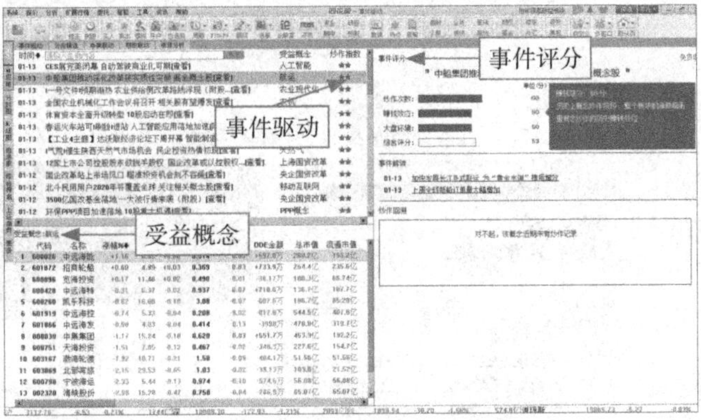

图3-7 “事件驱动”界面

专家提醒

需要注意的是，股市并没有什么恒定不变的热点，同理也没有恒定不变的强势股和弱势股。也就是说，某一时期的强势股、强势板块，在另一时期就可能变为弱势股、弱势板块，反之亦然。

因此，投资者应时刻保持头脑清醒，善于根据市场面的强弱变化，及时调整自己的投资策略，以便及时抓住市场新热点。

对中小散户投资者来讲，可以贴近市场热点选择相应股票。热点选股，趋势选时，积小利成大利，继而演变成一种稳健的盈利模式。

步骤3 在“事件驱动”下拉列表框中，可以查看近期的股市热点事件，如图3-8所示。

步骤 4 单击相应事件右侧的“查看”超链接，用户可以查看事件的具体内容，如图 3-9 所示。

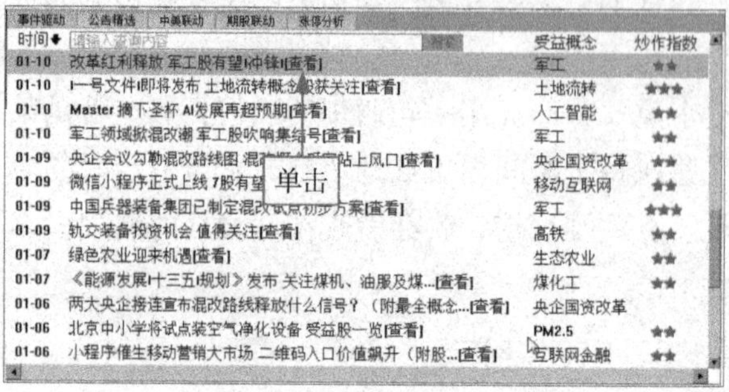

图 3-8　“事件驱动”列表

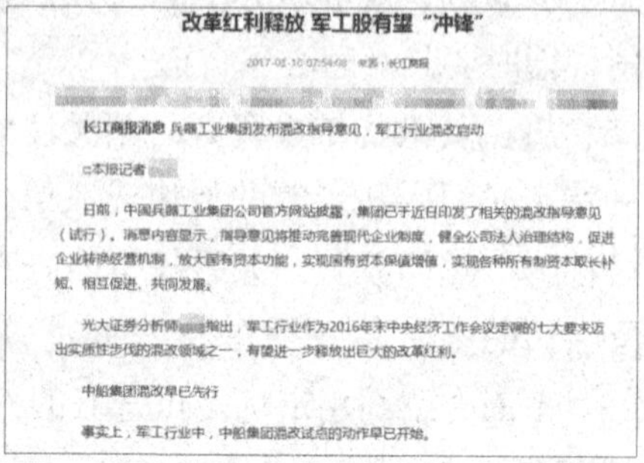

图 3-9　查看事件的具体内容

步骤 5 在“事件评分”界面中，可以查看该热点事件的炒作次数、赚钱效应、大盘环境及综合评分，如图 3-10 所示。

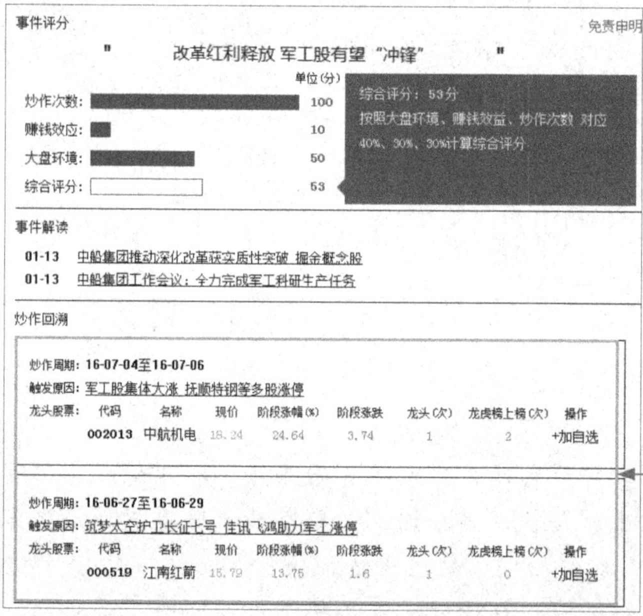

投资者要盯住热点板块中的领头羊。在热点板块中，并不是所有的个股都能够涨得很好。大出风头的首先是行情的领头羊。领头羊是主力为了使热点板块能够顺利启动，也为了“号令天下”而刻意塑造的一个市场形象。在行情初期，最先引起轰动效应的肯定是领头羊。热点板块的其他个股都是看领头羊的号令行动，股民们也是在领头羊的示范效应下才会改变对市场的看法，由空翻多

图 3-10　“事件平分”界面

3.2.2　特别关注个股信息

对于整个股市来说，股票太多，投资者不可能每个都仔细地研究分析，因此关注个股信息就显得尤为重要。对于进行投资的股票，投资者不仅要了解其相应的走势，还需要掌握并分析该股的各类信息，包括宏观经济政策、舆论导向、成交量、经营动

向及市场评论等，以便在进行股票交易时把握时机。

图 3–11 所示为同花顺炒股软件中的个股资料板块，其中包括公司概要、近期重要事件、新闻公告、财务指标等信息，是投资者选股时重要的参考资料。

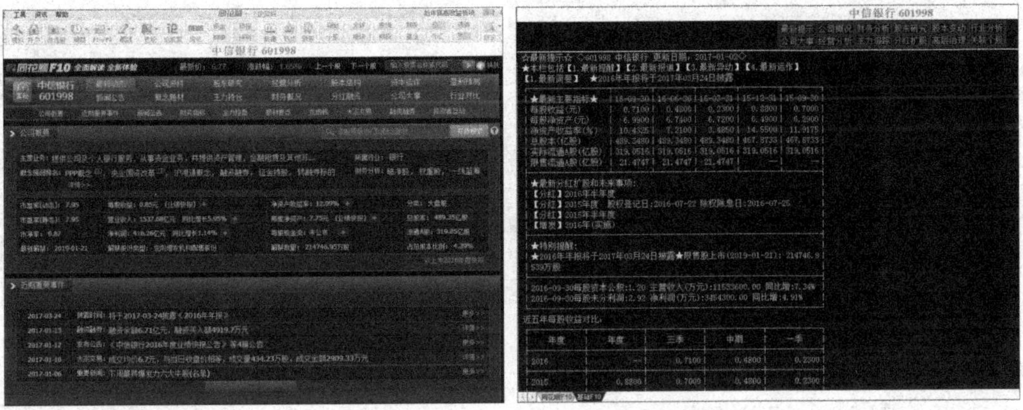

图 3–11　个股资料板块

3.2.3　登录专业网站

专业网站所提供的信息资料时效性更强，同时更具有参考价值，投资者可以根据需要搜索的信息，选择相应网站进行查看，其操作步骤如下。

步骤 1 打开浏览器，在地址栏中输入相应网址，如图 3-12 所示。

步骤 2 按【Enter】键或单击“搜一下”按钮确认，进入网站主页，如图 3-13 所示。

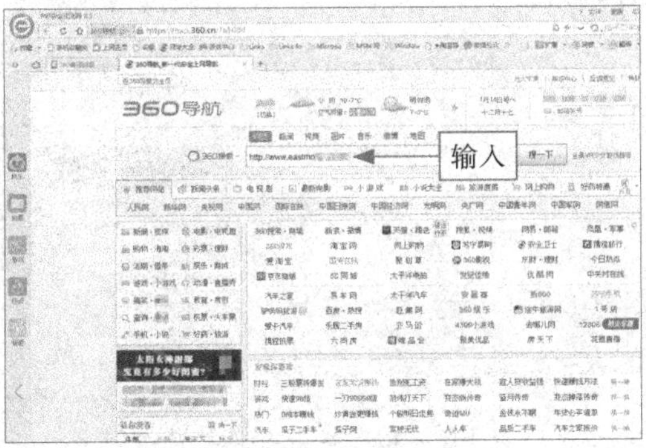

图 3–12　输入相应网址

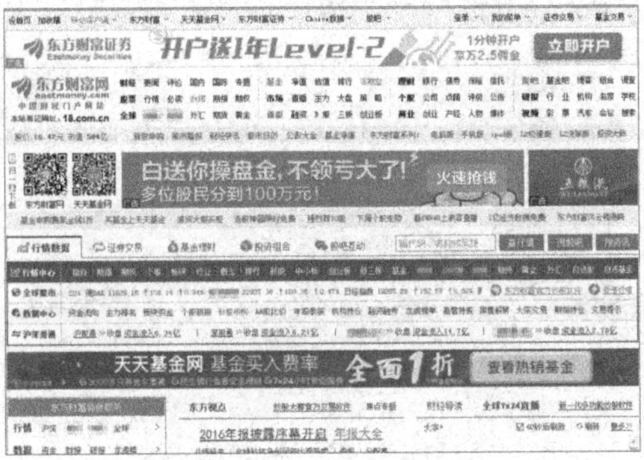

图 3–13　进入网站主页

步骤 3 在该主页中单击需要查看信息的链接，如图 3-14 所示。

步骤 4 进入相关信息界面，查看搜索信息，如图 3-15 所示。

图 3-14　单击需要查看信息的链接

图 3-15　查看搜索信息

3.2.4　查看个股行情

查看个股行情对于投资者来说非常重要。投资者在购买了相应股票后需要查看相关股票价格和走势等。这时可以进入专业网站进行查看，其操作步骤如下。

步骤 1　打开浏览器，进入和讯网主页，并在搜索文本框中输入需要查看的股票代码，如“600029”，如图 3-16 所示。

步骤 2　单击扩展栏中的“600029 南方航空”，即可查看该个股的行情信息，如图 3-17 所示。

图 3-16　输入股票代码

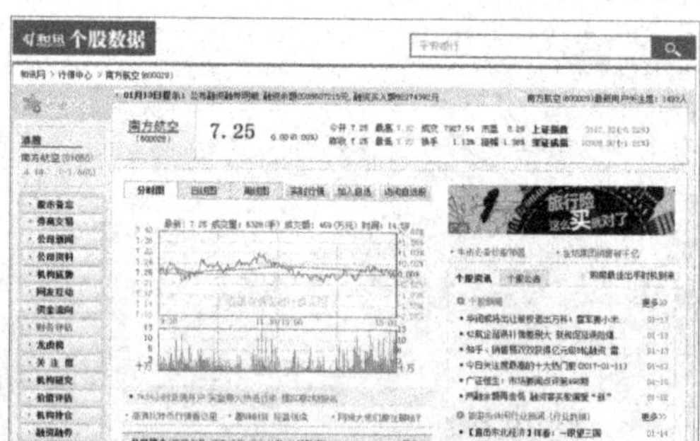

图 3-17　查看个股行情

3.3　必修课 3：掌握一种技术工具

部分投资者，特别是部分股票投资新手，很容易因为自身经验的不足，对自己的投资行为产生怀疑。此时，他们需要一种可以明确告诉他们应该如何进行操作的工具，而技术分析则很好地承担了这一角色。

3.3.1 技术分析的三大假设

技术分析的理论基础来自于三大合理的基本假设，具体如图 3–18 所示。投资者如果只相信确切的结果，对这三大基本假设抱有怀疑的态度，那么技术分析或许就变得没有了太多的参考价值。

为了使投资者更深入地了解这三大基本假设，下面就其进行逐点解读。

1．历史或将重演

正所谓“江山易改本性难移”，人的性情一时之间是很难改变的。而市场操作的主体又是人，所以在相同的市场状况下出现相同的个体乃至市场的交易行为也就成为了一种可能。另外，因为经济的周期性有序变化，也让投资者的交易行为有了更多重复之前动作的可能性。

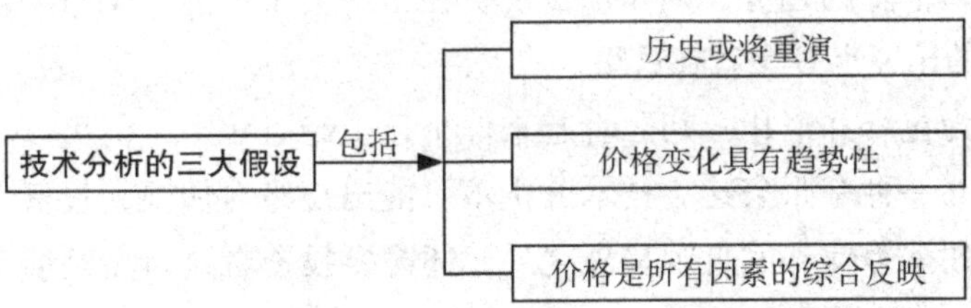

图 3–18 技术分析的三大假设

历史或将重演就是通过参照历史上出现过的相似情况，对接下来的可能进行一种合理的预测。这在我们的生活中也得到了一些使用。比如，气象台通过对天气数据的统计，预测未来一段时间的天气。又如，人们看到天空中鸟儿飞得很低就认定不久将要下雨。这些其实就是通过过去的经验总结，对未来的可能做出的合理预测。

当然，历史或将重演并不是说历史一定会上演，更不是说历史一定会完全相同地上演，而是说在与过去相同情况下出现的价格走势，可能会在现在或者未来出现相似的部分。

2．价格变化具有趋势性

趋势就是一种趋向，或者说势头。可以说，趋势是技术分析的核心所在。技术分析的分析依据来自趋势，技术分析要分析的也是趋势，不过前者是过去的趋势，而后者更多的是现在和未来的趋势。

投资者进行技术分析的意义就在于，如果能在一个趋势形成的早期，就把它比较准确地判断出来，并依据判断进行判断，那么这笔投资就已经是赢在了起点。

但是趋势并不是那么好判断的，它不会无尽地向着同一个方向发展。也就是说，趋势必然是有尽头的。这一点投资者根据常识也能知道。这世上既没有只涨不跌的商品，也几乎不可能出现只跌不涨的商品。让投资者更加苦恼的是，趋势的尽头根本无法把握。

3．价格是所有影响因素的综合反映

价格是所有影响因素的综合反映，也就是市场上常说的“市场行为包容并消化一切”。这指的是所有可以影响商品价格的因素，比如供需、经济、政治、金融等。这些因素对价格的影响都从价格的变化中得以呈现。

如果市场上某种商品供不应求，那么价格最终必定会上涨；反之，如果市场上某种商品供过于求，那么价格最后必定会下跌。这就是供需规律。

供需规律反过来用似乎也是合适的。如果某现货价格呈现的是上涨的趋势，那么抛开其他因素的影响不说，在市场上该现货必定是供不应求的；相反的，如果某现货的价格呈现的是下降的趋势，则表示该现货在市场上很可能是供过于求的。技术分析预测未来趋势的出发点其实就在这里。

“市场行为包容并消化一切”看起来似乎显得绝对化了，但可以将它视作是一种最大出现概率的一种夸张表达。技术分析不可能出现绝对情况，投资者要想准确地判断趋势，除了数据等信息的直观呈现之外，还需要投资者进行主观能动性的发挥，将最大的可能性合理地推测出来。

以这个假设作为依据，投资者在使用技术分析进行分析的时候，就不需要对价格的变化原因深入探究，而只需要研究价格本身就能为预测提供合理参照了。也就是说，投资者不用关注价格变化的原因，甚至在趋势形成初期没有察觉也无关痛痒，只要在关键时刻能够把握住，便可以一举取胜。

因此，根据这一假设，投资者只需要通过图表和技术指标等对价格的变化进行分析，就可以让市场自己说话，从市场中获得未来最有可能的趋势。正像威廉·江恩曾说的，投资者只需要对相关图表进行一定的分析，而且依据清晰可得的分析结果指导交易，就可以获得较多的胜算。

3.3.2 新手炒股需要一种技术工具

股市新手通常股票投资经验相对缺乏，而股市又处于时刻变化中，所以，他们对自己的投资行为很难产生信心。虽说通过经验累积，可以增加投资信心，但许多投资者用于投资的时间比较有限，再加上行情不等人，错过这个村可能就没有这个店了，

所以新手们在炒股时需要一种可以告诉自己如何操作的工具，而技术工具却正好能满足这个需要。

之所以说技术工具可以满足炒股新手的需求，主要是因为它有三大优势，具体如图 3-19 所示。

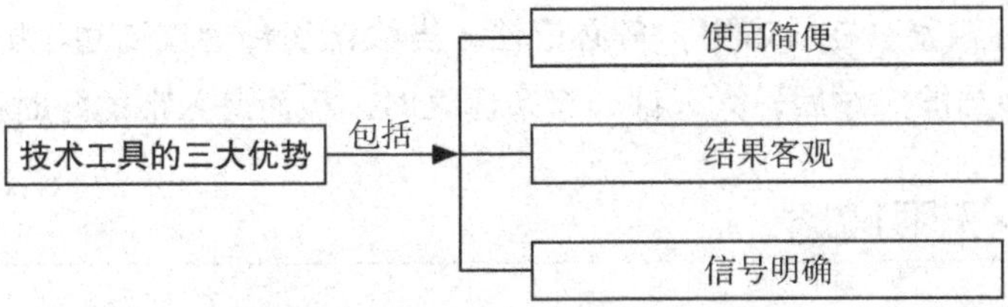

图 3-19 技术工具的三大优势

接下来就对技术工具的这三大优势进行一一解读。

1. 使用简便

简单几条技术线往往就能将纷繁复杂的历史行情呈现出来，而许多软件中只需输入相关数据，就可以绘制相关的图形。如此一来，投资者就可以通过历史数据在图形上呈现的变化，来分析股票的未来走势。这种将大量数据变为走势图的方法，不但省时，更关键的是使用起来非常简便。

2. 结果客观

基本面分析考虑的是相关因素对股价的影响，即便用于分析的数据是客观的，也会因为相关因素影响程度的不确定性，使分析结果带有一定的主观性。而技术分析考虑的是“价格是所有影响因素的综合反映”，是从客观数据出发进行的分析。因此，分析结果就是对数据的客观呈现，而不会受主观意志的影响。

3. 信号明确

投资者利用技术工具对股价走势进行分析时，会得到明确的买卖信号，即“到底是应该买入，还是应该卖出”。如当头肩顶形态出现时，是明显的见顶信号，股票价格很可能在短期内回落。

3.4 必修课 4：将风险控制在较低的状态

在选股过程中必须要充分考虑投资的风险。虽然投资风险是不可能完全避免的，但是投资者完全可以通过一些方式，将风险控制在较低的状态。

3.4.1 切勿盲目跟风

对于新入市的股民来说，这点可能是最难把握的，因为对趋势、技术分析等知识的欠缺，不能坚定自己的立场，总是人云亦云。据相关数据表明，股市中的赢家只占10%，而输家却占80%。当然这个数字不可能那么精确，但是由此可以看出，大多数的股民是盲目的输家。**在股市中，务必记住：当股市高峰到连街边小贩都去炒股时，股市必定大跌；当股灾过后，人人都心有余悸之时，反而是入市的好时机。**

3.4.2 避免无限风险

新股民都会有这样一个思想，盘算着自己在股市中可以赚多少钱，想得很美好。但是作为投资，赚得多或少，或者是否会亏本都是由市场走势决定的，没有人能永远赢，也没有人永远输。所以一定要根据自身的情况，合理地投资。如果只买一只股票，是一种风险无限的投资，当然也有可能获得很大的利润，但是不怕一万，只怕万一，十次里面有一次看错市，也有可能倾家荡产。

3.4.3 制订合理的投资方案

鉴于年龄、职业、收入及经济状况等因素的影响，每个投资者都应该有自己的投资方案：根据自身财力决定投资规模；根据自己的时间和资金的可使用时间确定投资周期；根据自己对风险的心理承受力决定投资方向、选择投资对象；根据自己的能力选择投资策略；根据自己的精力制订投资方案。

3.5 必修课 5：实战的基本原则

投资者在长期的炒股实践活动中，不断总结失败的教训和成功的经验，然后总结出一些基本原则。这些原则对新入市的投资者来说具有很强的引导作用。

3.5.1 分散投资原则

分散投资就是在选择股票进行投资时，资金的投入不能过于集中。凡是接触股市的人基本都听过这样一句话——**“不要把鸡蛋放在一个篮子里”**，说的就是这个意思，把所有资金压在一只股票上，就像把鸡蛋放在一个篮子里，一旦不小心把篮子打翻，损失是很严重的。

分散投资包含以下两层含义。

（1）不要将资金过于集中地投入一种或者少数几种股票中，要建立合理的股票组合，避免稍有不慎，全军覆没。

（2）不要将资金在一个时点上集中投入，股票的价格具有很大的波动性，应该将其分期分批地投入股市，使资金在投入时间上有一定的跨度，在价格选择上也留一些余地，从而避免在最高价位上一次投入。

分散投资包括对象分散法、时机分散法、地域分散法和期限分散法等。

1. 对象分散法

对象分散法就是在证券投资时，应将其投资的资金广泛分布于各种不同种类的投资对象上。具体来说，在证券对象上，可用一部分资金购买政府债券，一部分资金购买公司债券，还用一部分资金购买股票；在行业对象上，应避免将资金集中投放在一个行业上，而应分散投资在各种行业上。即使是在同一个行业也应分资金去购买不同的企业或公司的证券，而不应投资购买一个公司的证券。证券的种类主要有以下几种。

（1）股票。股票市场中的股票以各种不同的方式被分类与归纳，投资者可以根据自己对经济周期的估算，或公司的喜爱，从而决定如何投资。进一步有不同资本的公司以资本大小分类；不同股票以涨幅和价格归类；整个股票市场以股票的成熟与新兴分为不同的子市场，或者以不同产业分类，如生物科技股、网络股、房地产股等。

（2）债券。债券市场也为投资者提供了多样化的投资机会，投资者可以选择长期或短期债券，高回报公债或回报相对较低的市政公债。

（3）非金融资产类别。除了股票与债券来创建投资组合的传统方式，金融市场上还有许多其他可供选择的投资。例如，不动产投资信托、套利基金，甚至于非金融资产类别的钱币、古物等。这些投资的走势并不一定与传统金融市场直接相关，但也为投资者提供了进一步多样化投资的机会。

2. 时机分散法

时机分散法是指由于证券市场瞬息万变，人们很难准确把握证券行市的变化，有时甚至会出现失误，为此在投资时机上可以分散进行，比如，商业银行在购买证券时往往慢慢投入，经过几个月或更长时间完成投资。这样可避免由于投资时机过于集中或者把握不准时机而带来的风险。

3. 地域分散法

地域分散法是指商业银行不仅仅持有某一地区的证券，而应购买国内各个地区乃至国际金融市场上发行的各国证券。这样做的好处是可以避免由于某一地区政治、经济的动荡而可能出现的投资损失。

4．期限分散法

期限分散法是由于不同时期市场利率的变化方向和变动幅度不同，从而导致不同期限的证券市场的变动方向和变动幅度也大不一样。实行期限分散法，购买不同期限的证券，可以减少利率变动对商业银行所持有证券行市的影响。

简单地说，分散投资的本质就是分散风险。在实际操作中，即使投资者运用了很多的基本分析和技术分析，却不能准确地预测股价的涨跌，很难从根本上避免风险。分散投资虽然不能完全消除投资风险，但是通过股票的组合，将其互相搭配，避免了单个股票跌幅过大带来的风险；通过分期分批投入，可以将高低价格进行平均，虽然失去了在最低价位一次性买入的机会，但却能避免将资金在最高位全部套牢的风险。此外，进行分散投资需要注意以下两点。

（1）在股票投资中要注意选择不同行业和种类的股票进行搭配组合。也就是说，对多种股票或几家公司同时投资，即使其中一种或多种股票不能盈利，但其他股票可能会有效益比较好的。如果只选择一种股票，一旦该公司因经营不善倒闭，就会血本无归。

（2）将资金分批分期地投入，可以有效地防止整个股市暴跌的风险。如果在某一点位上倾注所有资金，就很可能全部资金都被套牢，而无法控制。

此外，需要特别注意的是，分散持股对于大资金的投资者是一种可行的方法，但是并不适合小资金的投资者。举个简单的例子，某位投资者共有5万元的资金，却买了10只股票，天天忙得眼花缭乱，常常是看了这个，而忽略了另一个，不是错过了最佳卖出时机，就是慌乱中将“黑马”错抛了。到了大盘直泻时，好不容易卖出了一只股票，再回过来看其他股票，却已跌下去很多了。最后，回过头来算收益，大盘都涨了90%，他却只赚了30%。

由此，**专家认为，对于持有资金规模不大的中小投资者来讲，即使想做分散投资，同时持有3～5只股票就可以了，如果持有股票过多，只会对自己的投资造成很大的影响。**

3.5.2 独立自主原则

独立自主的投资就是要找到适合自己的投资方式，即适合自己的才是最好的。中国近1亿名股民，每个人的性格千差万别，有人性格内向，有人性格外向；有人谨慎小心，有人不拘小节。在股市中，不同的性格将与自己的投资产生密切的关联，也就是常说的性格决定成败，在股市中同样适用。

股市中股票种类繁多，各公司的股票也有各自的特点，并且受到各方面因素的影响，股价也总是在不断的变化中。一些投资者看到股价涨涨跌跌，也就心猿意马，投资目标总是跟着市场变化，不够理智。在股票投资中，很多散户都是赔钱的，原因就在此。盲目跟风炒作，没有自己的固定原则，最终难逃亏损的命运。

所以，**股民在进行股票投资时，应该坚持自己的投资原则，独立思考，该选择什么股票，在什么点位买进或者抛售都要有自己的见解**。当然别人的建议可以参考，但不能随大溜，被市场气氛干扰。

3.5.3 顺势而为原则

证券市场的健康发展，要与国外先进市场接轨，顺应我国经济发展规律要求。顺势而为就是要依照股价的运动方向进行操作，具体就是在股价的上升阶段持股跟进而不要抛出，而在股价的下跌阶段抛出而不要买进。

对于股票投资者来说，**“物极必反，顺势而为”**可谓是金玉良言，但关键还是这个“势”。在股票操作中，每位股民所做的都是顺势而为，但这个“势”是股民自己预测的股价走势，而不一定就是实际的股价走势，因为股民的预测与股票的实际走势存在偏差。**这里的顺势而为主要指在操作上要注重大盘运行的趋势，按照趋势的发展方向选择投资**。简单地说，就是投资者在准备买入股票之前，首先应对大盘的运行趋势有个明确的判断。

此外，需要注意的是，顺势而为地调整自己的投资策略不等于频繁换股，在无法确定股市发生变化的趋势之前，应该做到冷静地分析和观察，而不是盲目采取行动。当预感可能发生的风险自身无法承担时，再及时调整投资。

CHAPTER 4

第4章 利用K线找买卖点

学前提示

俗话说:“硬体的情报，需要软体的智慧来消化。”在股市中，只了解行情是站不稳的，更要有足够的分析判断能力。在各种分析技术中，K线分析无疑是使用最为广泛的方式。投资者可以通过特定的K线形态预测市场的变动趋势，进而判断在何时买入或卖出。

要点展示

- K线图精解与实战应用技巧
- K线图中的10个经典买入形态
- K线图中的8个经典卖出形态

4.1 K线图精解与实战应用技巧

K线图是股票分析的基础手段，能够让我们全面透彻地观察到市场的真正变化。从K线图中，既可以看到行情整体的趋势，也可以了解每日股市的波动情形。

4.1.1 初步认识基本K线图

K线图是表示单位时间段内价格变化情况的技术分析图，就是将各种股票每日、每周、每月的开盘价、收盘价、最高价、最低价等涨跌变化状况，用图形的方式表现出来。因为K线图绘制出来的图标形状类似于一根根的蜡烛，加上这些蜡烛有黑白之分，因此也称阴阳线图表，如图4–1所示。

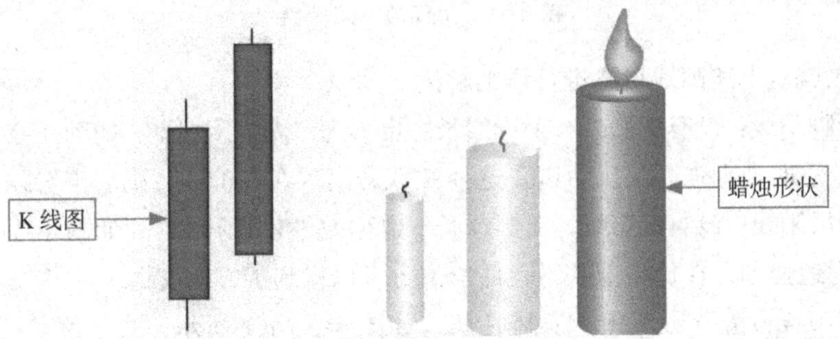

图4–1 K线图类似蜡烛形状

首先找到该日或某一周期的最高和最低价，垂直地连成一条直线，然后再找出当日或某一周期的开盘价和收盘价，把这两个价位连接成一条狭长的长方柱体。图4–2所示为K线的基本形态。

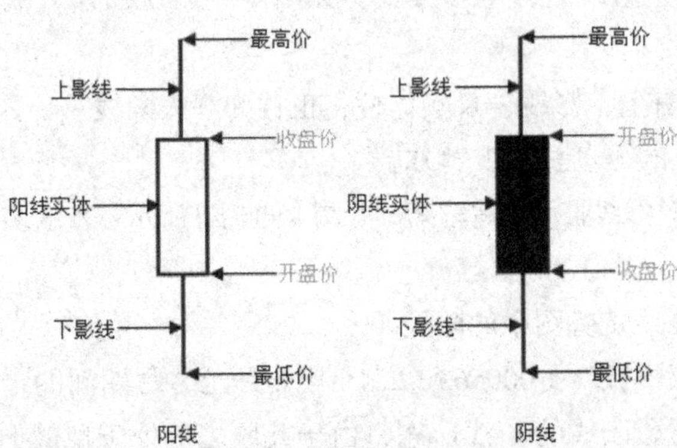

图4–2 K线的基本形态

在上图中，假如当日或某一周期的收盘价较开盘价为高（即低开高收），便在柱体上留白（或红色），这种柱体就称为“阳线”。如果当日或某一周期的收盘价较开盘价为低（即高开低收），则在柱体上涂黑色（或绿色），这种柱体就是“阴线”。

4.1.2 不同形态的阳线分析

根据上下影线和中间柱体的长短不同，阳线不同的形态有各自不同的含义，如图4-3所示。

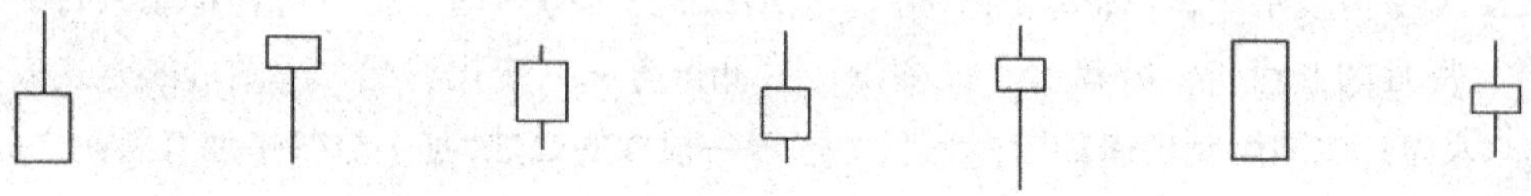

（a）光脚阳线（b）上吊阳线 （c）假阳线 （d）上影阳线 （e）下影阳线 （f）大阳线 （g）小阳线

图 4-3 阳线的不同子类

接下来就对上述阳线形态进行详细解读。

- 光脚阳线：没有下影线，上影线长，也称为“光脚阳线”，如图 4-3（a）所示，表示股价上涨时遇到强劲反压力道。这种 K 线若出现在高价区，则后市看跌。
- 上吊阳线：没有上影线，下影线长，也称为“上吊阳线”，如图 4-3（b）所示，表示买方力道强劲，在价格下跌时，低价位上可以得到买方的支撑。
- 假阳线：上下影线短，实体柱长，如图 4-3（c）所示，表示涨势强劲，股票价格坚挺。
- 上影阳线：上影线长，下影线短，如图 4-3（d）所示，表示多空交战，多方更强势，经常表示反转信号。需要注意的是，出现大涨后，常代表后市可能下跌，而出现大跌后，则可能触底反弹。
- 下影阳线：上影线短，下影线长，如图 4-3（e）所示，表示上涨力道强劲，下跌后能够收回。
- 大阳线：没有上下影线，长实体柱，也称为“太阳线”，如图 4-3（f）所示，表示一路上涨，买方的力量总大于卖方。
- 小阳线：上下影线长，实体柱短，如图 4-3（g）所示，表示多空交战，力道均衡，行情不明。

下面举例分析 K 线走势图中的阳线。

图 4-4 所示为陕国投 A（000563）2016 年 6 月至 8 月期间的走势图，此股在一波回调后出现了一个下影阳线的 K 线形态，由于此股之前处于稳健上升走势中，因而这个下影阳线的出现说明导致股价出现短期回调的空方力量已经接近枯竭，且多方又开

始发动反攻，是短期回调结束、个股继续上涨的信号。

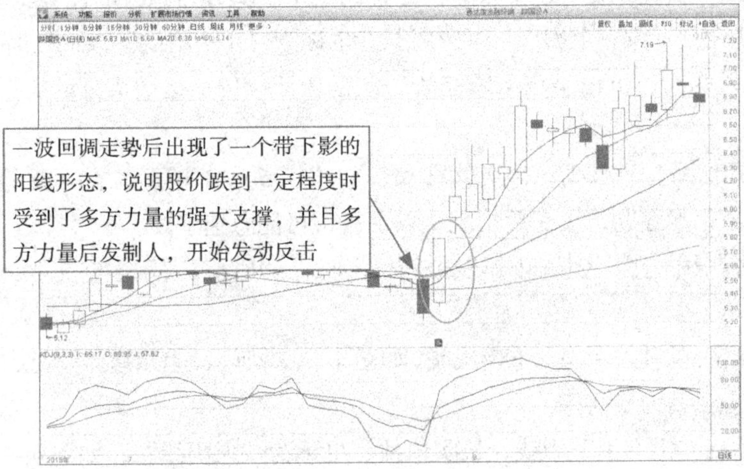

图 4-4　陕国投 A 的 K 线走势图

专家提醒

值得注意的是：收出阳线并不代表当日股价肯定是上涨的。这关键取决于当日开盘价的高低。如果是低开高走，涨幅为负，其收盘K线事实上仍为阳线。同理，收出阴线并不代表当日股价肯定是下跌的，也取决于当日开盘价的高低，如果是高开低走，最终涨幅虽然为正，但其收盘时K线仍为阴线。

4.1.3　不同形态的阴线分析

根据上下影线和中间柱体的长短不同，阴线不同的形态有各自不同的含义，如图 4-5 所示。

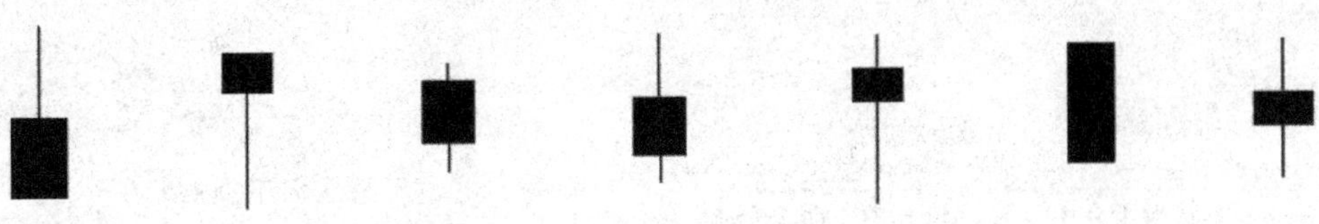

（a）光脚阴线　（b）光头阴线　（c）假阴线　（d）上影阴线　（e）下影阴线　（f）大阴线　（g）小阴线

图 4-5　阴线的不同子类

接下来就分别对上述阴线形态进行详解。

• 光脚阴线：没有下影线，上影线长，也称为“光脚阴线”，如图 4–5（a）所示，表示先涨后跌，反弹无力，空头强势。这种情况下，卖方占很大的优势。

• 光头阴线：没有上影线，下影线长，也称为“光头阴线”，如图 4–5（b）所示，表示卖方力量强大，价位呈现下跌趋势，但是在低价位上遇到买方的支撑，后市可能会反弹。

• 假阴线：上下影线短，实体柱长，如图 4–5（c）所示，在下跌趋势中出现，表示下跌力道仍然强劲，大涨后出现，表示后市可能急速下跌。

• 上影阴线：上影线长，下影线短，如图 4–5(d)所示，表示多空交战，空方较强势，反弹无力。

• 下影阴线：上影线短，下影线长，如图 4–5(e)所示，表示多空交战，空方较强势，但是下跌时有强劲力量支撑。

• 大阴线：没有上下影线，长实体柱，也称为“大阴线”，如图 4–5（f）所示，表示一路下跌，卖方的力道强劲。

• 小阴线：上下影线长，实体柱短，如图 4–5（g）所示，表示多空力量均衡，行情不明。

下面举例分析 K 线走势图中的阴线。

步骤 1 图 4-6 所示为海航投资（000616）2016 年 11 月至 12 月期间的走势图，此股在下跌途中出现了较长时间的盘整走势，随后盘整区的向下破位处出现了一个放量长阴线形态。这是空方力量开始发起攻击的信号，当日的量能明显放大也说明空方抛压沉重。这种形态预示着个股的一波下跌走势正在展开。

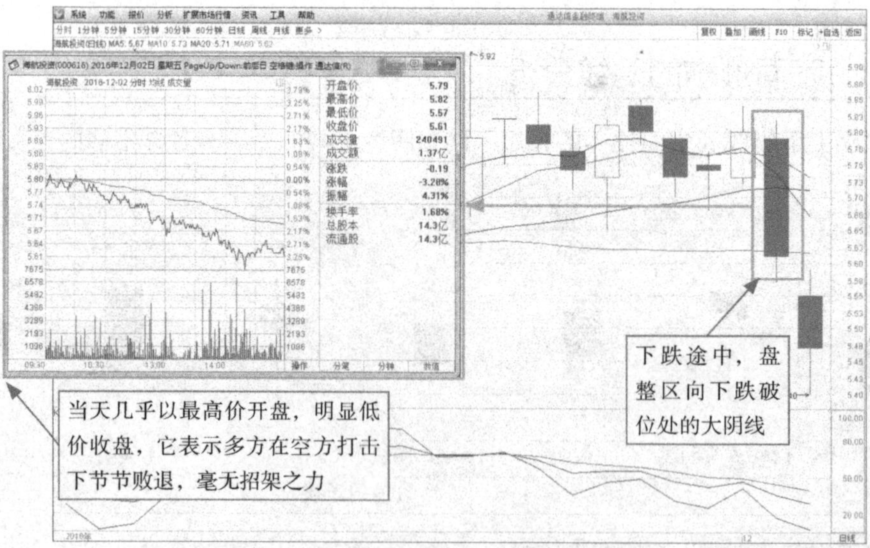

图 4–6　海航投资 K 线走势图（1）

步骤 2 如图 4-7 所示，此股在这一放量长阴线出现后的走势情况，可以看到，空方随后发起了一波强有力的攻击，而出现在盘整突破区向下破位处的这一放量长阴线就是空方攻击的最初信号。

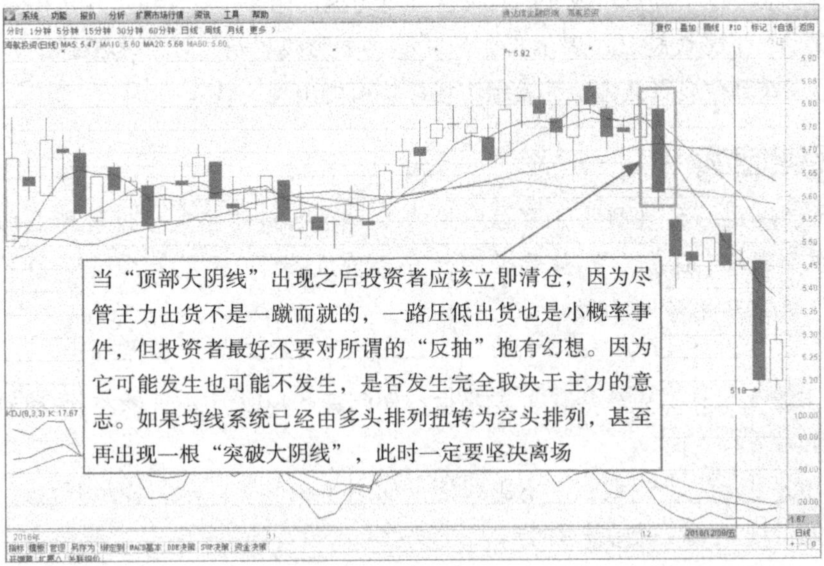

图 4-7 海航投资 K 线走势图（2）

4.1.4 不同形态的十字线分析

根据上下影线和中间柱体的长短不同，十字线的不同形态有各自不同的含义，如图 4-8 所示。

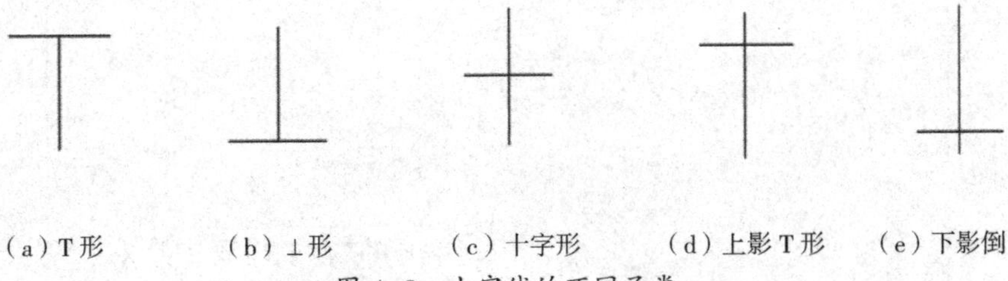

（a）T形 （b）⊥形 （c）十字形 （d）上影 T 形 （e）下影倒 T 形

图 4-8 十字线的不同子类

下面就对上述十字线形态进行一一解读。

- T 形：没有上影线，下影线长，呈 T 形，又称多胜线，如图 4-8（a）所示，开盘价与收盘价相同，卖方虽然强大，但是买方力量更强大，局势对买方有利。
- ⊥形：没有下影线，上影线长，呈倒 T 形，又称空胜线，如图 4-8（b）所示，表示买方虽强，但是卖方比买方更强。如果在高价区，行情很可能会下跌，上影线越长表示卖压越大。

- 十字形：上下影线长，呈十字星线，如图 4-8（c）所示，表示在交易中，股价出现高于或者低于开盘价成交，但收盘价与开盘价相等，买方和卖方几乎势均力敌。这种情况下，下影线越长，表示买方越旺盛；上影线越长，表示卖压越重。K 线十字星不管出现在高位或者低位，都表示市场趋势可能出现逆转。

专家提醒

十字线是一种只有上下影线，没有实体的K线形态，开盘价即是收盘价，表示在交易中，股价出现高于或低于开盘价成交，但是收盘价与开盘价相当，买方与卖方几乎势均力敌。

- 上影 T 形：上影线短，下影线长，如图 4-8（d）所示，表示先跌后涨，买方势力强劲。

- 下影 ⊥ 形：上影线长，下影线短，如图 4-8（e）所示，表示开盘后上涨，但是收盘却被打回平盘，空头较强势。

下面举例分析 K 线走势图中的十字线。

步骤 1 图 4-9 所示为丰乐种业（000713）2016 年 7 月至 9 月期间的走势图，此股在一波快速回调之后，出现了一个十字形 K 线形态。这一形态的出现预示着个股阶段性下跌即将见底，是空方力量减弱的信号，也往往预示着个股随后即将出现止跌上扬的走势。

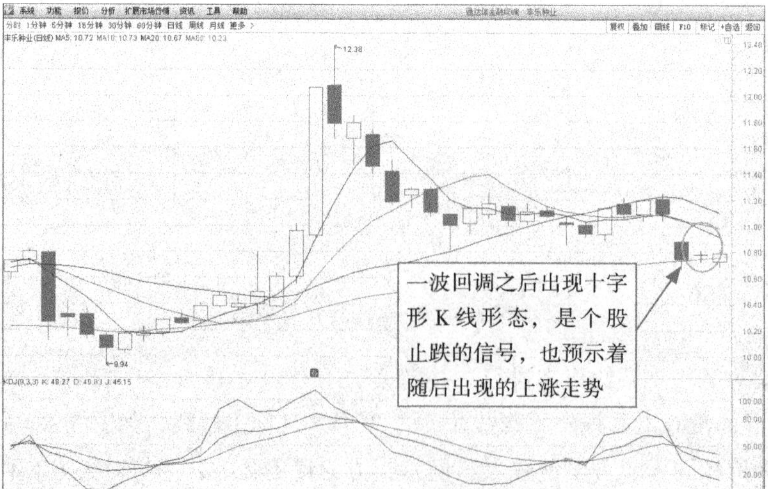

图 4-9　丰乐种业 K 线走势图（1）

步骤 2 如图4-10所示，该股在出现十字形K线形态之后，开始了长时间的持续上涨，如果投资者在十字形K线形态出现时，便可获得较为可观的收益。

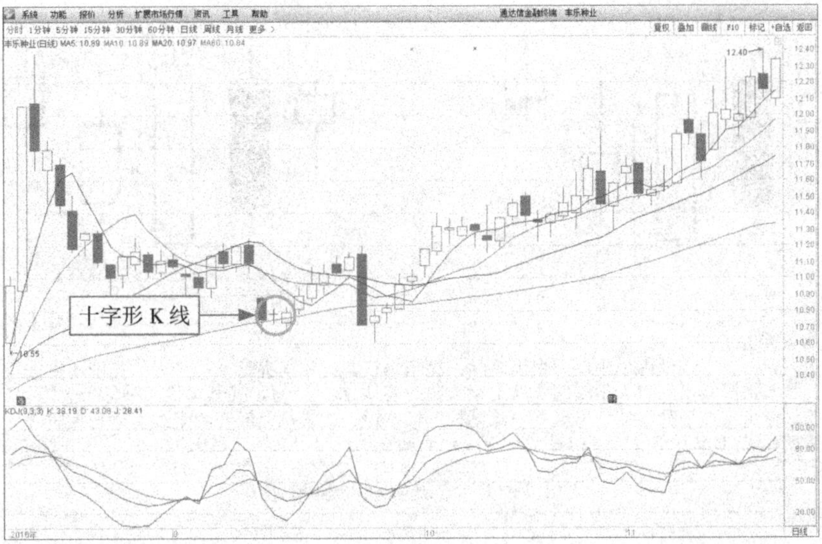

图 4-10　丰乐种业K线走势图（2）

专家提醒

K线图所包含的丰富信息，发出的买卖信号，能够帮助投资者看清股票走势，正确投资。学会看K线图，是每个股票投资者应掌握的基本技能。

（1）看阴阳线：阴阳代表趋势方向，其中阳线表示将继续上涨，阴线表示将继续下跌。

（2）看实体大小：实体大小代表内在动力，实体越大，上涨或下跌的趋势越是明显，反之趋势则不明显。

（3）看影线长短：K线图中的影线代表转折信号，向一个方向的影线越长，越不利于股价向这个方向变动，即上影线越长，越不利于股价上涨，下影线越长，越不利于股价下跌。

4.1.5　K线组合及形态分析

在分析K线时，可从多根K线组成的组合形态中总结出一些规律。

1．中流砥柱组合

中流砥柱组合与乌云盖顶（将在后文详细讲述）组合相对，其特征是阴线之后紧跟着一根阳线，并且阳线令价格回到阴线柱体价格的上半部分，甚至超过阴线实体。这种组合通常出现在市场波段性下跌之后，表示市场逆转向上，如图 4-11 所示。

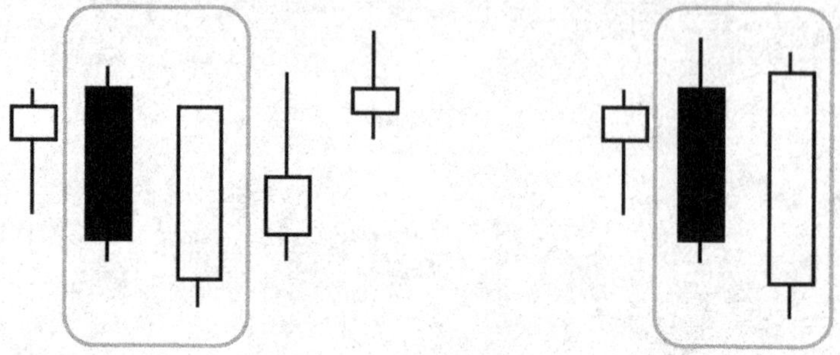

形态解析
第一天，在下跌过程中出现一根大阴线，显示当日卖盘相当强劲；第二天，股价跳空低开收于大阳线，且该大阳线的实体上穿大阴线实体1/2的位置，其开盘价必须低于大阴线的最低价；在下跌行情中出现"中流砥柱"形态后，如果跳空低开的阳线实体与大阴线实体1/2以上位置重叠的区域越多，说明行情见底反弹的可能性就越大

图 4-11　中流砥柱组合形态

2．孤岛组合

孤岛组合和乌云盖顶组合类似，也是波段性上涨之后阳线的后面跟着阴线，不同之处在于阴线跳空出现，就像一座孤岛，其中阴线收盘价仍比前一天高，如图 4-12 所示。

形态解析
在实际使用中，做短线操作的投资者碰见孤岛组合需要谨慎，但中线投资者可以多观察一天，如果孤岛组合之后第二天还是收阴，建议减仓

图 4-12　孤岛组合

3．包容组合

包容组合包含两种相反的形态，由两条相邻并且相反的 K 线构成，即阳线后面紧跟着一条阴线，或者阴线后面紧跟着一条阳线。这两种形态中都是第二天的实体长度大于第一天的实体长度，类似第一天的 K 线被第二天的 K 线包容，如图 4-13 所示。

专家提醒

包容组合下，后市将按照后面较长的 K 线趋势发展，也就是说后面长度较大的如果是阳线，则股价会持续上涨；反之，则会继续走低。

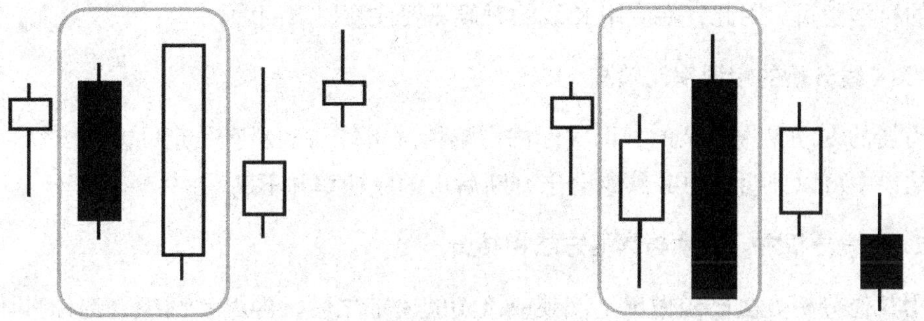

形态解析
第二根阳线或阴线，吃掉了第一根阴线或阳线，表示反转出现，这是重要的买入或卖出信号。

图 4–13　包容组合

4．孕育组合

孕育组合包含两种形态：一种是第一天的阴线柱体长度大于第二天的整个阳线，另一种是第一天的阳线柱体包容第二天的阴线。

孕线一般分为以下 3 种形态。

（1）阴孕阳线： 前一根 K 线是一根大阳线，第二根 K 线是一根短小的阴线，称为阴孕阳线，简称阴孕线。

（2）十字星孕线： 前一根 K 线是一根大阳线（或阴线），第二根 K 线是一个十字星线，为十字星孕线，简称星孕线。

（3）阳孕阴孕线： 前一根 K 线是一根大阴线，第二根 K 线是一根短小的阳线，称为阳孕阴线，简称阳孕线。

专家提醒

在阳孕线形态中，前面的大阴线由于出现在阶段性下跌走势后的相对低点位，因而它反映了短线内空方力量已处于过度消耗状态中，而随后的小阳线则说明多方力量正在逐步增强。阳孕线多出现在一波下跌走势后的低位区，是空方力量阶段性枯竭，多方力量开始转强的信号，预示着一波反弹上涨走势即将出现。

4.1.6　应用 K 线组合的注意事项

K 线图是最能表现市场行为的图表之一，但是，一些常见的 K 线组合形态并没有严格的科学逻辑。因此，在应用K线的时候需要注意以下问题。

1．K线分析的错误率比较高

市场的变动是很复杂的，而实际的市场情况可能与判断有一定的差距，从经验统计的结果中可以证明，用K线组合来判断后市的成功率并不高。

2．K线分析方法必须与其他方法相结合

用其他分析方法已经做出了该买或该卖的决定之后，再用K线组合选择具体的采取行动的时间和价格。

3．根据实际情况，不断修改、创造和调整组合形态

组合形态只是经验总结的产物，实际市场中，完全满足我们所介绍的K线组合形态的情况并不多见。如果直接应用组合形态，有可能长时间都没有合适的机会，要根据情况适当地改变组合形态。

为了更深刻地了解K线组合形态，应该了解每种组合形态的内在和外在原理。因为它不是一种完美的技术，这一点同其他技术分析方法是一样的。K线分析是靠人类的主观印象而建立的，并且是基于对历史的形态组合进行表达的分析方法之一。

4.2 K线图中的10个经典买入形态

特定的K线形态通常会发出较为准确的买卖信号，比如这一章重点分析的10个形态，就可作为投资者进行买入操作的重要依据。

4.2.1 锤子线

“锤子线”即一根长下影短实体的K线形态，它通常出现在一波跌势的末期，或者盘整震荡过程中的相对低点。这是阶段性调整走势结束的信号，同样也可以作为投资者短期买股的信号。下面举例分析“锤子线”形态的买入信号。

步骤① 图4-14所示为盛达矿业（000603）2016年9月至11月期间的K线走势图，从图中可以看到，股价持续下跌后在10月初出现“金锤子线”形态，股价运行到阶段性底部。

步骤② 果然，随后股价稳步向上攀升，后市走出一波可观的上涨行情，如图4-15所示。

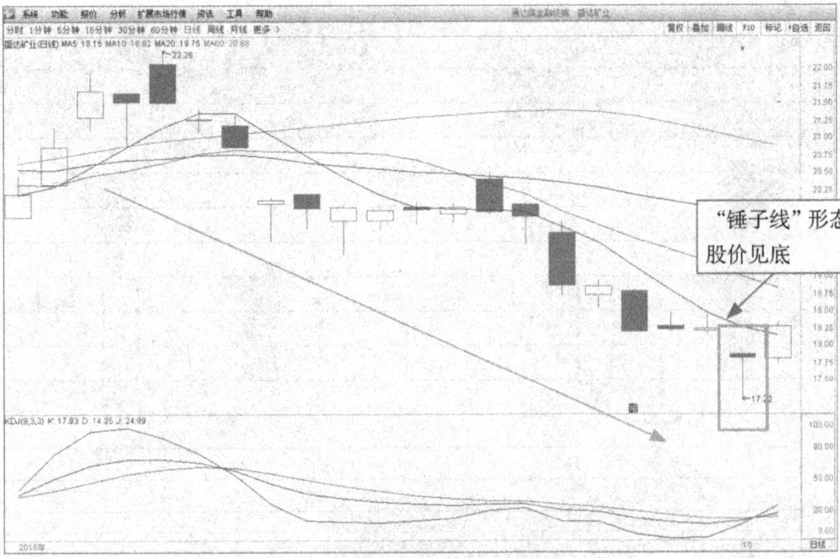

图 4-14　盛达矿业 K 线走势图（1）

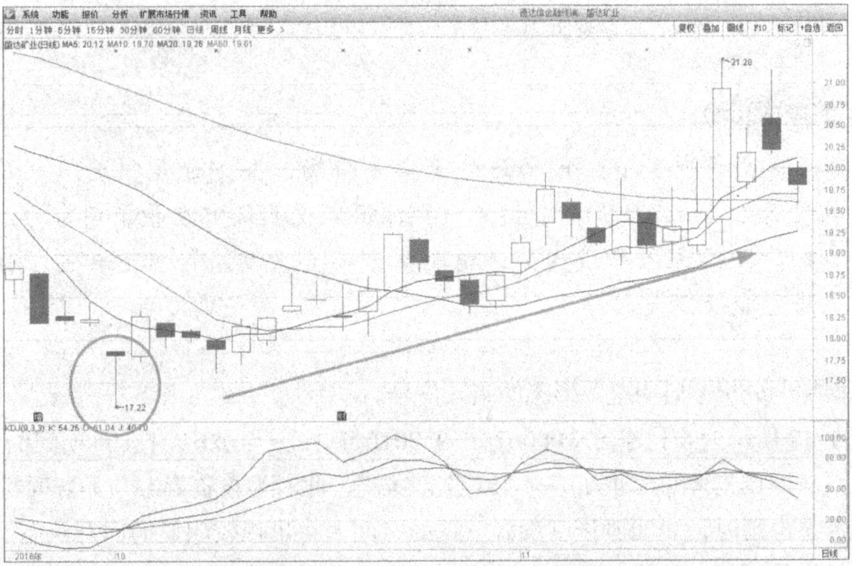

图 4-15　盛达矿业 K 线走势图（2）

4.2.2 启明星

“启明星”就是在太阳尚未升起的时候，黎明前最黑暗的时刻，一颗明亮的启明星在天边指引着那些走向光明的夜行人，前途当然看好。“启明星”一般由 3 个交易日的 3 根 K 线构成，如图 4-16 所示。

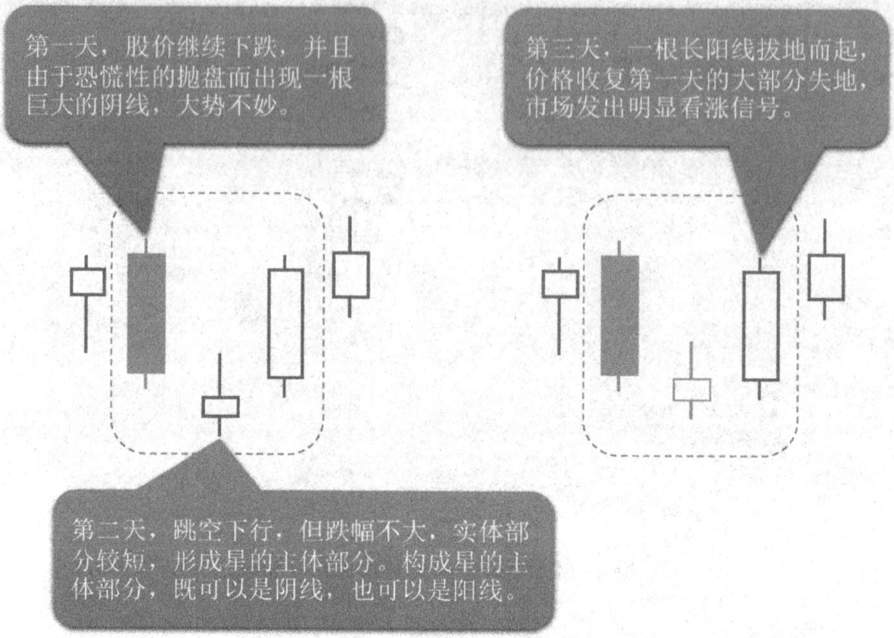

图 4–16 “启明星”的 K 线形态

专家提醒

第一根阴线出现后，市场还处于卖方市场，买方还是很弱。次日跳空低开说明卖方继续打低股价，而 K 线实体很短说明买方在收市前奋力反扑。第三日的大阳线深入阴线内部，说明买方实力大增，行情逆转信号强烈，后市上涨可能性很大。

下面举例分析“启明星”形态的买入信号。

图 4–17 所示为当代东方（000673）在 2016 年 12 月至 2017 年 1 月期间的走势图。此股在一波回调走势后出现了一个“启明星”形态，此时为投资者参与的好时机。当“启明星”形态出现时，表明股价已没有下跌的空间，将出现较明显的回升状态。该信号为买入的最佳时机，且第一日的大阴线和第三日的大阳线的实体部分重叠的区域越多越有意义。

需要注意的是，“启明星”形态只能判断下跌行情会反转，是低位参与的一个机会，但不能确保股价转后立即大幅上涨。因此，在实战的操作过程中，投资者不能单凭“启明星”来简单地认为该形态为买入信号，最好再结合其他技术指标。

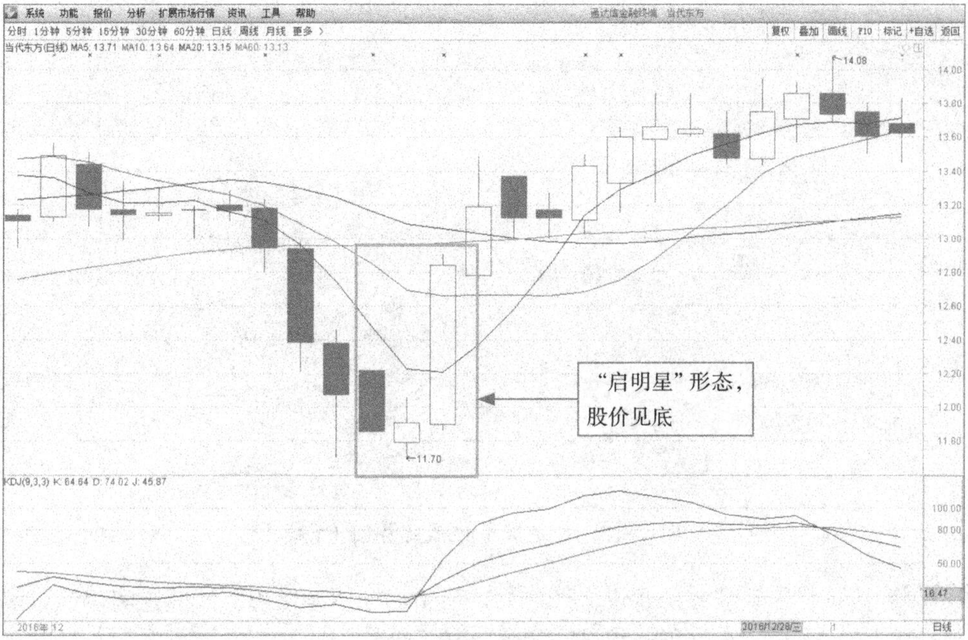

图 4-17 当代东方 K 线走势图

专家提醒

同时，“启明星”也是次要的底部反转信号，因此一旦其出现后，等待次日的验证信号就显得十分重要。而设定止损位是必要的选择，对这种 K 线形态而言，出现“启明星”形态那一天的最低价，往往就是一个很好的止损位，一旦股价跌破该价位，则说明下跌抵抗失败，投资者应及时止损出局。

4.2.3 看涨吞没

“看涨吞没”形态是指连续两根 K 线，后面的一根阳线将前面的阴线全部吞没，是股价上涨的信号。

下面举例分析“看涨吞没”形态的买入信号。

步骤 1 图 4-18 所示为广发证券（000776）2016 年 9 月至 11 月期间的 K 线图。此股在此期间股价经历了一波震荡下跌行情，并在出现“看涨吞没”形态后见底信号。

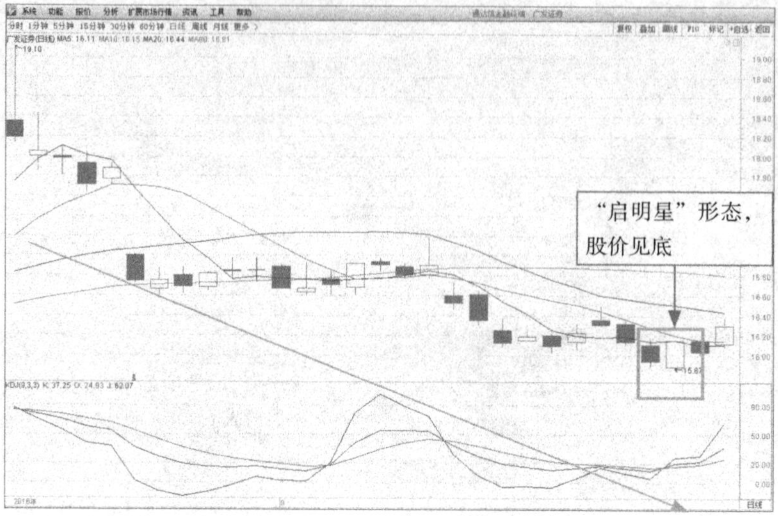

图 4-18　广发证券 K 线走势图（1）

步骤 2 该股在出现“看涨吞没”形态后，股价后市继续上涨，反转走势确认，既然如此，投资者当积极跟进，如图 4-19 所示。

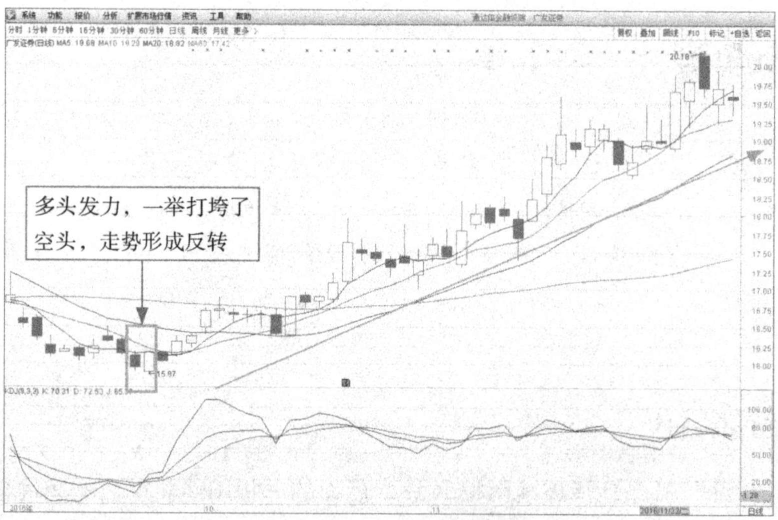

图 4-19　广发证券 K 线走势图（2）

4.2.4　曙光初现

“曙光初现”形态是由两支不同颜色的“阴阳烛”组成，意味着市况由淡转好，通常在一个下跌市况后出现，其形态如图 4-20 所示。“曙光初现”形态一般出现在连续下跌的行情末期，该 K 线组合说明多方开始强势反击，后市继续上涨可能性大。

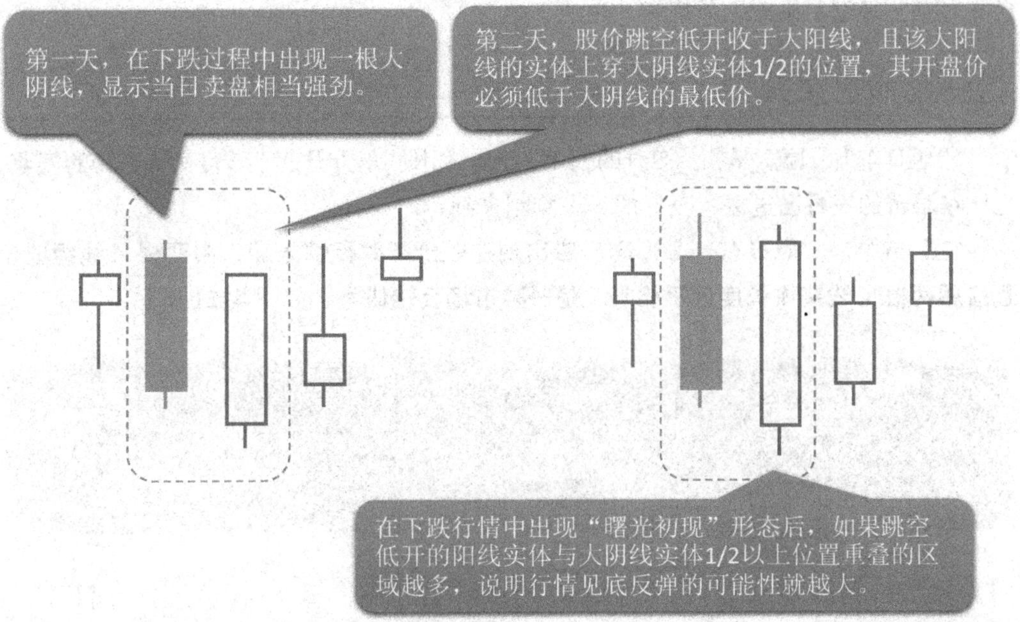

图 4-20 “曙光初现”形态

专家提醒

应用“曙光初现”形态的注意事项。

- 如果伴随K线组合形态同时出现缩量，表明股价已经筑底成功。
- 股价所处的环境位置很重要，如果个股涨幅过大时，出现“曙光初现”K线组合形态，则有骗线的可能性。
- 出现“曙光初现”K线组合形态后，如果股价立即展开上升行情，则力度往往并不大。相反，出现“曙光初现”后，股价有一个短暂的蓄势整理过程的，往往会爆发强劲的个股行情。

在股市中，主力为了达到某种目的，往往会在下跌行情中利用一些经典的买入组合形态设计一些技术陷阱，让不懂技术分析的投资者上当。因此，在实战分析过中，投资者一定要配合其他指标，如成交量、MACD指标、移动平均线指标等进行综合分析，才能提高“曙光初现”形态的见底回升的信号准确性。

“曙光初现”形态在熊市中应用时，要加上一个附加条件，那就是“曙光初现”第二根阳线的最低价必须是13个交易日以来的最低价。这主要是用于避免投资者在熊市中贸然追高，防止增大买卖风险。但是，如果市场趋势向好，股市运行在牛市行情中时，投资者则不必过于拘泥这条规则。

4.2.5 旭日东升

“旭日东升”原意是指：初升的太阳，早上太阳从东方升起，形容朝气蓬勃的气象，也比喻艰苦的岁月已过去，美好的日子刚刚来到。

在股市中，“旭日东升”形态一般出现在股价下跌行情末期，由两根K线组成，且前后两根K线实体长度近乎相等，是一种市场反转信号，如图4-21所示。

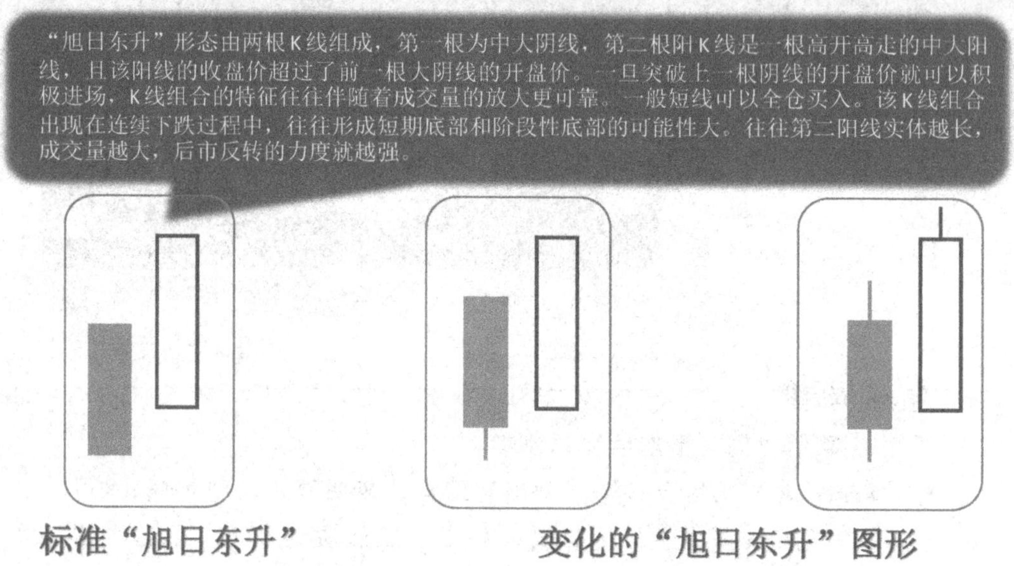

图4-21 “旭日东升”形态

实战中有3种情况都可称之为“旭日东升”：当股价长期在年线之下滑跌，有一天突然放量冲过年线并能收盘守在年线之上，这一根阳线称为“旭日东升”；当股价长期在年线之下横向震荡，有一天突然放量冲过年线并收盘守在年线之上，这一根阳线也称为“旭日东升”；有时股价分几次上冲年线，其中有一根阳线最终能冲稳在年线之上，这根阳线也称为“旭日东升”。

“旭日东升”形态的实战运用技巧如下。

- 见底信号强于“曙光初现”形态。
- 阳线实体高出阴线实体部分越多，转势信号越强。
- 阴线最高价是支撑。

4.2.6 低位孕线

“低位孕线”形态是指在低价位出现的后一交易日收盘价和开盘价均不超过前一交易日的K线形态。它的出现预示多头反击，后市看涨。

下面举例分析“低位孕线”形态的买入信号。

图4-22所示为横店东磁（002056）2016年11月至2017年1月期间的K线图。该股在此期间的股价经历了一波震荡下跌行情，并在出现“低位孕线”后见底。此后，股价转势，迎来一波持续上涨。如果投资者在“低位孕线”出现时适时买入，便可获得较为可观的收益。

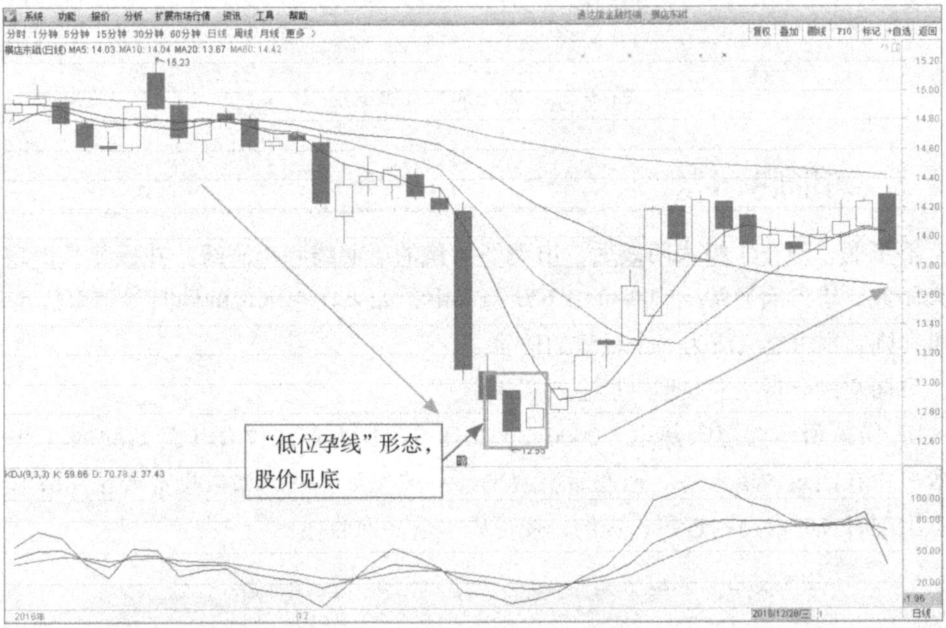

图4-22 横店东磁K线走势图

4.2.7 平底形

“平底形”，也称之为“钳子底”，它表现为连续两根或以上K线的最低价位于同一价位附近。它的出现说明多空力量对比中，多头开始转为强势，股价看涨。

下面举例分析“平底形”形态的买入信号。

图4-23所示为国元证券（000728）2016年9月至11月期间的K线图。该股在此期间的股价经历一波小幅回落，并在出现“平底形”形态后见底。此后，股价开始回升，迎来长时间的持续上涨。如果投资者在“平底形”形态出现时及时介入，持筹待涨，便可获得一定的收益。

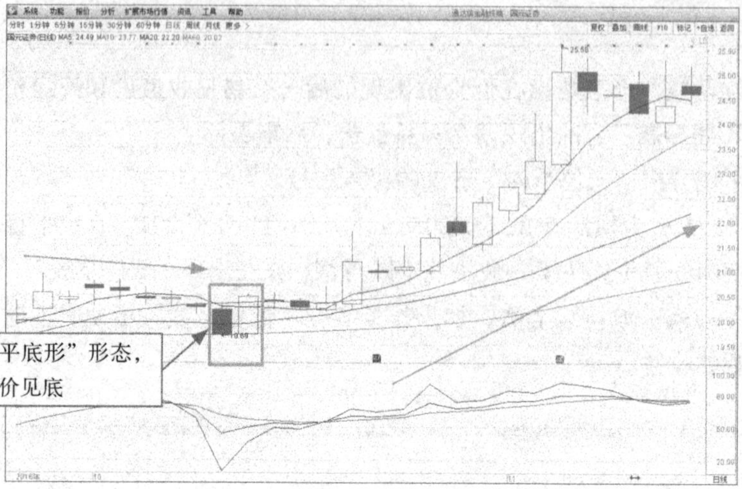

图 4-23　国元证券 K 线走势图

4.2.8　塔形底

塔形底，即在 1 根大阴线后，出现了大量的小阴线和小阳线，并接着又出现了 1 根大阳线。塔形底通常出现在价格下跌趋势中，如果在它出现的同时伴随着成交量的剧增，则它很可能会成为一个转势的信号。

下面举例分析“平底形”形态的买入信号。

图 4-24 所示为惠天热电（000692）2016 年 11 月至 2017 年 1 月期间的 K 线图。该股股价在出现“塔形底”形态后，迎来了一波稳步上涨。如果投资者在“塔形底”形态出现时及时参与附近买入进场，便可以坐着获取收益。

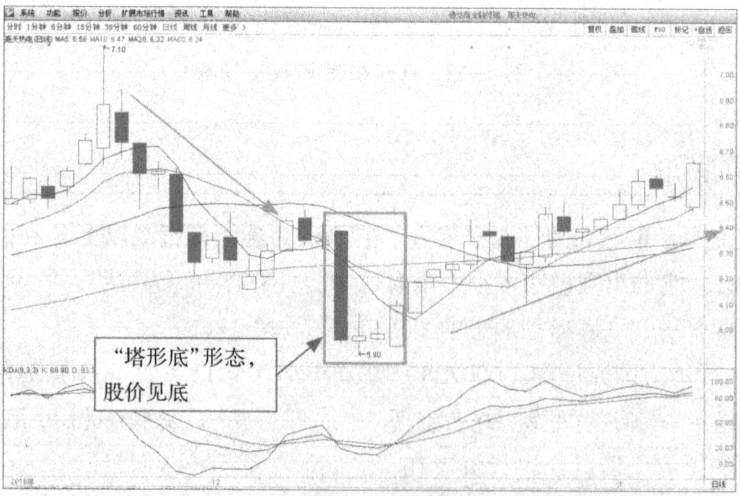

图 4-24　惠天热电 K 线走势图

4.2.9 红三兵

红三兵，也称为“三个白武士”“白色三兵”或“前进三兵”，即在股价上涨过程中，连续出现3根阳线，每一根阳线的收盘价都要高于前一根阳线的收盘价，如图4-25所示。

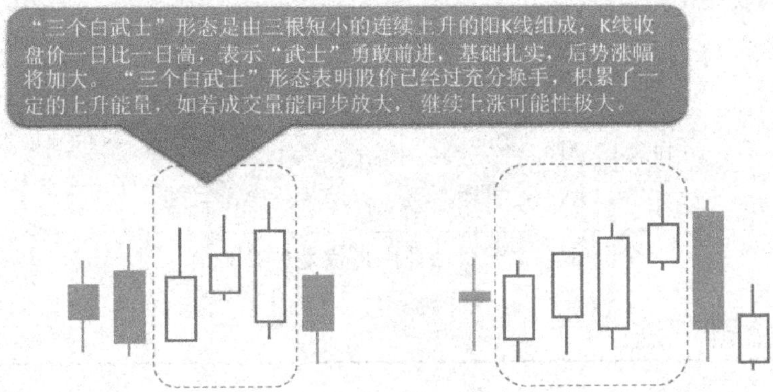

图4-25 “三个白武士”形态

下面举例分析“三个白武士”形态的买入信号。

步骤1 图4-26所示为创元科技（000551）2016年11月至12月期间的K线图，股价经历了一波下跌行情见底之后，出现了“三个白武士”的K线形态。

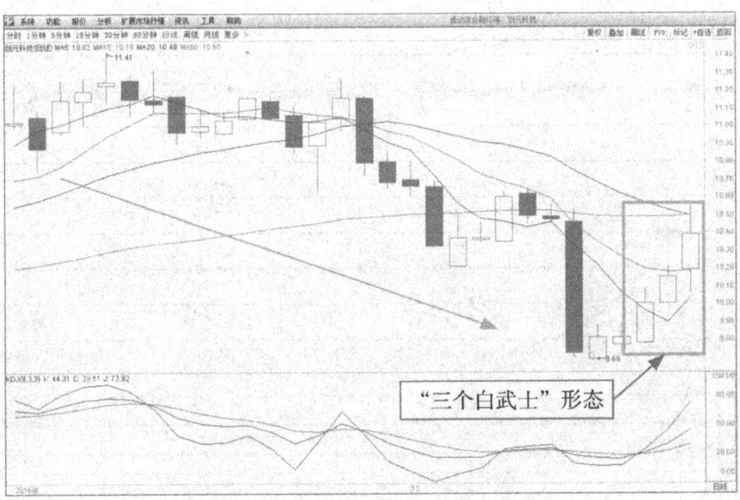

图4-26 创元科技K线走势图（1）

步骤2 随后，股价连续高开收阳，后市看涨，投资者可介入，如图4-27所示。在下跌行情的底部出现“三个白武士”形态，是一种非常明显的见底回升信号。这种上涨态势是非常可靠的。

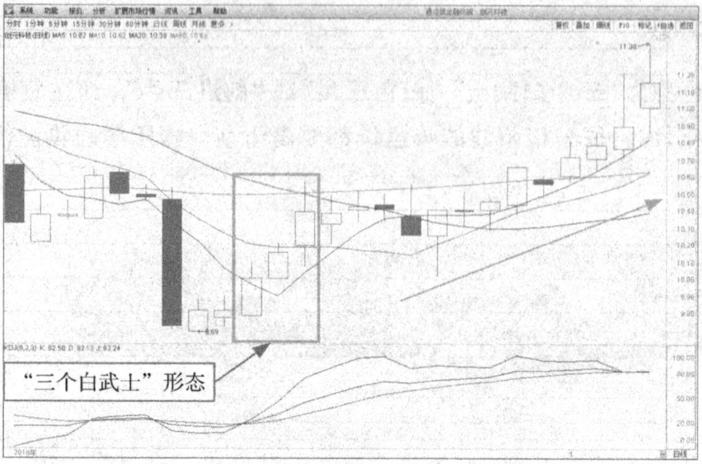

图 4-27　创元科技 K 线走势图（2）

4.2.10　上升三法

"上升三法"是指在股价的上升趋势中，某日以大阳线收盘之后，接下来的交易日内连续出现 3 根小阴线。它的出现通常暗示着空方力量耗尽，股价将出现回升，后市看涨。

下面举例分析"上升三法"形态的买入信号。

步骤 1 图 4-28 所示为东方海洋（002086）2016 年 9 月至 11 月期间的 K 线图，股价短期下跌之后，出现了"上升三法"的 K 线形态。

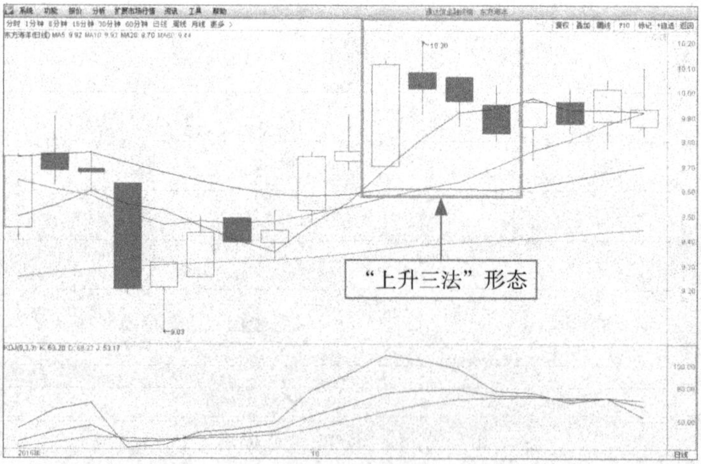

图 4-28　东方海洋 K 线走势图（1）

步骤 2 果然，"上升三法出现之后"，股价恢复涨势，并迎来长时间的稳步上涨，如图 4-29 所示。

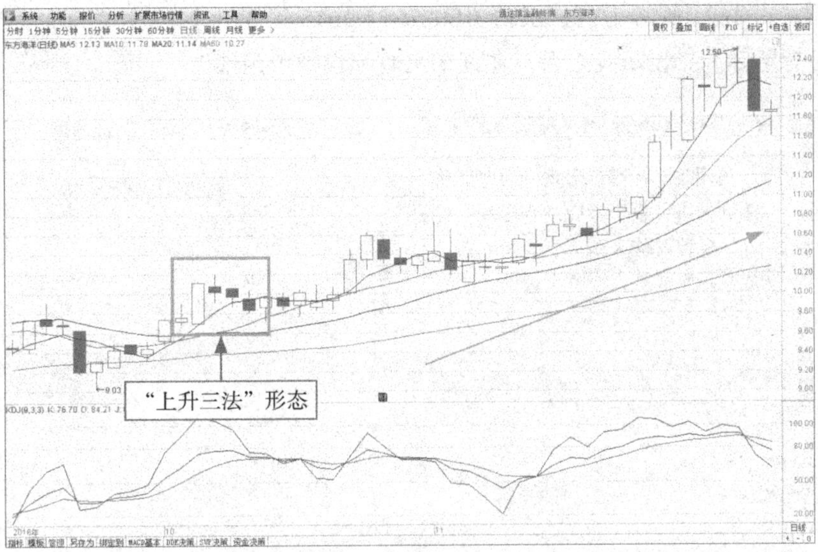

图 4–29　东方海洋 K 线走势图（2）

4.3　K 线图中的 8 个经典卖出形态

除了买入时机的选择之外，卖出时机的把握也是能否获利的关键。有许多特定的 K 线组合，可以给投资者的卖出操作提供依据，比如这一节将要讨论的 8 个形态。

4.3.1　上吊线

“上吊线”的主要图形特征如图 4–30 所示。

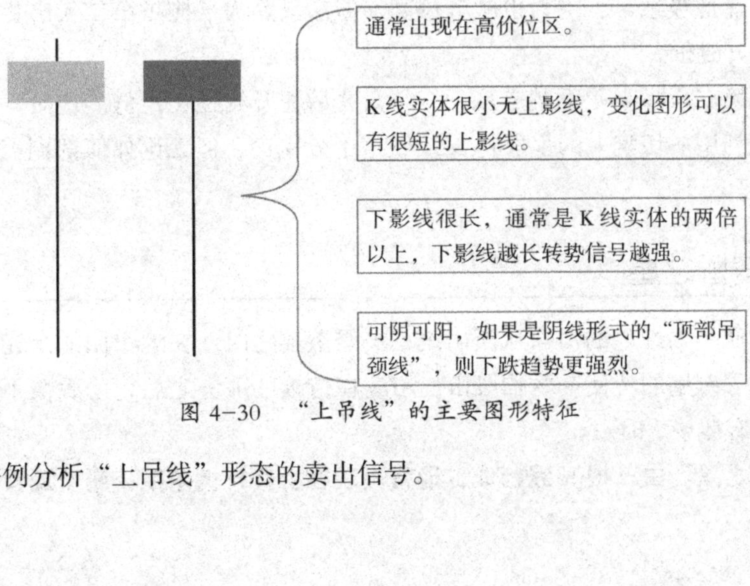

图 4–30　“上吊线”的主要图形特征

下面举例分析“上吊线”形态的卖出信号。

例如，图 4–31 所示为西仪股份（002265）2016 年 8 月至 12 月期间的走势图，该股在多个交易日上涨收阳线之后，在顶部报收一根“上吊线”。

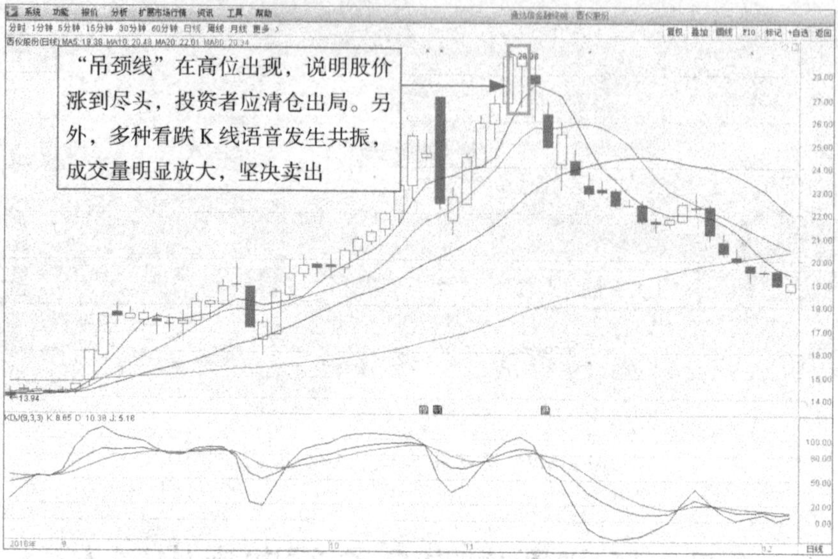

图 4–31 西仪股份 K 线走势图

“上吊线”的形成过程为：开盘不久遭到抛压→下降→获得支撑→上升→收盘前股价又回升到开盘价附近。全过程有两部分组成——先卖后买，绝大多数散户不会在短时间内完成先卖后买这一全套过程，明显是有计划有预谋的大资金所为。

“上吊线”一般出现在一波大幅上涨行情之后，股价持续攀升了一段时间，由于总体升幅太大，多方力不从心，同时获利了结的欲望开始增强。此时，主力为了成功套现，也加大了出货的力度，于是盘中卖盘递增，买盘递减，股价一路走低，吸引场外观望的投资者“逢低吸纳”。主力也顺势拉高，但却只是为了掩护第二天出货，并非想要真正继续推升股价。

因此，第二天多半是下跳空低开，开盘之后便开始逐步走低。这时，主力为了顺利出货，会利用一切骗人的手段将 K 线做得十分完美，但无论如何都掩盖不了主力出逃这一事实。

4.3.2 黄昏之星

当太阳像一颗红色的泪珠从西山之巅缓缓滚落之时，在这夕阳的余光之中，“黄昏之星就像“魔鬼的特使”君临股市，市场在持续的涨势之后，已激情不再，就像再好的筵席也有散场之时。

“黄昏之星”由三根 K 线组成，通常出现在上升行情末期，属于反转信号，用于

判断 K 线头部形态的形成。“黄昏之星”表示股价回落，是卖出信号，投资者应伺机抛货。

下面举例分析“黄昏之星”形态的卖出信号。

步骤 1 图 4-32 所示为华昌化工（00274）2016 年 9 月至 11 月期间的 K 线图。从图中可以看到，该股整体运行趋势为向上运行，但是股价运行至相对高位时出现了“黄昏之星”的 K 线形态，这就表示股价或将由此转跌。

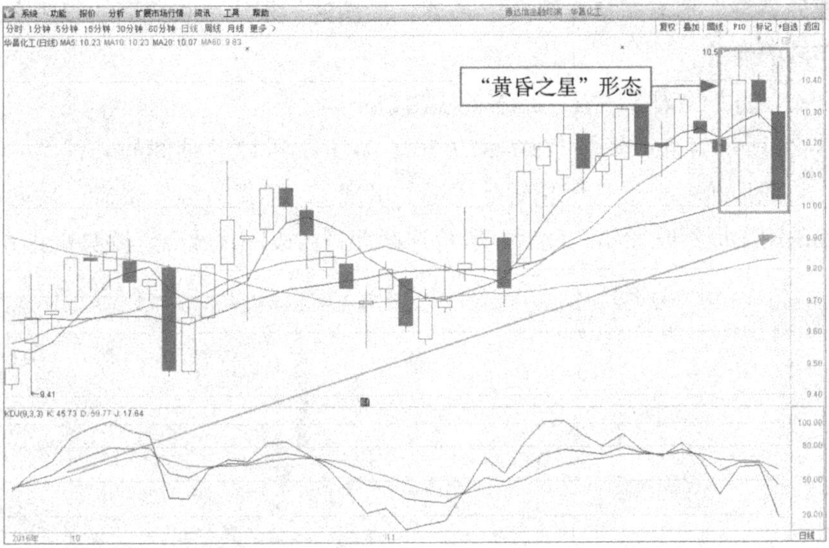

图 4-32 华昌化工 K 线走势图（1）

步骤 2 随后，股价不出意料的出现了大幅下跌，如图 4-33 所示。

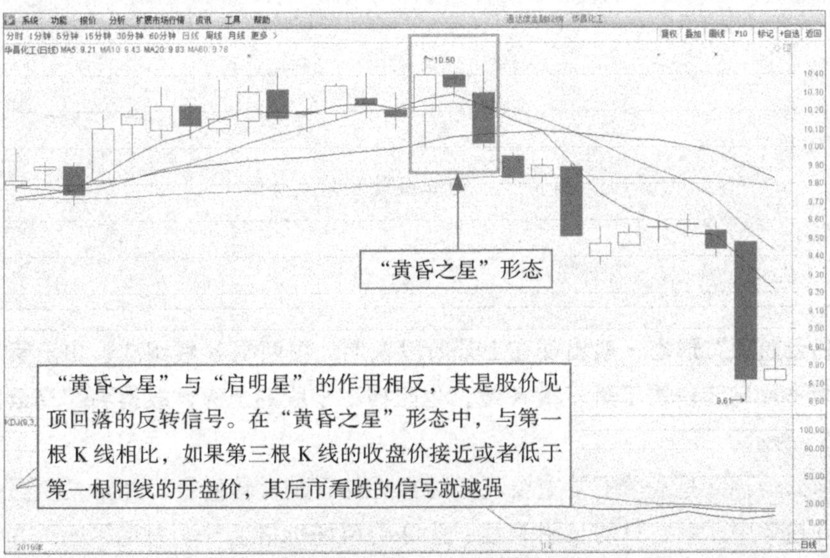

图 4-33 华昌化工 K 线走势图（2）

在股市中，“黄昏之星”形态充当顶部的概率非常高。通常在牛市后期，投资者要特别警惕这种反转信号，如果“黄昏之星”形态的星体是阴线，且成交量放量，则下跌行情即将到来，投资者应及时离场观望。

4.3.3 看跌吞没

“看跌吞没”形态是指连续两根K线，后面的一根阴线将前面的阳线全部吞没，是股价下跌的信号。

下面举例分析“看跌吞没”形态的卖出信号。

图4-34所示为奇正藏药（002287）2016年9月至12月期间的K线图。从图中可以看到，该股股价向上运行至相对高位后，出现了“看跌吞没”形态，后面一根大阴线将前面的中阳线吞吃殆尽。此后，股价连续几日内以阴线收盘，跌势难止。

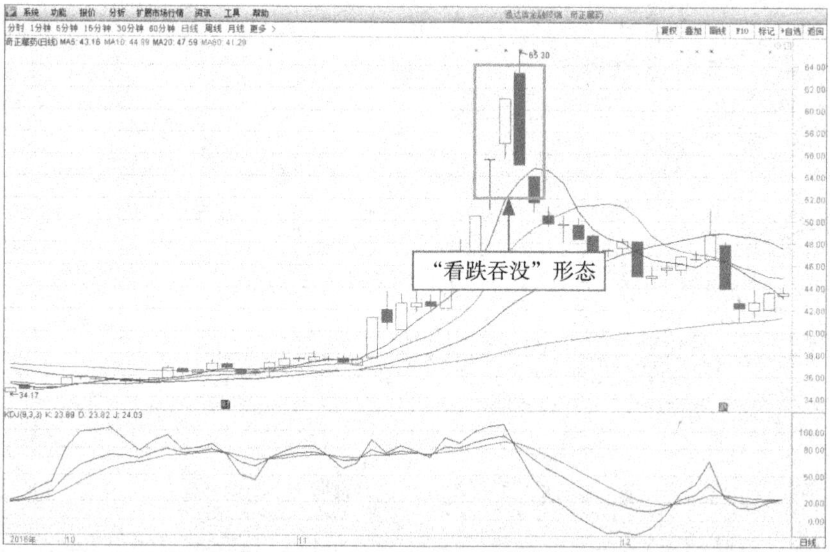

图4-34 奇正藏药K线走势图

4.3.4 乌云盖顶

“乌云盖顶”形态一般出现在上升阶段末期，由两根K线组成，由于第二根大阴线就如同一片乌云盖住了第一根K线，也阻挡了个股的上涨，故得名“乌云盖顶”，如图4-35所示。

“乌云盖顶”是一个非常重要且较为常见的看跌反转信号，经常发生在一个超长期的上升趋势中。第二日的长阴K线，意味着市场价格上升动力耗尽，买方策划的最后一番上攻失利，卖方已控制大局，是一波下跌走势即将出现的信号。

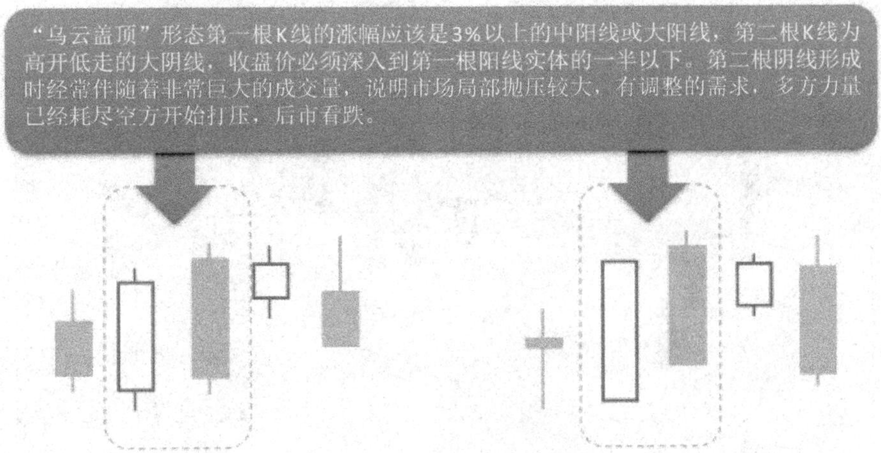

图 4-35 "乌云盖顶"形态

专家提醒

"乌云盖顶"形态的走势，可以划分为以下不同的组成部分。

（1）左侧坚挺阳线：形态发生之前，市场处于上升趋势中，有一天，突然出现一根坚挺的大阳线，承接前期上涨行情，显示多方完全掌握着主动权。

（2）右侧高开阴线：第二天，市场在开市时向上跳空高开，但市场却没有继续上冲，反而震荡下行，收在当日最低价附近，并且收市价明显地向下扎进了第一天的实体内部。

如果大幅高开低走的大阴线完全覆盖了前一天的阳线，形成完全包容线，则转势信号更强烈。

4.3.5 倾盆大雨

"倾盆大雨"形态常出现在上涨趋势末期中，由一阳一阴两根K线组成，且后面的阴线的收盘价已低于前面阳线的开盘价。

投资者应对这一K线组合保持高度警惕，凡在股价高位出现"倾盆大雨"K线组合，第二天又继续收阴线时，投资者应坚决卖出股票。

下面举例分析"倾盆大雨"形态的卖出信号。

步骤 1 图4-36所示为瑞康医药（002589）2016年9月至11月期间的K线图。该股在此期间股价经历了一波较大涨幅的上升行情之后，于较高价位出现了"倾盆大雨"的K线形态。

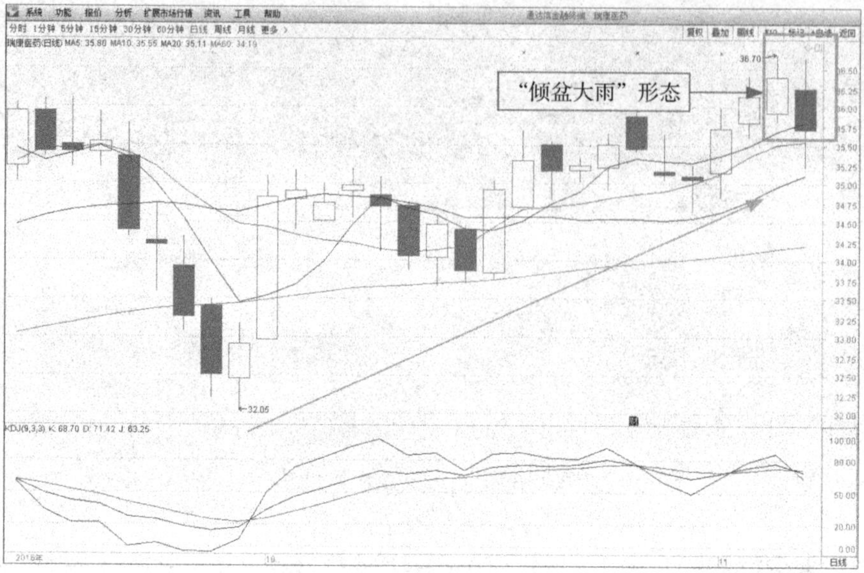

图 4-36　瑞康医药 K 线走势图（1）

步骤 2　该股在出现“倾盆大雨”形态后，股价持续下跌，投资者应抓紧时间出局，如图 4-37 所示。

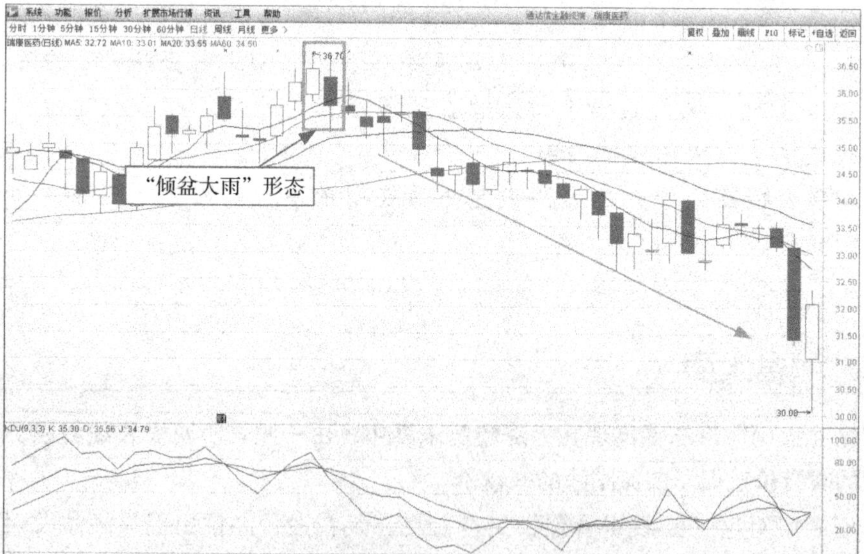

图 4-37　瑞康医药 K 线走势图（2）

“倾盆大雨”形态是一种非常强烈的反转形态，投资者应该保持高度警惕。从图中可以看出，该股在出现“倾盆大雨”形态后，一路走低，股价已经由强转弱了，持股的投资者应该及时卖出筹码。

4.3.6 高位孕线

“高位孕线”形态是指在阶段性高位前面的一根长K线为阳线，后面的一根短K线，后面一根短K线的最低价高于前面一根长K线的最低价，看上去就像是“孕于”前面一根K线之中，因此被称为“高位孕线”，如图4–38所示。

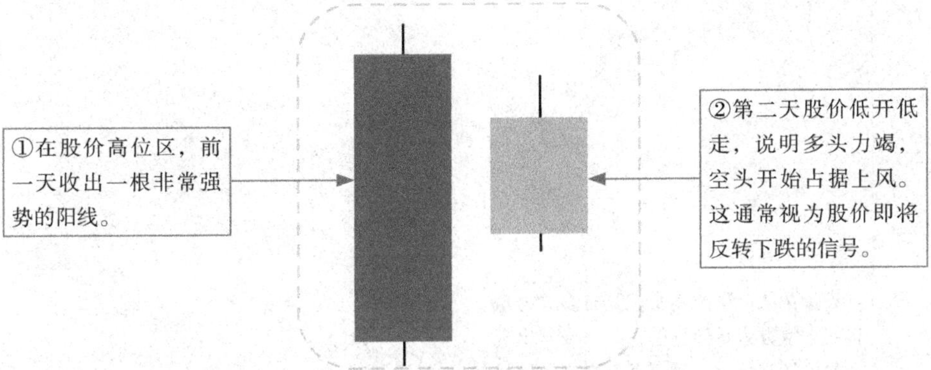

图4–38 “高位孕线”形态

下面举例分析“高位阳孕阴”形态的卖出信号。

步骤 1 图4-39所示为顺威股份（002676）2016年8月至11月期间的K线图。该股在一波快速上涨后的高点位出现了前阳后阴的“高位孕线”形态，预示着阶段性反转走势即将出现。

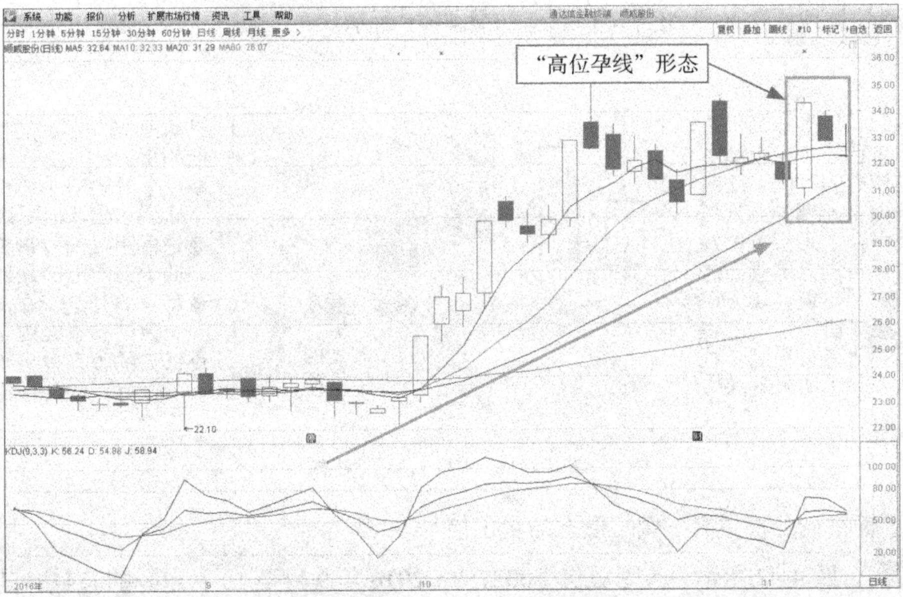

图4–39 顺威股份K线走势图（1）

步骤 2 “高位孕线”形态后面的小阴线形态说明空方抛压正式开始转强，后市出现了一波反转下跌行情，如图 4-40 所示。

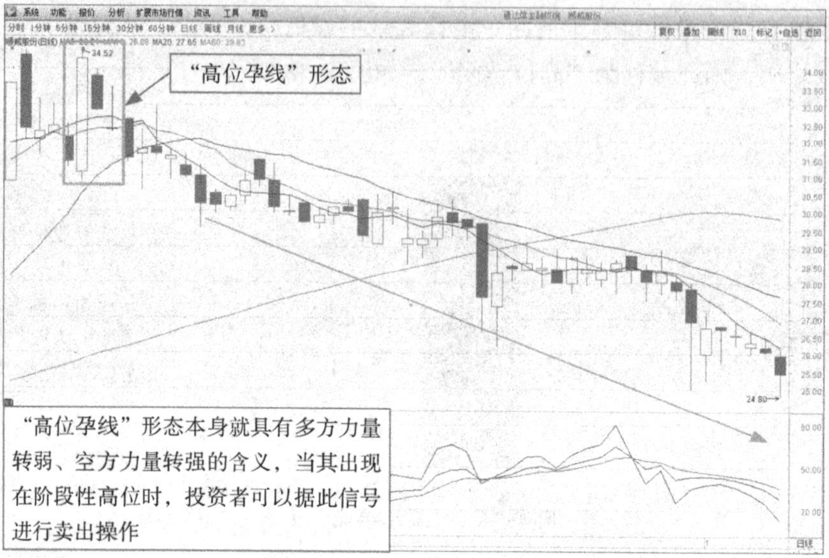

图 4-40　顺威股份 K 线走势图（2）

4.3.7　三只乌鸦

“三只乌鸦”也称之为“黑三鸦”，其由 3 根阴线构成，一般出现在上升阶段末期，是典型的见顶回落 K 线组合，其形态如图 4-41 所示。

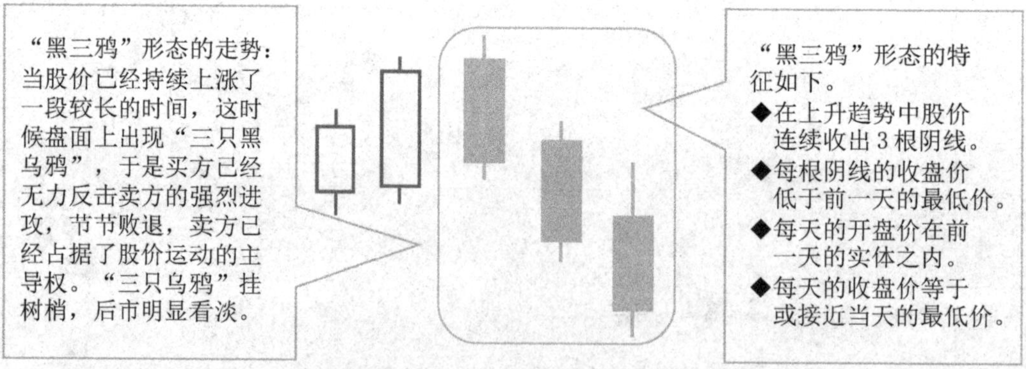

图 4-41　“黑三鸦”形态

下面举例分析“黑三鸦”形态的卖出信号。

步骤 1 图 4-42 所示为天际股份（002759）2016 年 9 月至 10 月期间的 K 线走势图。此股在一波快速上涨行情后，于高位整理过程中出现了由 3 根中小阴线组合而成的“黑三鸦”形态。投资者遇到“黑三鸦”形态时必须保持高度警惕，这是非常强烈的反转信号。

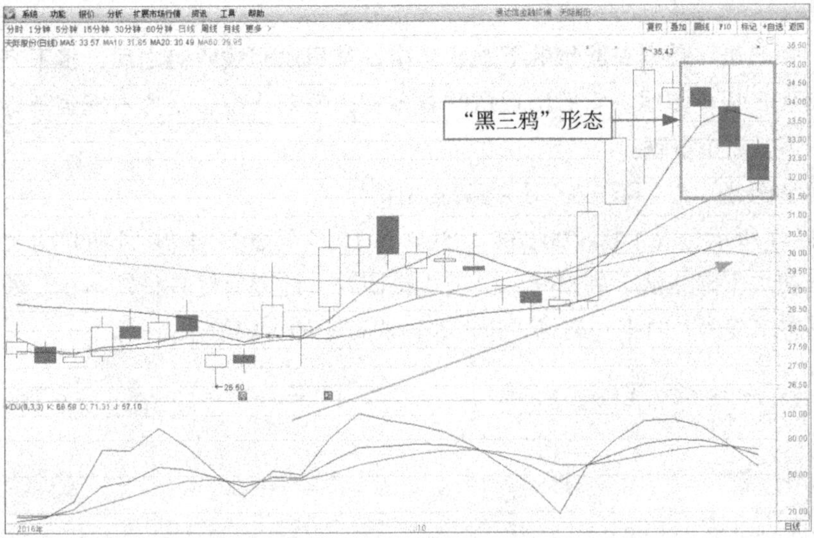

图 4-42　天际股份 K 线走势图（1）

步骤 2 果然，该股在出现“黑三鸦”之后，开始了一波长时间的持续下跌，如图 4-43 所示。

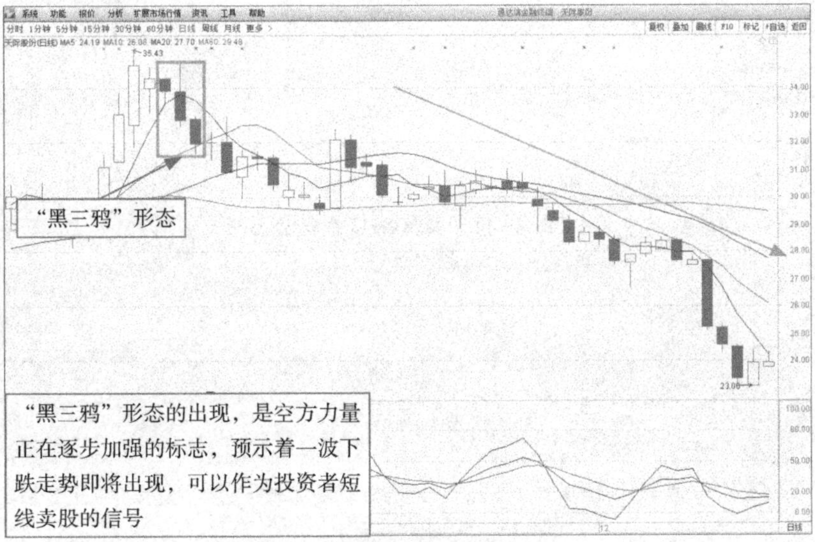

图 4-43　天际股份 K 线走势图（2）

在大幅上涨到高价位区域后，如果出现“黑三鸦”形态，且连续下跌的阴线越多，股价见顶的可能性就越大，后市下跌的可能性也越大。因此，投资者在高位区应特别谨慎对待该形态，一旦遇到这种形态，应立即离场。

4.3.8 下降三法

“下降三法”是指在股价的下跌趋势中，某日以阴线收盘之后，接下来的交易日内连续出现 3 根小阳线。它的出现意味着多空力量对比中，空方占据强势地位，股价将出现回落，后市看跌。

下面举例分析“下降三法”形态的卖出信号。

图 4-44 所示为瑞尔特（002790）2016 年 10 月至 2017 年 10 月期间的 K 线图。该股股价虽在“下降三法”到来时，出现小幅回升，但此后便是长跌不止。如果投资者未在此形态出现时及时平仓离场，很可能造成资金的大幅缩水。

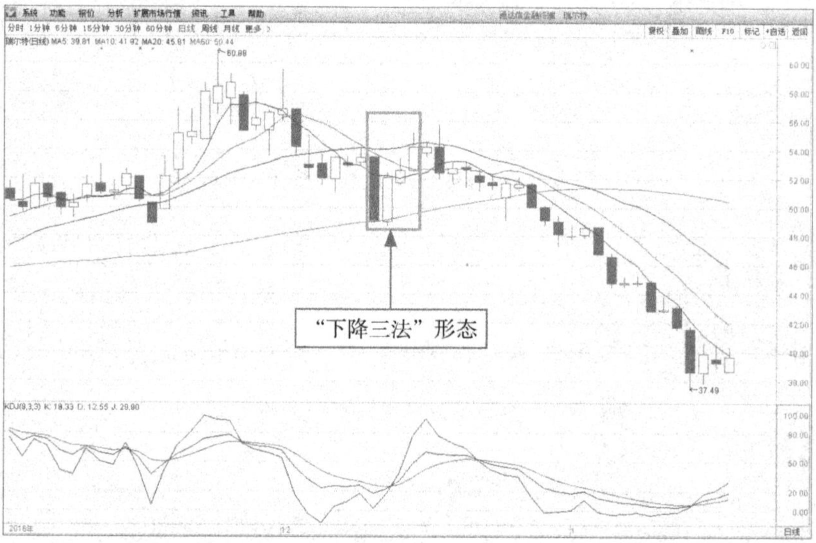

图 4-44　瑞尔特 K 线走势图

CHAPTER 5

第5章 通过形态找买卖点

学前提示

无论是单独的一根K线，还是两三根K线的组合形态，如果投资者想要从K线形态中解读出有用的信息，甚至是可靠的信息，就需要通过正确地分析出市场多空双方力量的转变情况，从而在变幻莫测的股票市场中把握住稍纵即逝的机会。

要点展示

- 5种底部反转形态及其买点
- 5种顶部反转形态及其卖点
- 4种整理形态及其买卖点

5.1　5 种底部反转形态及其买点

单根 K 线、两根 K 线、三根 K 线及多根 K 线等形态，仅仅只是一种局部形态。它们虽然可以指导投资者进行高抛低吸短期操作，但却难以让投资者看清价格的整体运行情况。

随后的章节中将介绍可以反映价格整体走势的整体 K 线形态，本节首先介绍 K 线的买入形态。

5.1.1　头肩底及其买点

“头肩底反转”形态是较常呈现的 K 线形态，其代表着市场逐步改变方向，当市场在底部力求发起一轮牛市的时候，有必要具有较多的成交量才行，也就是说，有必要具有显著增强的买进推力。

图 5-1 为标准的“头肩底反转”形态，它由左肩、头部以及右肩等 3 部分共同组合而成。此时，颈线所在位置充当了整个“头肩底反转”形态的阻力位。

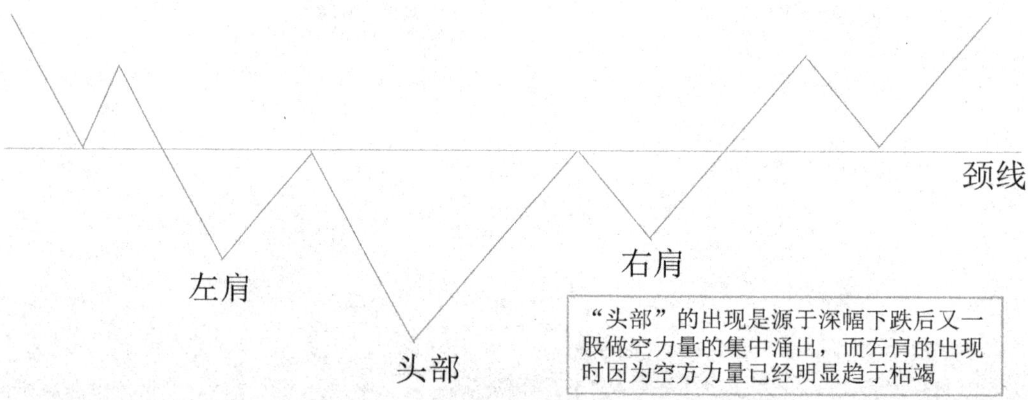

图 5-1　标准的“头肩底反转”形态

5.1.2　双重底及其买点

“双重底反转”形态是一种重要的 K 线形状，因其走势外观如英文字母“W”，也将其称之为“W 形底反转”形态，具体形态如图 5-2 所示。

“W 形底反转”形态属于一种中期底部形状，通常发生于波段跌势的晚期，而不会呈现在行情趋势的半途。

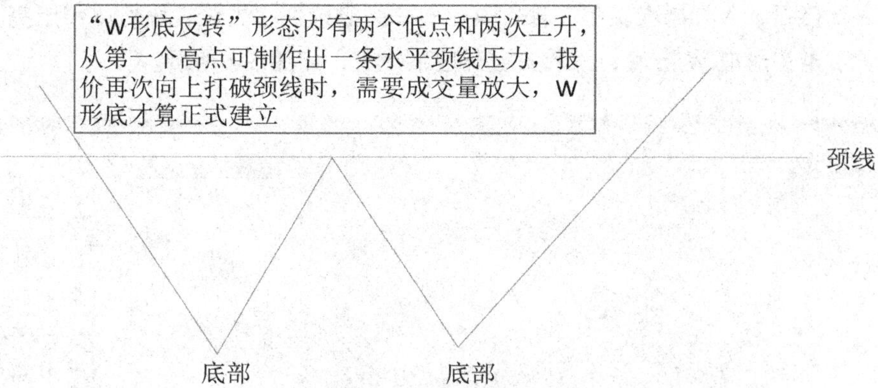

图 5-2 "W 形底反转"形态

下面举例分析"W 形底反转"形态的买入信号。

步骤❶ 图 5-3 所示为上海石化（600688）2016 年 8 月至 11 月的走势图。此股在深跌后的低位区出现了 W 形的"双重底"。"W 形底反转"形态的形成是由于价格长期下跌后，一些看好后市的投资者认为价格已很低，具有投资价值，期待性买盘积极，价格自然回升。这样会影响大型投资机构吸纳低价筹码，所以在大型投资机构的打压下，价格又回到了第一个低点的位置，形成支撑。这一次的回落，打伤了投资者的积极性，形态而呈 W 形。

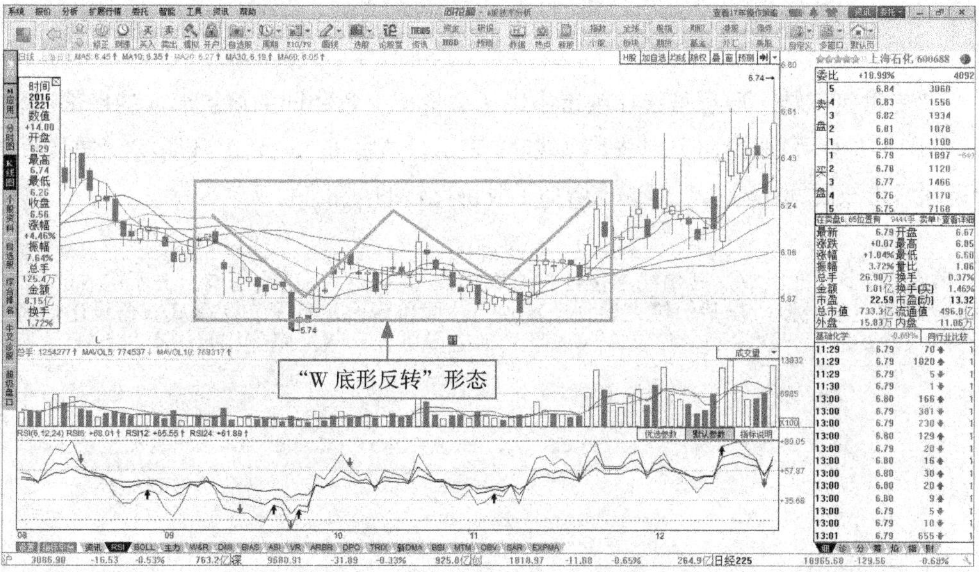

图 5-3 上海石化 K 线图（1）

步骤❷ 该股处于下降通道中，空方连续数根中长阴线，打压能力消耗殆尽，多方趁机发起反攻，在前期密集成交区的价位回落受阻，但股价却未跌破前期低点。

接着，多方再次发起一轮反攻，一举突破前期阻力位，股价逐步走高。这种走势形成 W 形底，为后市上升埋下伏笔，如图 5-4 所示。

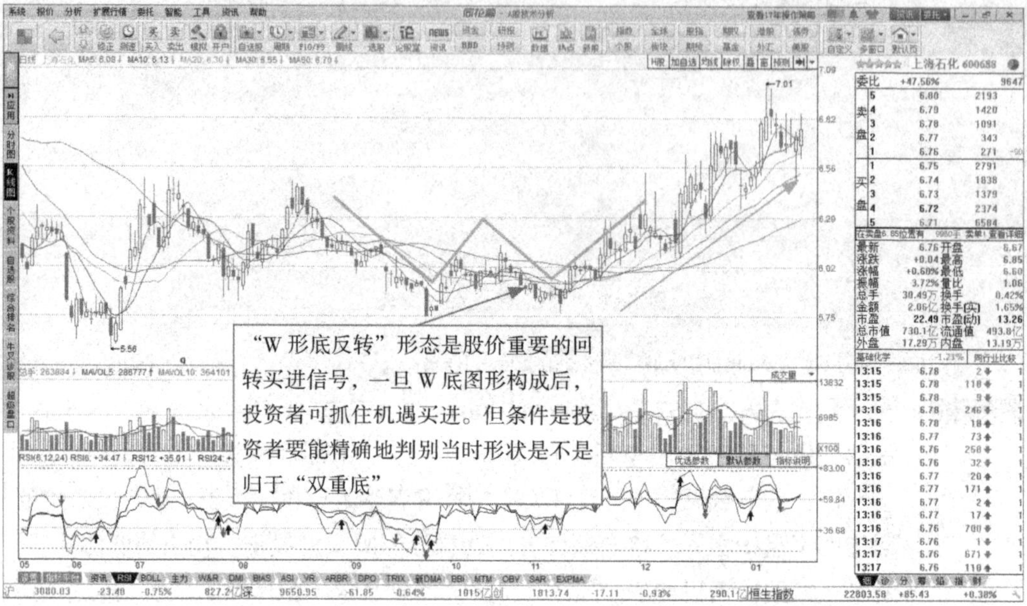

图 5-4　上海石化 K 线图（2）

5.1.3　三重底及其买点

"三重底反转"形态是指在跌市中以 3 个价位大致相同的低点形成的底部反转形态，如图 5-5 所示。股价向上突破其颈线时，表示行情将进入一致上升期。"三重底反转"形态通常形成时间比较长，但这也增加了股价反转的可靠性。

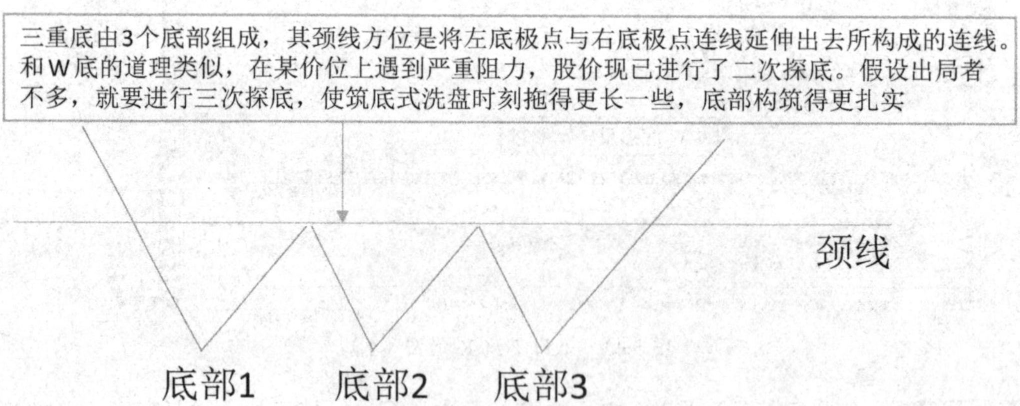

图 5-5　"三重底反转"形态

另外，确认“三重底反转”形态信号，也可从成交量中找到。在图形形成过程中，成交量会减少，直至价格再次上升到第三个低位时，成交量便开始增加，形成一个确认三重底信号。

最高点的形成，投资者通常以它作为主要阻力线，价格出现双底后回升至接近颈线，重遇阻力回落至双底水平的支持位。价格未能跌破此支持位，而当时成交量骤减，并开始反弹，成交量随即大增。当价格升越颈线时，成交量激增。在价格向上突破颈线后，三重底图形已被确认。

三重底的市场含义为：股价下跌一段时间后，由于股价的调整，使得部分胆大的投资者开始逢低吸纳，而另一些高抛低吸的投资者也部分回补，于是股价出现第一次回升；当升至某一水平时，前期的短线投机者及解套盘开始沽出，股价出现再一次回挫；当股价落至前一低点附近时，一些短线投资者高抛后开始回补，由于市场抛压不重，股价再次回弹，当回弹至前次回升的交点附近时，前次未能获利而出的持仓者纷纷回吐，令股价重新回落，但这次在前两次反弹的起点处买盘活跃，当越来越多的投资者跟进买入，股价放量突破两次转折回调的高点（即颈线），三重底走势则将正式形成。

5.1.4 V 形底及其买点

所谓“V 形底反转”形态，是指股价先一路下跌，随后一路攀升，底部为尖底，在图形上就像英文字母 V 一样，如图 5-6 所示。

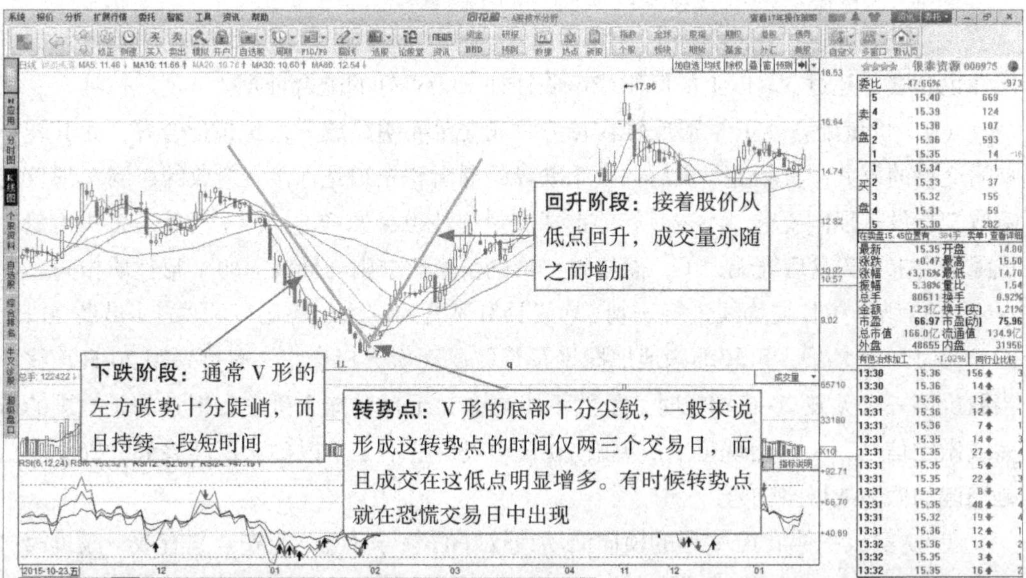

图 5-6 “V 形底反转”形态

V 形反转在投资品种的 K 线组合里是很多见的。V 形反转是一种强烈的上涨信号，它的出现一般都是 K 线趋势经过一段较长时间的下跌后（下跌按某个角度下行），一般是在利空极度发泄后，突发较大的利好消息，这时 K 线拐头向上而且有相当一段的持续性，因此在 K 线图形上形成了一个 V 字。

股价在下跌趋势中，由于市场看空的气氛使得股价下挫的速度越来越快，最后出现恐慌性杀跌，空方得到极度宣泄之后，股价走势出现了戏剧性的变化，股价触底后便一路上扬。这样就产生了 V 形走势。

“V 形底反转”形态的特征如下。

（1）出现在股票急速下跌之后。

（2）在急速恐慌性下跌末期，空方能量得到了彻底宣泄，这时做多的力量已开始堆积，如股市有利好，股票会迅速反转，掉头向上。反应敏捷者蜂拥而入，很快把价格推了上去。

（3）“V 形底反转”形态启动速度很快，在底部停留的时间极短，反应慢的投资者容易踏空，可操作性差些。下单速度慢都不易成交，这时如果对后市判断正确可追高买进，否则机会稍纵即逝，如果非要参与可及早撤单更新买入。

“V 形底反转”形态的出现一般没有事先的征兆，并且是一种失控的形态，在应用时要特别小心。不过，形态完成后的潜能相当惊人，所达到的上升幅度也不可测算，但转势一经形成，可确认性较高，具有十分重要的实战意义。

把握“V 形底反转”形态机会需要注意以下几点。

（1）涨跌幅度。一般来讲，短期内涨跌幅度越大、动力越强，出现 V 形反转的可能性也越强，超过 5% 以上的巨阳或巨阴往往成为很好的配合证据。

（2）价量配合。正 V 形反转在转势时成交量要明显放大，价量配合好，尤其转势前后交投的放大，实际上是最后一批杀跌盘的涌出和先知先觉接货造成的；倒 V 形反转对成交量没有强制要求，不过其转势前成交量往往也会暴增，实际上意味着多头力量已成强弩之末，买盘后继无力了；而伸展 V 形的价量要求则与伸展前的 V 形性质相同。

（3）结合中长期均线进行研判。均线具有显著的判断趋势运行的功能，借助 20 日、30 日和 120 日均线，可较准确地把握 V 形反转的两次大机会，一般可采用 20 日均线。当股价第一次突破 20 日均线时，虽然不能明确 V 形反转能否确立，但这却是激进的做多或做空信号，一旦出现第二次突破 20 日均线，基本上可以确认反转趋势的确立。这是稳健的做多或做空信号。

（4）实战中伸展正 V 形的横向波动为较好的参与时机，既安全又有效，股价第二次突破 20 日均线为较好的短线参与点。同时，股价横向波动的相对位置也十分重要，如在前期高点之上横盘，预示主力有极强的买卖能力，向上动力强；如在前期高点附近上下波动，则向上动力相对较弱。

5.1.5 圆弧底及其买点

“圆弧底反转”形态归于一种盘整形状，其形状如锅底状，如图 5-7 所示。与潜伏底相似之处在于，交投清淡，耗时几个月甚至更久，体现弱势行情典型特征，是投资者在跌市中，信心极度匮乏在技术走势上的体现。这时空方的能量也基本释放完毕，但由于前期下跌杀伤力强，短时间内买方也难以汇集买气，无法快速脱离底部上涨，只有长期停留在底部休整，以时间换空间，慢慢恢复元气，价格陷入胶着，振幅很小，此时便会形成圆弧底形态。

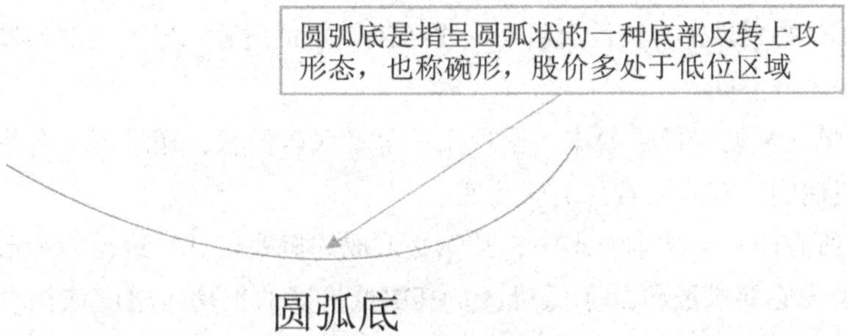

图 5-7 “圆弧底反转”形态

圆弧底股价呈弧形上升，价格变动简单且连续，先是缓缓下滑，虽不断创出新低，但跌不了多少就弹升，比前一个低点稍低，随后在回落到弧底附近时，多空平衡，低点走平，出现盘局，最后是每波回落点都略高于前点。把这些短期低点连接起来，就形成了圆弧底，成交量变化与股价同步，先是逐渐减少，随后伴随股价回升，成交量渐次增加，也呈圆弧状。由于圆弧底形成耗时较长，多空换手充分，所以当带量突破颈线位，形成向上有效突破后，股价迅速上扬，涨升迅猛，往往很少回档整理。

圆弧底的市场含义：它清晰显示了多空双方力量此长彼消、平缓变化及主力吸纳的全过程；股价先是从高位一路缓慢下跌并持续一段时间，空方实力渐次减弱，主动性抛盘减少；此时买方也畏缩不前，于是出现了成交量随着股价下跌而持续下降，多空双方都已精疲力竭；股价跌幅越来越小，直至向水平方向拓展，成交极度萎缩；其后当股价跌至圆弧底的弧底时，开始有主力机构或先知先觉者入场悄悄收集，且由于股价低廉，又不断吸引买盘使股价攀升，形成了碗形或碟形较典型的股价走势，多方力量渐趋增强，股价及成交量缓缓上升；最后当收集完成时，股价极快涨升，短期升幅相当惊人。圆弧底的成交量曲线也呈圆弧状，即在底部成交量最小，在股价上升时成交量会逐步增加。这种形态一般意味着其后一个大的升势即将开始，投资者可在成交量放大明显时买进。

圆弧底的要点提示包括以下几点。

（1）有时当圆弧底部形成后，股价并不应即上涨，而是先走出一个来回窄幅拉锯的平台，也称进货平台，此处买进较佳。

（2）在圆弧底形成过程中，由于多空双方皆不愿意积极参与，成交量极小，价格显得异常沉闷。这段时间显得很漫长，所以不要过早参与，可选择在突破颈线时买入。

（3）圆弧底形态通常是机构主力吸货区域，由于其炒作周期长，故在完成圆弧底形态后，其涨升的幅度也是很大的，投资者如在圆弧底形态内买进，则要注意在启动前的震仓整理。

（4）圆弧底的最终上涨高度往往是弧底最低点到颈线距离的 3 ～ 4 倍，但是圆弧底如果距离前期的成交密集区太近，尽管底部形成的时间足够长了，后市上涨高度也有限。因为原有的股票持有者没有经历一个极度绝望的过程，导致底部的换手率不高，限制了未来的涨升空间。

（5）圆弧底常见于低价股中，呈现出一种平底延伸状，通常需要数月才能完成。在圆弧底形成期间，有时还常伴随碟形底。

（6）在所有的底部技术形态中，圆弧底形成的概率较低。这是因为形成圆弧底的条件严格：首先它要求股价处于低价区；其次低价区的平均价格应该至少低于最高价的 50% 以上，距离前期成交密集区要尽可能的远；最后，在形成圆弧底之前，股价应该是处于连续下跌状态。

5.2 5种顶部反转形态及其卖点

炒股如同做生意，一有合理的利润，就可以卖出去。有些投资专家，他们买股票准备永远持有，这并没有错，运气好的话，30年可以长20倍。但这期间会有很多的起伏，有时股票会有 50% 的跌幅，这对普通投资者来说是难以承受的。因此，投资者一定学会判断顶部走势，抓住卖股票的“临界点”。

在股市中，投资者买入的机会非常多，而卖出的机会往往只有一次。这是由于股价通常运行在顶部的时间非常短，大大少于在底部的时间，一旦逃顶不坚决，很可能被长期套牢。因此，投资者逃顶时要坚决果断，一旦发现信号，要坚决卖出，绝不能手软和抱有幻想。

5.2.1 头肩顶及其卖点

将“头肩底反转”形态倒过来就可以得到一个“头肩顶反转”形态，它是最常见的顶部反转形态，一般出现在上升趋势的末期，是行情上涨到顶点后的反转信号，其形态如图 5–8 所示。

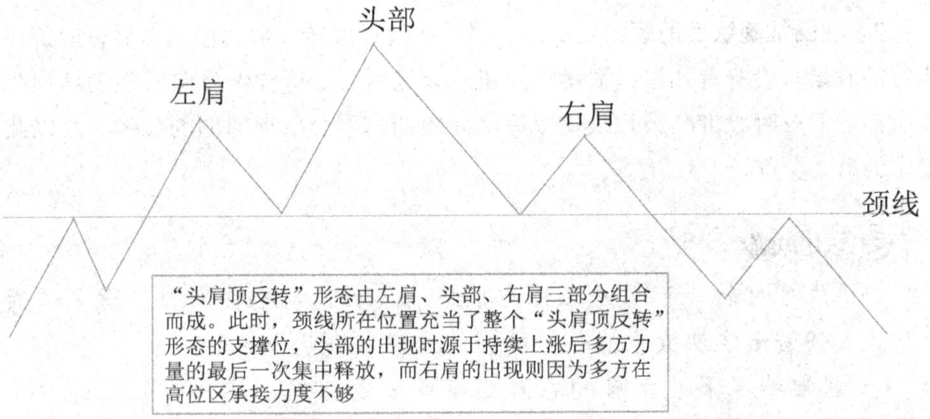

图 5–8 “头肩顶反转”形态

“头肩顶反转”形态可以划分为以下不同的部分。

（1）左肩：股价持续一段上升的时间，成交量很大，过去在任何时间买进的人都有利可图，于是开始获利沽出，令股价出现短期的回落，成交较上升到其顶点时有显著的减少。

（2）头部：股价在经过短暂的回落后，又有一次强力的上升，成交亦随之增加。不过，成交量的最高点较之于左肩部分，明显减退。股价升破上次的高点后再一次回落，而且成交量在这回落期间亦同样减少。

（3）右肩：当股价下跌到接近上次的回落低点时，又再获得支持回升。不过，市场投资的情绪显著减弱，成交较左肩和头部明显减少，股价没法抵达头部的高点便告回落，于是形成右肩部分。

（4）突破：股价在上冲失败向下回落时形成的两个低点又基本上处在同一水平线上。这同一水平线，就是通常说的颈线。当股价第三次上冲失败回落时，这根颈线就会被击破，于是“头肩顶反转”形态正式宣告成立。

简而言之，“头肩顶反转”形态的形状呈现 3 个明显的顶峰，从图形上看左肩、右肩的最高点基本相同，而头部最高点比左肩、右肩最高点要高；而成交量则出现梯级型的下降，说明股价上升时追涨力量越来越弱，股价有涨到头的意味。

“头肩顶反转”形态一旦形成，就预示着顶部已经构筑完毕，股价将告别之前的上升趋势，转而向下，进入长期的下降趋势。为了更好地把握好“头肩顶反转”形态的卖出时机，下面重点讲两个卖点。

（1）在颈线破位处及时卖出。在“头肩顶反转”形态中，在股价没有跌破颈线位之前，颈线的位置对股价形成强力支撑；一旦股价跌破头肩顶形态的颈线，往往意味着多空平衡被打破，空方开始占据优势，下跌即将开始，投资者可以在颈线位被跌破时及时卖出。

（2）在回抽确认后的颈线处卖出。当“头肩顶反转”形态形成以后，股价在跌破颈线位的时候，投资者如果错失卖出时机，只能耐心等待股价反向回抽确认颈线位时逢高卖出。但有时股价跌破颈线位以后可能短期内不会出现回抽的反弹，所以此卖法只能作为第二卖点。

专家提醒

“头肩顶反转”形态是杀伤力很强的一种技术走势，为了避免遭遇重大损失，投资者在实战中操作时要密切注意以下几个问题。

- 通常情况下，左肩和右肩的高点大致相等，部分头肩顶的右肩较左肩为低。但如果右肩的高点较头部还要高，则“头肩顶反转”形态便不能成立。
- “头肩顶反转”形态对多方杀伤力度的大小，与其形成时间长短成正比。因此，投资者不能只关心日K线图，对周K线图、月K线图出现的头肩顶更要高度重视。如果周K线图、月K线图形成头肩顶走势，说明该股中长期走势已经转弱，股价将会出现一个较长时间的跌势。
- 如果“头肩顶反转”形态的颈线向下倾斜，显示市场非常疲乏无力。
- 当股价跌破颈线时，倘若成交在跌破时激增，显示市场的抛售力量十分庞大，股价会在成交量增加的情形下加速下跌。“头肩顶反转”形态通常先是用很小的量击破颈线，然后再放量下跌，甚至仍旧维持较小的量往下滑落也是常有的事，投资者对此一定要有清醒的认识。
- 在股价跌破颈线后，可能会出现暂时性的回升（回抽），这情形通常会在低成交量的跌破时出现。不过，暂时回升通常不会超越颈线水平。
- 当某一股价形成“头肩顶反转”形态的雏形时，投资者就要高度警惕。这时股价虽然还没有跌破颈线，但可先卖出手中的一些筹码，将仓位减轻，日后一旦发觉股价跌破颈线，就将手中剩余的股票全部卖出，退出观望。
- 如果股价最后在颈线水平回升，而且高于头部，又或是股价于跌破颈线后回升高于颈线。这可能是一个失败的“头肩顶反转”形态，不宜信赖。

5.2.2 双重顶及其卖点

“双重顶”形态又称为“M头”形态，其出现在持续上涨后的高位区，是价格走势二次探顶所产生的，因其形态与英文字母“M”相近，故得名为“M头”形态，如图5-9所示。

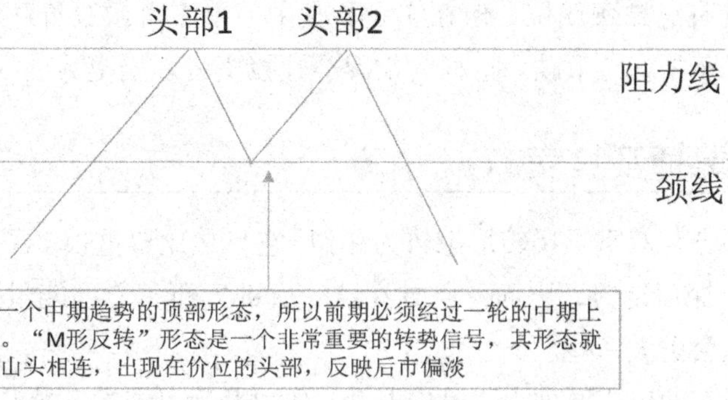

图5-9 “M头”形态

“M头”形态与“头肩顶”形态十分相似，投资者可以通过“M头”形态来判断出顶部何时股价下跌，从而不亏损。下面举例分析“M头”形态的卖出信号。

图5-10所示为华升股份（600156）在2016年8月至11月期间的走势图。此股在持续上涨后的高位区出现了宽幅震荡的“M头”形态。由A点到B点是一个上升趋势，当遇到空方阻击时，市况随即回落。在C点所做停留后，市况再次上升到另一个高位D点，然后迅速下滑形成“M头”形态。由此可见，趋势确实已经逆转，如果价格跌破E点价位，则是一个加速下跌的信号。

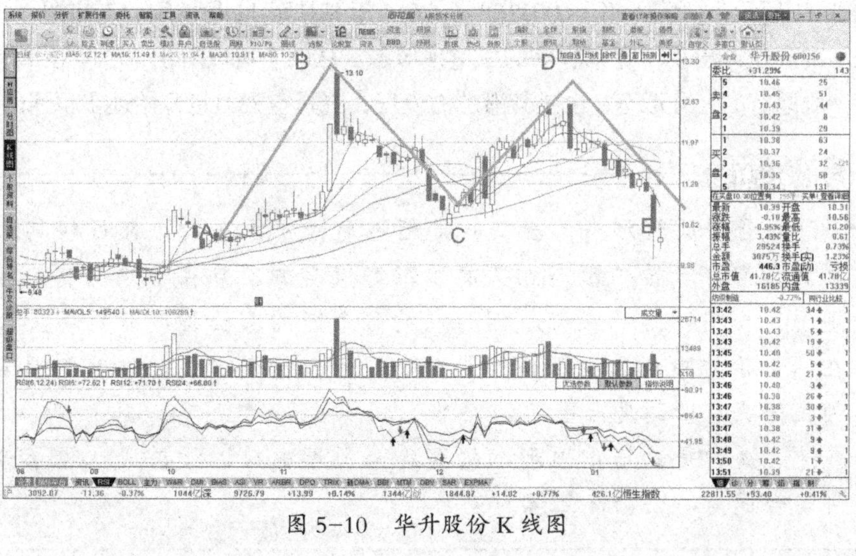

图5-10 华升股份K线图

在“M 头”形态内，第一次回跌的低点可绘制一条水平支撑颈线，股价在二次回跌至此支撑线并突破时，不需要大的成交量的配合，股价走势也不会在此位置形成徘徊，而是一种义无反顾的直接下跌趋势。而后股价会有回抽，回抽完成后，将引发波段性下跌。

投资者如果在第二个顶部形成时没有及时出局，那么要在股价反弹回抽时出局，不管股价有没有突破颈线位。但在实盘买卖中，很多时候股价跌破颈线位之后并没有反抽的动作，而是直接下跌。这样的情况会让投资者承受更大的损失。

5.2.3 三重顶及其卖点

三重顶形态与双重顶反转形态较为相似，它只是比双重顶多了一次探顶走势而已，由于多了一次探顶走势，因而，空方在这一底部区所积累的能量也就更多一些，后期的跌幅往往也会更大一些。

三重顶形态的形成原理为：股价上升一段时间后投资者开始获利回吐，在他们的沽售下，股价从第一个峰顶回落；当股价落至某一区域即吸引了一些看好后市的投资者的兴趣，另外以前在高位沽出的投资者亦可能逢低回补，于是行情再度回升，但市场买气不是十分旺盛，在股价回复至与前一高位附近时即在一些减仓盘的抛售下令股价再度走软；随后，在前一次回档的低点被错过前一低点买进机会的投资者及短线客的买盘拉起，但由于高点二次都受阻而回，令投资者在股价接近前两次高点时都纷纷减仓，股价逐步下滑至前两次低点时一些短线买盘开始止蚀；此时，若越来越多的投资者意识到大势已去均沽出，令股行跌破上两次回落的低点（即颈线），于是整个三重顶形态便告形成。

下面举例分析三重顶转势形态的卖出信号。

图 5-11 所示为西藏天路（600326）在 2016 年 8 月至 11 月期间的走势图。此股在持续大涨后的高位区出现了宽幅震荡的三重顶形态。从图中可以看出，三重顶形态的出现打破了个股原有的上升形态，也是其滞涨的表现，更是空方力量开始逐步积累的过程。

专家提醒

任何头肩顶反转形态，当其头部超越肩部不太多时，都可将其称为三重顶反转形态。三重顶形态和头肩顶形态仅有的差异在于它没有头部，更准确地说是没有明显的头部。因为它的 3 个峰的凹凸程度差别不大，峰顶位置在同一价位附近，也正是因为这个原因，投资者有时难以把握某一形态无到底是头肩顶还是三重顶。

值得一提的是，三重顶形态的第 3 个顶形成时，如果成交量十分小，则很可能会成为一个价格回落的信号。

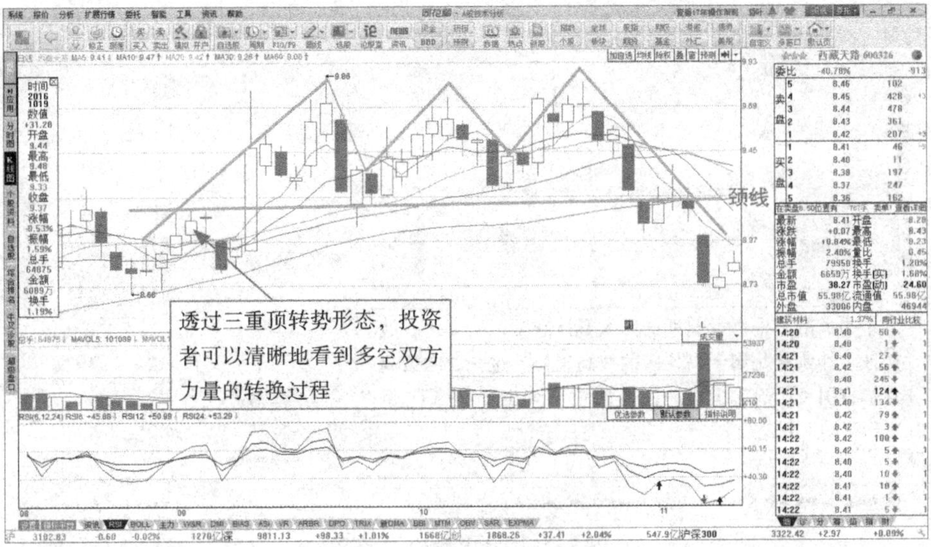

图 5-11　西藏天路 K 线图

5.2.4　倒 V 形顶及其卖点

“倒 V 形反转”形态也常称为“尖顶”形态，经常出现在股价一路持续上涨，很少调整或只有微小调整，且股价在持续上涨的过程中又出现过价格跳空的市场中，先是股价快速上扬，随后股价快速下跌。头部为尖顶，就像一个倒写的英文字母“V”字形状，其形态如图 5-12 所示。

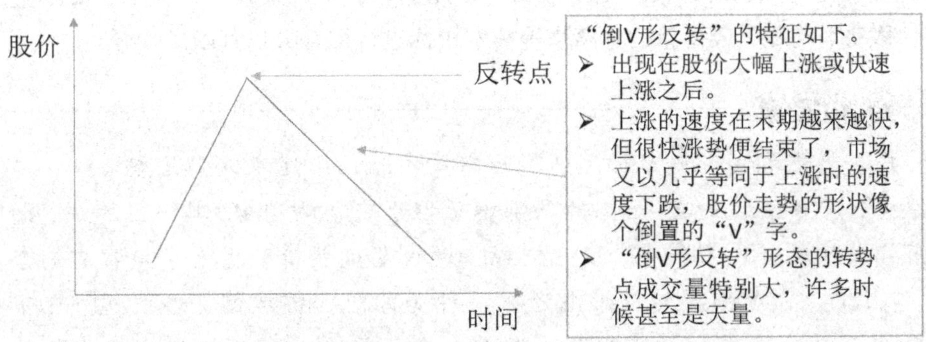

图 5-12　“倒 V 形反转”形态

下面举例分析倒 V 形顶转势形态的卖出信号。

图 5-13 所示为宝光股份（600379）2016 年 10 月到 11 月期间的走势图，形成了一个“倒 V 形反转”形态，随后股价持续快速下跌。在实际走势中，“倒 V 形反转”形态的个股比较常见，对于这类暴涨的个股，一旦发现暴涨后出现了快速回调一定要及时清仓止损，否则将会遭受极大损失。

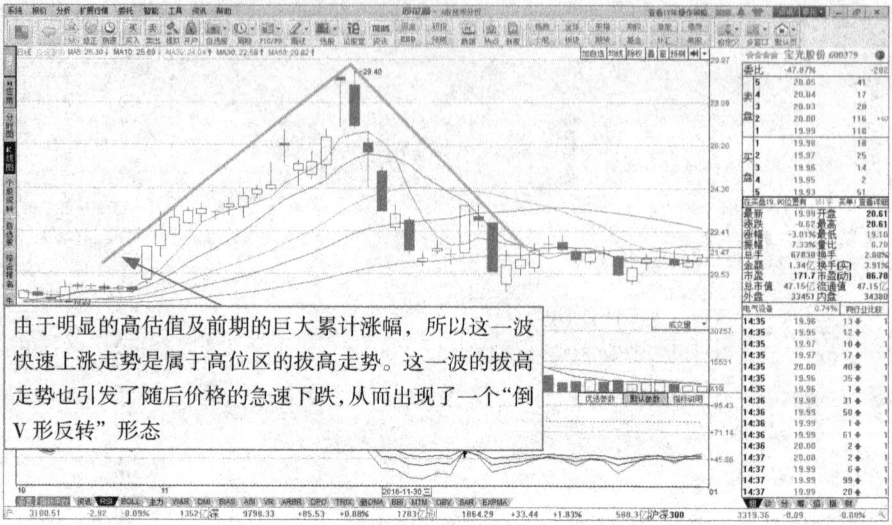

图 5-13　宝光股份 K 线图

“倒V形反转”形态是一种暴涨暴跌的形态，人们常说的“股灾”，很多时候都用倒“V”字形来表现。它的转折点通常以关键反转日或者岛形反转的形式发生。届时市场陡然反转，突然掉头，令人措手不及，识别倒“V”形反转时，可以借助K线理论中出现的反转信号。

例如，当K线走势图中出现“黄昏之星”“射击之星”“吊颈”“乌云盖顶”“垂死十字”等形态时，都是明显的顶部信号。由于“倒V形态反转”多发生在较短的时间内，所以这时短暂时间出现的反转信号便派上了用场。另外，投资者还应结合短期上升趋势线、移动平均线、成交量、乖离率等技术指标进行综合分析判断。

专家提醒

投资者在利用“倒V形反转”形态操作时，应注意以下几点。

（1）“倒V形反转”形态的顶部由于位于市场的顶部，其一旦完成，比“V形底”的反转要剧烈得多，仅几天或一两个星期股价跌去大半是常有的事。

（2）“倒V形反转”形态还有一种变体叫“扩展倒V形顶”。在市场转折后，马上形成一个小平台，通常这个小平台会稍稍地斜向新趋势的相反方向。当平台被突破时，趋势反转的过程也就完成了。短线投资者遇上此形态时应把股价向下突破小平台当作最低卖点。

（3）短线投资者要结合短期上升趋势线来回避“倒V形反转”形态带来的巨大风险，一旦发现股价在高位跌破短期下降趋势线，就应立即卖出手中持股。

5.2.5 圆弧顶及其卖点

"圆弧顶反转"形态形似圆弧，较为清晰地勾勒出了多空双方力量的转化过程，是投资者识别趋势反转的重要形态之一，如图 5–14 所示。

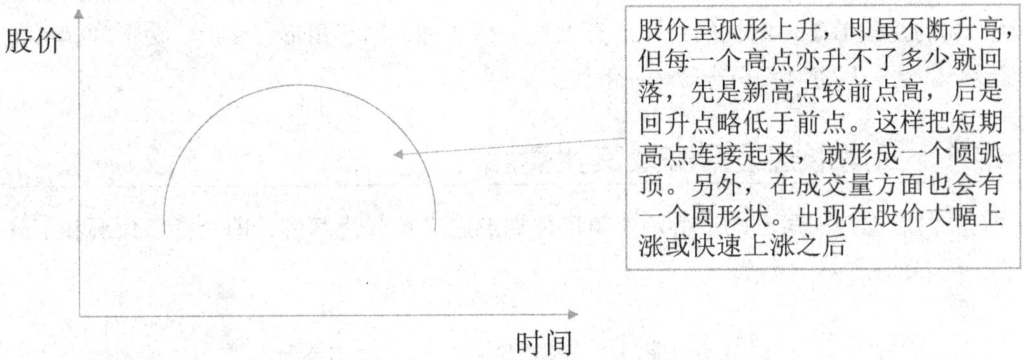

图 5–14 "圆弧顶反转"形态

"圆弧顶反转"形态比较少见，它代表着趋势平缓、逐渐的变化，在顶部交易量随着市场的逐步转向而收缩；最后，当新的价格方向占据主动时，又相应地逐步增加。"圆弧顶反转"形态在股价的顶部出现，等股价跌破前一次形成圆弧顶始点时形态才能确立。

"圆弧顶反转"形态的形成机理如下。

（1）股价在经过一段买方力量强于卖方力量的升势之后，买方趋弱或仅能维持原来的购买力量，使涨势缓和，而卖方力量却不断加强，最后双方力量均衡，此时股价会保持没有下跌的静止状态。

（2）当卖方力量超过买方力量时，股价就开始回落，开始只是慢慢改变趋势，跌势并不明显，但后期则由卖方完全控制市场，跌势便告转急，说明一个大跌趋势将来临，未来下跌之势将转急变大。

（3）当多空双方拉锯形成圆弧顶期间，影响股价的经济、政治、市场人气、突发消息等各种因素均没有发生，市场只是物极必反的转势心理占据了主导地位，如是个股则是"温水煮青蛙"式的出货情况。

有时当"圆弧顶反转"形态的圆形头部形成后，股价并不马上下跌，而只是反复横向发展形成徘徊区域，这个徘徊区称为"碗柄"。一般来说，"碗柄"很快便会突破，股价将继续朝着预期中的下跌趋势发展。

当出现"圆弧顶反转"形态后，投资者可以遵循买卖策略：由于圆形顶没有像其他图形有着明显的卖出点，但其一般形态耗时较长，有足够的时间让投资者依照趋势线、重要均线及均线系统卖出逃命。

5.3 4 种整理形态及其买卖点

除了明显的反转形态之外，K 线走势还可能在一段时间内出现小幅的反复变化，即 K 线的整理形态。常见的整理形态主要包括 4 种，即三角形、旗形、矩形和楔形整理形态。这一节将对它们进行一一解读。

5.3.1 三角形整理形态及其买卖点

根据形成的三角形的走势，三角形整理形态又可分为两种，即上升三角形和下降三角形，如图 5-15 所示。

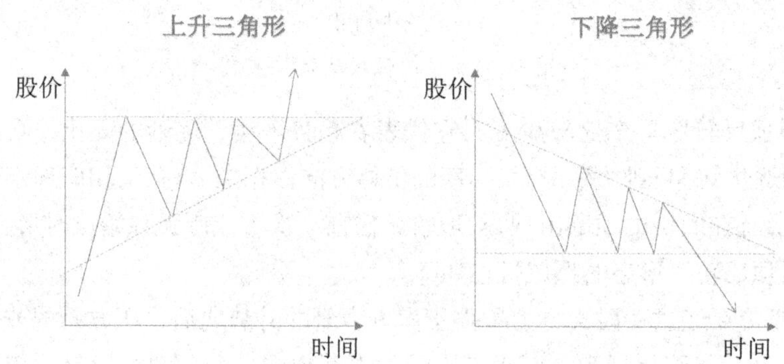

图 5-15 “上升三角形”与“下降三角形”形态

接下来分别对“上升三角形”与“下降三角形”进行具体说明。

1. 上升三角形

上升三角形，趋势为上升势态，从形态上看，多方占优，空方较弱，多方的强大买盘逐步将股价的底部抬高，而空方能量不足，只是在一水平颈线位做抵抗。

上升三角形整理形态的形成原理为：当股价在某水平呈现强大的卖压，价格从低点回升到水平便告回落，但市场的购买力十分强，股价未回至上次低点即告弹升。这情形持续使股价随着一条水平阻力线波动日渐收窄。若把每一个短期波动高点连接起来，可画出一条水平阻力线；而每一个短期波动低点则可相连出另一条向上倾斜的线，这就是上升三角形。

上升三角形向上突破的时候会出现两种情况，一种是突破上边线之后就一直往上上涨，形成第一买点；另一种是股价突破上边线之后，经过回抽后再往上涨，形成第二买点。如果上升三角形突破失败的话，顶多会承接形态内的强势整理而出现矩形整理，形成头部形态的概率也不会太大。

下面举例分析三角形整理形态。

图 5-16 所示为海越股份（600235）在 2016 年 7 月至 10 月期间的走势图。此股在上升途中出现了一个上升三角形形态。上升三角形显示买卖双方在该范围内的较量，但买方的力量在争持中已稍占上风。大部分的上升三角形都在上升的过程中出现，且暗示有向上突破的倾向。在向上突破上升三角形顶部水平的上边线阻力时，并有成交量激增的配合，就是一个短期买入信号。需要注意的是，上升三角形也可能是有计划的市场行为，部分人士有意把股价暂时压低，以达到逢低大量吸纳之目的。

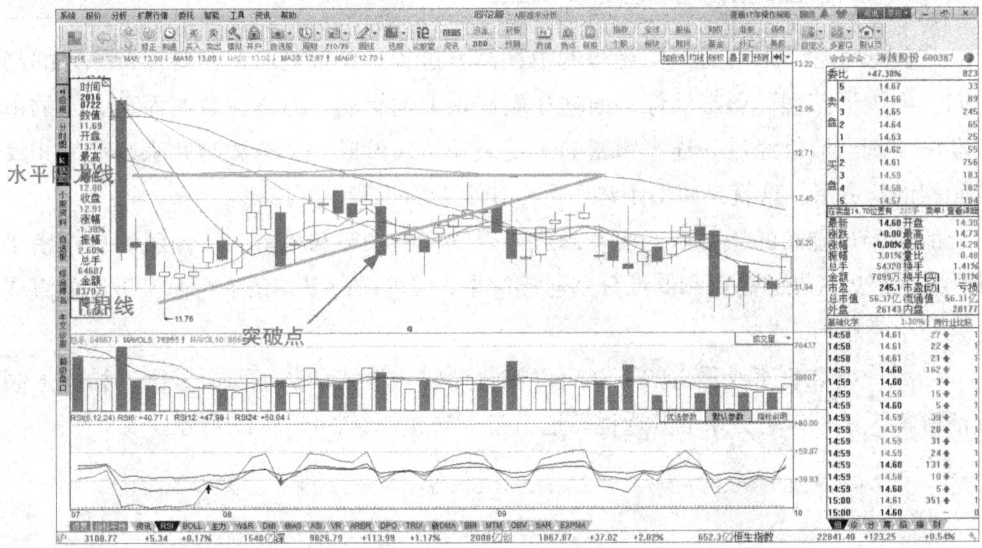

图 5-16 海越股份 K 线图

2. 下降三角形

下降三角形多出现在跌落的行情中，同样是多空双方在某价格区域内的较量表现，然而多空力量却与上升三角形形态所显示的情形相反。

下降三角形整理形态的形成原理为：下降三角形归于弱势盘整，卖方显得较活跃，抛出志愿激烈，不断将股价压低，从图形上构成压力颈线从左向右下方歪斜，买方仅仅将买单挂在必定的报价，构成在水平支撑线反抗，从而在 K 线图中构成下降三角形形状。因而，该形态的主要特征是高点逐渐往下移，可是每次跌落的低点都几乎在同一水平方位上。

下降三角形向下跌破水平支撑线时会呈现两种状况：一种是跌破支撑线之后，股价直接持续跌落，构成第一卖点；另一种是跌破支撑线之后，股价通过回抽后才会再次跌落，构成第二卖点。

下降三角形整理形态的分析要点如下。

- 要点 1：下降三角形一般见于整理形态。在下跌行情途中出现该形态，说明后市将继续下跌。
- 要点 2：下降三角形的成交量一般递减，当股价放量跌破形态下限时下跌的动能增大，即使无量配合，有效跌破下限仍会下跌。
- 要点 3：在下跌行情底部，股价有效突破下降三角形的上限，并且有较大成交量配合时，下跌行情有可能反转，投资者可以考虑适当买入股票。

5.3.2 旗形整理形态及其买卖点

"旗形整理"形态是一个趋势的中途休整过程，休整之后，还要保持原来的趋势方向。"旗形整理"形态就像一面挂在旗杆顶上的旗帜，通常在急速而又大幅的市场波动中出现。股价经过一连串紧密的短期波动后，形成一个稍微与原来趋势呈相反方向倾斜的长方形，这就是旗形走势，可分作上升旗形和下降旗形。

股价经过陡峭的飙升后，接着形成一个紧密、狭窄和稍徽向下倾斜的价格密集区域，把这密集区域的高点和低点分别连接起来，就可以划出二条平行而又下倾的直线，这就是上升旗形。

当股价出现急速或垂直的下跌后，接着形成一个波动狭窄而又紧密，稍微上倾的价格密集区域，像是一条上升通道，这就是下降旗形，如图 5-17 所示。

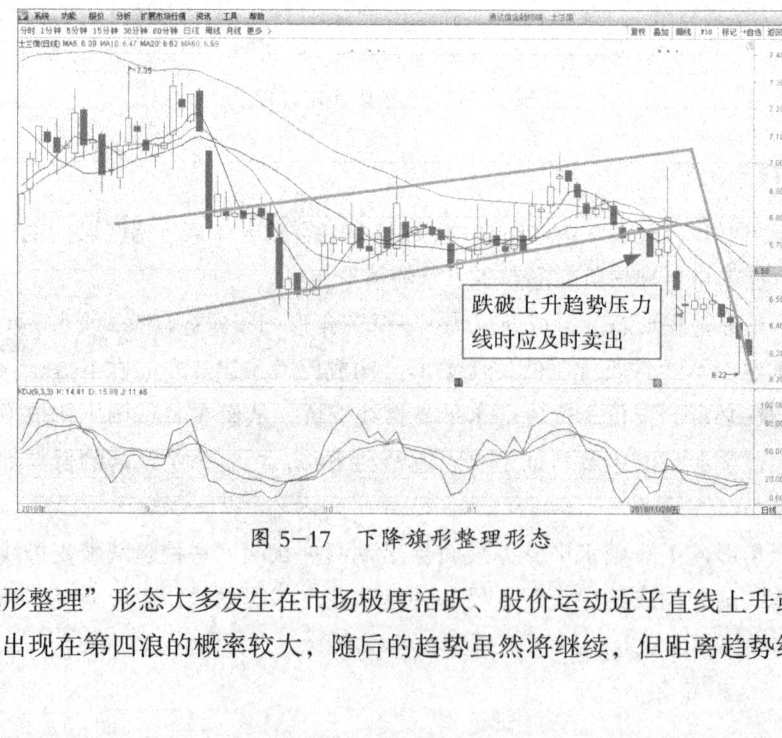

图 5-17 下降旗形整理形态

"旗形整理"形态大多发生在市场极度活跃、股价运动近乎直线上升或下降的情况下，且出现在第四浪的概率较大，随后的趋势虽然将继续，但距离趋势结束可能也将不远了，此时操作要注意防范风险。

旗形的上下两条平行线起着压力和支撑作用，这一点有些像轨道线。旗形也有测算功能，旗形的形态高度是平行四边形左右两条边的长度。旗形被突破后，股价将至少要走到形态高度的距离，大多数情况是走到旗杆高度的距离，上涨的幅度一般都不会少于旗形之前紧邻旗形的那波行情的空间。

专家提醒

应用“旗形整理”形态时，投资者要注意以下几点。

- 旗形出现之前，一般应有一个旗杆，这是由于价格作直线运动形成的。
- 旗形持续的时间不能太长，时间一长，保持原来趋势的能力将下降。市场必须在4周内完成其形态并在新的运动中突破，所以一个真实的旗形不可能在月图上出现，也很少在周图中出现。
- 旗形形成之前和被突破之后，成交量都很大。在旗形的形成过程中，成交量从左向右逐渐减少。

5.3.3 矩形整理形态及其买卖点

“矩形整理”形态是股价由一连串在两条水平的上下界线之间变动而成的型态，股价在其范围之内出现上落，如图5-18所示。

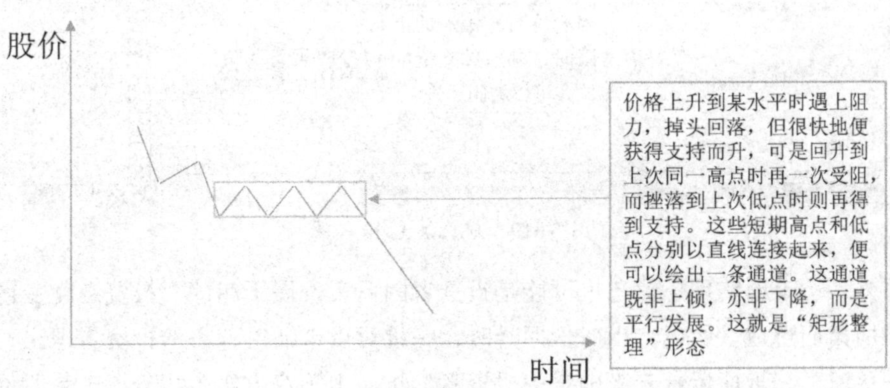

图5-18 “矩形整理”形态

“矩形整理”形态为冲突型形态，是描述实力相当的争战双方的竞争，其形成原理如下。

（1）“矩形整理”形态在形成之初，多空双方全力投入，各不相让。空方在价格涨到某个位置就抛压，多方在股价下跌到某个价位就买入，时间一长就形成两条明显的上下界线。

（2）随着时间的推移，双方的战斗热情会逐步减弱，成交量减少，市场趋于平淡。如果个股原来的趋势是上升，那么经过一段矩形整理后，会继续原来的趋势，多方会占优势并采取主动，使股价向上突破矩形的上界，形成“上升矩形”整理形态。

下面举例分析矩形整理形态的买入信号。

图 5-19 所示为航天晨光（600501）在 2016 年 9 月至 11 月期间的走势图。此股在上升初期出现了横盘震荡走势。这种横盘震荡的整理形态就是“矩形整理”形态。“矩形整理”形态明显告诉投资者，多空双方的力量在该范围之间完全达致均衡状态，在这段期间谁占不了谁的便宜。看涨的一方认为其价位是很理想的买入点，于是股价每回落到该水平即买入，形成了一条水平的需求线。与此同时，另一批看跌的投资者对股市没有信心，认为股价难以突破水平线，于是股价回升至该价位水平，便即沽售，形成一条平行的供给线。

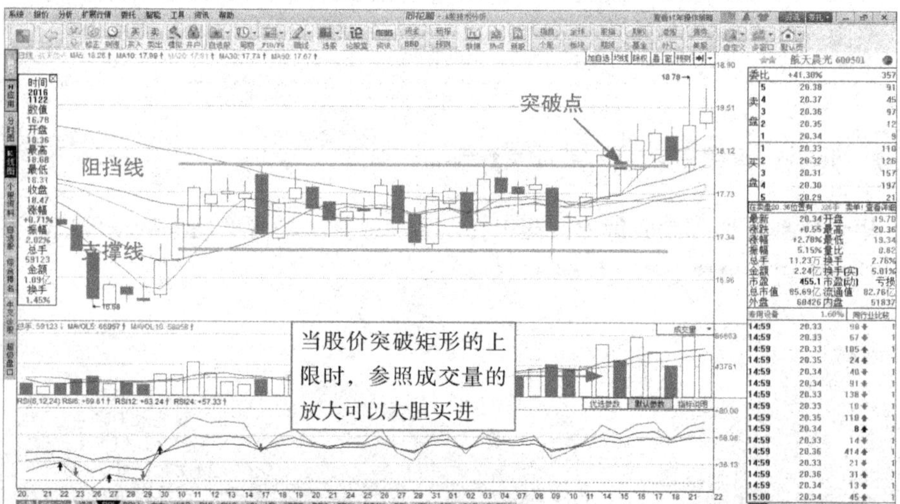

图 5-19　航天晨光 K 线图

另外，“矩形整理”形态也可能是投资者因后市发展不明朗，投资态度变得迷惘和不知所措而造成。所以，当股价回升时，一批对后市缺乏信心的投资者退出；而当股价回落时，一批憧憬着未来前景的投资者加进，由于双方实力相若，于是股价就来回在这一段区域内波动。

一般来说，矩形是整理形态，升市和跌市中都可能出现，长而窄且成交量小的矩形在原始底部比较常出现。突破上下水平线后有买入和卖出的讯号，涨跌幅度通常等于矩形本身宽度。

专家提醒

"矩形整理"形态在其形成的过程中极可能演变成"三重顶(底)"形态。正是由于矩形的判断有这么一个容易出错的可能性，在面对矩形和三重顶（底）进行操作时，一定要等到突破之后采取行动才比较妥当，因为这两个形态今后的走势方向完全相反。一个是持续整理形态，要维持原来的趋势；一个是反转突破形态，要改变原来的趋势。

5.3.4 楔形整理形态及其买卖点

上下两条边线相交的形态称为"楔形整理"形态。它与旗形显得很相似，不同处在于旗形的持续时间较长。如果将旗形中上倾或下倾的平行四边形变成上倾或下倾的三角形，就会得到"楔形整理"形态。它属于短期调整形态，整理的时间不宜太长，一般在 8 日至 15 日内，时间太久的话，形态力道将消失，也可能造成股价反转的格局。

"楔形整理"形态与众不同之处是它明显倾斜，楔形向上或向下明显倾斜，下降楔形看涨，而上升楔形看跌。在具体分析中，需要密切关注成交量、时间等诸多因素。通常楔形形态内的成交量是由左向右递减的，且萎缩较快。

上升楔形是指股价经过一次下跌后产生强烈技术性反弹，价格升至一定水平后又掉头下落，但回落点比前次高，然后又上升至新高点，再回落，在总体上形成一浪高于一浪的势头。如果把短期高点相连，则形成一向上倾斜直线，且两者呈收敛之势。上升楔形表示一个技术性反弹渐次减弱的市况，常在跌市中的回升阶段出现，显示股价尚未见底，只是一次跌后技术性的反弹，如图 5-20 所示。

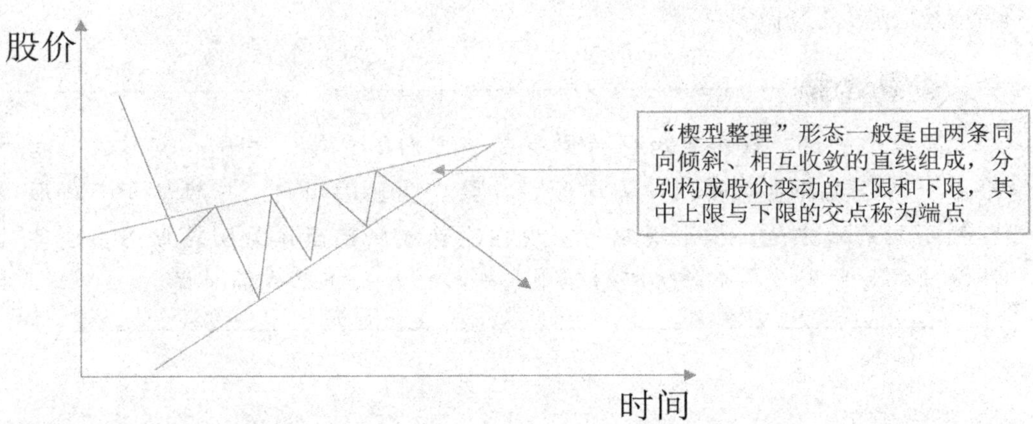

图 5-20　上升楔形整理形态

而在下降楔形整理形态中，股价的高点和低点形成一浪低于一浪之势，常出现于中长期升市的回落调整阶段。下面举例分析下降楔形整理形态的买卖信号。

图 5-21 所示为西藏城投（600773）在 2016 年 1 月至 4 月期间的走势图。此股在上升途中出现了一个下降楔形整理形态。这一形态出现在个股累计涨幅不大的背景下，且个股前期处于明确的上升趋势之中。

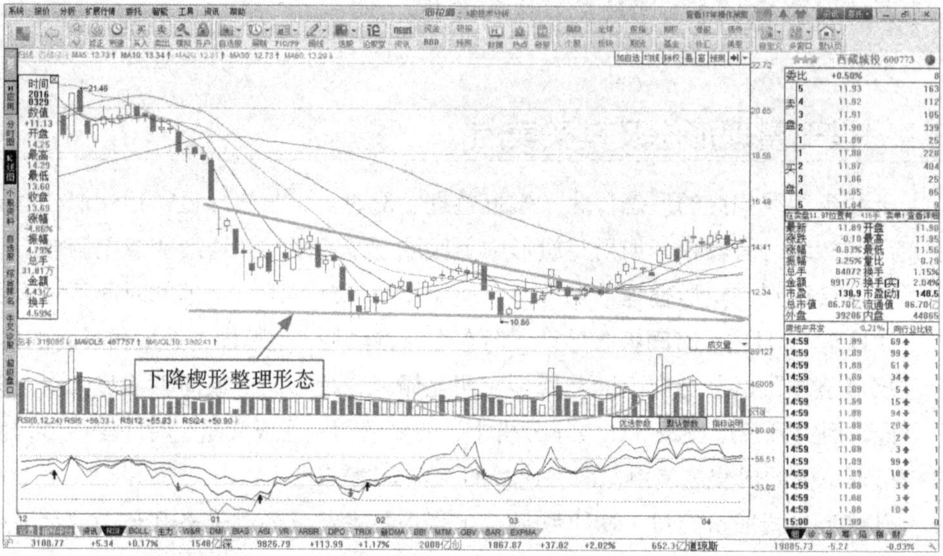

图 5-21　西藏城投 K 线图

在下降楔形整理过程中，可以看到成交量区域萎缩，这是空方抛压持续减轻、多方修整的表现，预示着当前的买卖主导地位仍被多方占据，也是个股随后可以突破上行的表现。该股的这一走势足以表明下降楔形是非常可信的短信做多信号。此阶段投资者应逢低坚决进场做多。

专家提醒

同旗形一样，楔形也有保持原有趋势方向的功能。另外，楔形的三角形上下两条边都是朝着同一方向倾斜，具有明显的倾向。与旗形和三角形稍微不同的地方是，楔形偶尔也出现在顶部或底部而作为反转形态。这种情况通常是发生在一个趋势经过了很长时间、接近于尾声的时候。

CHAPTER 6

第6章 技术指标找买卖点

学前提示

虽然K线可以给投资者的操作的提供许多参考，但是K线只是对价格的客观呈现，透露出来的信息总归是有限的。正因为如此，不少投资者虽紧盯K线却还是错过了行情。

此时，投资者不妨在参照K线的情况下，通过技术指标寻找买卖点，从而为操作提供更多的参考。

要点展示

- 利用均线找买卖点
- 利用技术指标找买卖点

6.1 利用均线找买卖点

从线看盘主要是指使用各种移动平均线来分析和预测股价的走势。均线是分析价格变动趋势的指标，其可以配合K线图使用，与K线走势图相结合，是分析股价走势的最有效的方法之一。

6.1.1 MA——股价移动平均线

股价移动平均线是分析价格运行趋势的一种方法。它是按固定样本数计算股价移动平均值的平滑连接曲线，其直接加载在主图上。通常情况下，默认显示的股价异动平均线有4条，具体如图6-1所示。

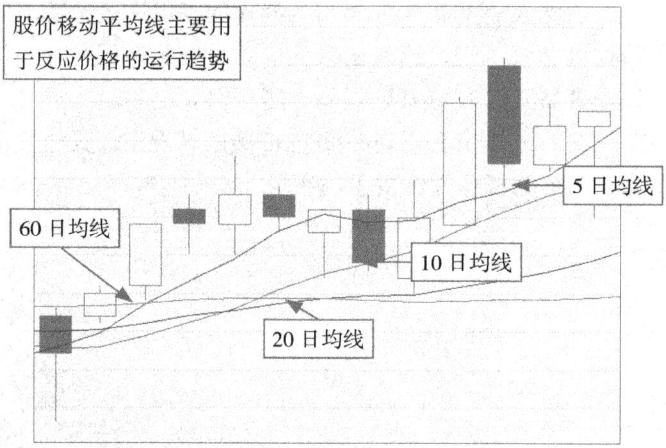

图6-1 默认显示的股价移动平均线

专家提醒

移动平均线以道·琼斯的平均成本概念为基础理论，采用统计学中的“移动平均”原理，将一段时间内的股价价格加以平均，从而显示股价在一定时期内的变动趋势。根据移动平均线的周期，可将其分为短期移动平均线（SMA）、中期移动平均线（MMA）和长期移动平均线（LMA）。

6.1.2 MACD——平滑异同移动平均线

平滑异同移动平均线（Moving Average Convergence Divergence，MACD）是移动平均线派

生的技术指标，对股票买卖时机具有研判意义，适合初涉股市的投资者进行技术分析。

MACD是从双移动平均线得来的，由快的移动平均线减去慢的移动平均线计算而来。MACD比单纯分析双移动平均线的差阅读起来方便快捷。图6–2所示为MACD指标在盘面中的表现形式。

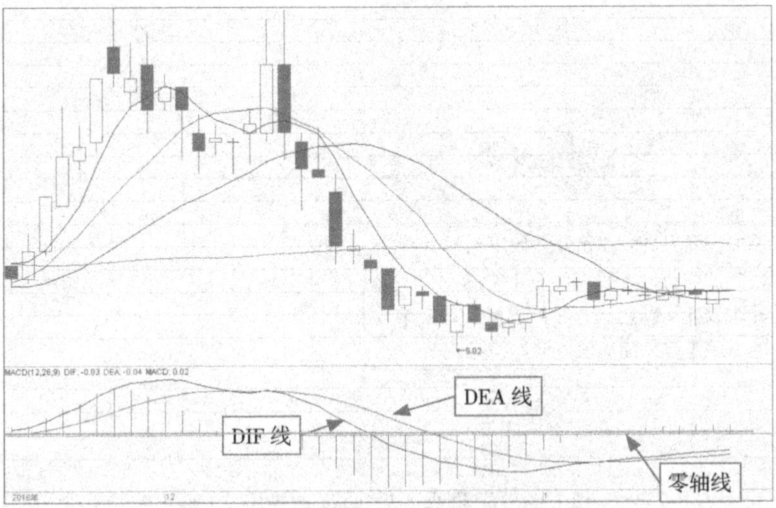

图6–2　平滑异同移动平均线（MACD）

MACD由正负差（DIF线）和异同平均数（DEA线）两部分组成。

（1）正负差（DIF）。DIF是快速平滑移动平均线与慢速平滑移动平均线的差，快速和慢速的区别是进行指数平滑时采用的参数的大小不同，短期的移动平均线是快速的，长期的移动平均线是慢速的。

（2）异同平均数（DEA）。DEA作为辅助是DIF的移动平均，也就是连续的DIF的算术平均。

（3）柱状线（BAR）。BAR是DIF与DEA线的差，在指标走势区呈现为彩色的柱状线。红色表示BAR值为正，绿色表示BAR值为负。

由于BAR值是由DIF减去DEA再乘以2所得，因此，投资者经常把BAR由绿变红（即由负值变为正值）时视为买入时机，将BAR由红变绿（由正变负）时视为卖出时机。

6.1.3　均线金叉——买入信号

股价在上涨的过程中，上升的短期移动平均线由下而上穿过上升的中、长期移动平均线形成交叉就是金叉。当出现金叉时，表示市场短期走强，预示着股价短期有较强的上涨动力，后市看好，投资者可以参与持股待涨。

下面举例分析均线金叉中的盘面买入信号。

步骤 1 图 6-3 所示为深物业 A（000011）2016 年 3 月至 6 月期间的走势图，股价前期经历了一波大幅下降行情，在低位企稳回升。

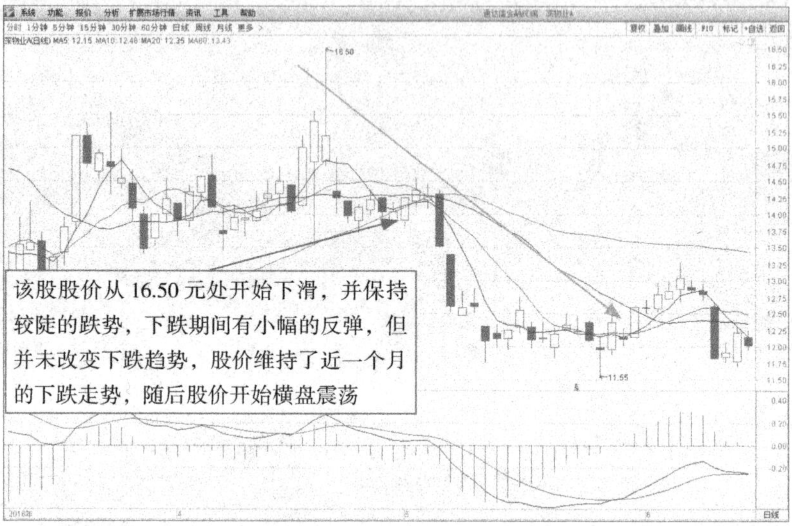

图 6-3　深物业 A 的 K 线走势图（1）

步骤 2 该股后市走势如图 6-4 所示，从图中可以看出，横盘一段时间后，该股开始强势上涨，5 日、10 日、20 日均线先后向上穿 60 日均线形成金叉，股价先于均线有所表示，均线在股价上涨一段时间后出现金叉，同时成交量放量，投资者在近几日参与，短期持有后卖出都会获利。

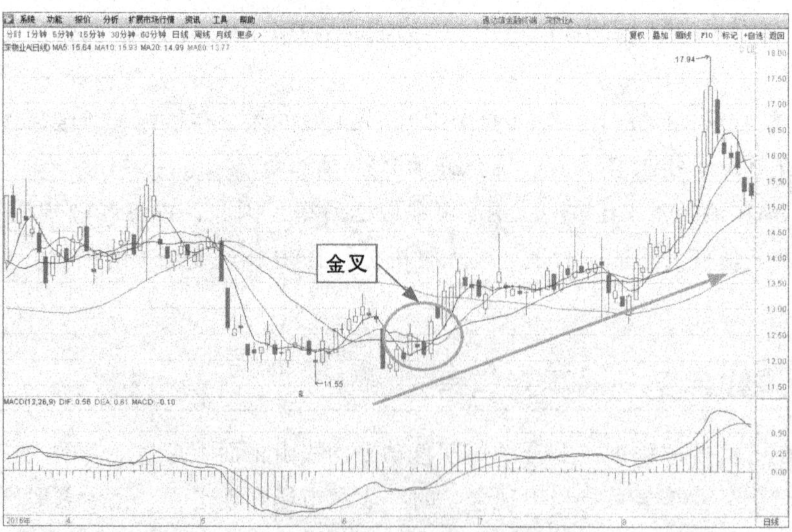

图 6-4　深物业 A 的 K 线走势图（2）

6.1.4 均线死叉——卖出信号

股价在下降的过程中，下降的短期移动平均线由下而上穿过下降的中、长期移动平均线形成交叉就是死叉，如图 6-5 所示。当出现死叉时，表示后市看空，投资者可以离场观望。

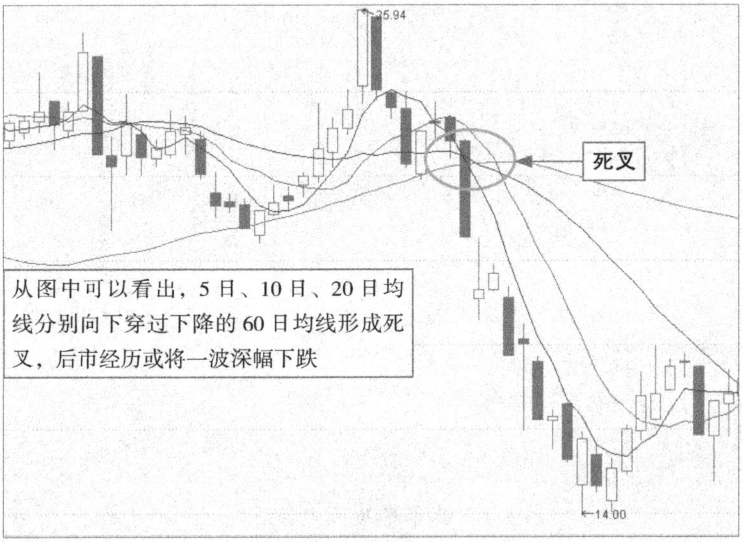

图 6-5 均线死叉

专家提醒

MACD 中的金叉和死叉的形成与股价移动平均线相似，在 MACD 中，金叉和死叉是 DIF 与 DEA 的交叉点形成。MACD 指标的看盘技巧如下。

- 当 DIF 向上突破 DEA 时是买入信号。
- DIF 向下跌破 DEA 时只能认为是回档，作获利了结。
- DIF 和 DEA 均为正值时，属于多头市场。
- DIF 和 DEA 均为负值时，为空头市场。
- DIF 向下突破 DEA 时是卖出信号。
- DIF 向上突破 DEA 时只能认为是反弹。

6.1.5 突破 5 日均线——买入信号

当股价向上突破 5 日均线时，表明市场中资金参与，预示股价将脱离弱势而步入强势，显示出短线机会。

下面举例分析突破 5 日均线的盘面买入信号。

步骤 1 图 6-6 所示为张家界（000430）2016 年 10 月至 12 月期间的走势图。从图中可以看出，该股在 13.08 元的高位处震荡下跌，连收多根跳空低开的阴线，股价表现十分弱势，一直跌至 11.71 元的低点。

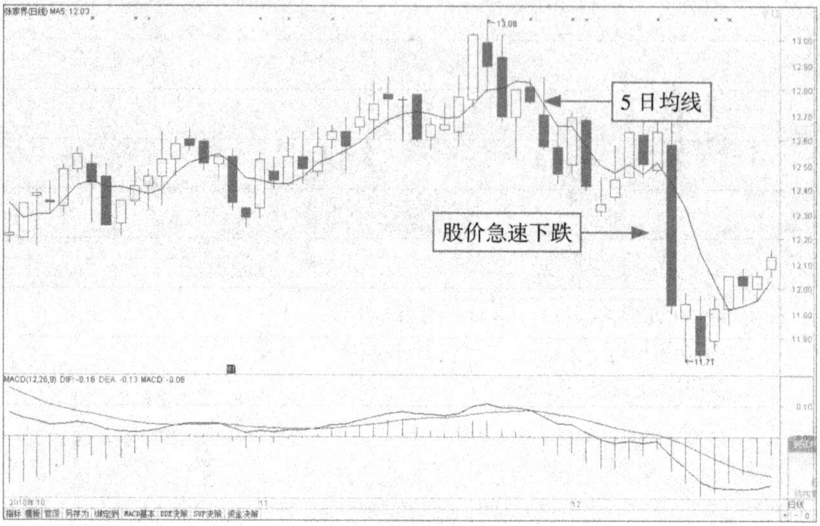

图 6-6 张家界 K 线走势图（1）

步骤 2 该股后市走势如图 6-7 所示，从图中可以看出，该股跌至低点后，股价开始向上运行。12 月 16 日，股价向上突破 5 日均线。此后，股价保持持续上涨态势。投资者应在突破处买入，后市获利不小。

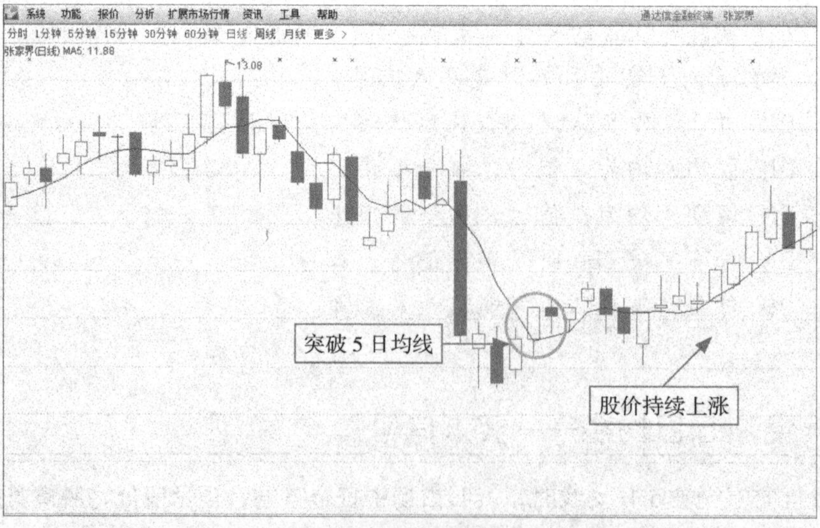

图 6-7 张家界 K 线走势图（2）

6.1.6 跌破10日均线——卖出信号

市场在处于强势时，股价会保持上涨的态势，待进入回调后，并不会轻易击穿10日均线。一旦当股价向下击穿10日均线时，说明空头力量开始主导市场。此时，短线投资者要及时卖出股票，以保住前期的胜利果实，如图6-8所示。

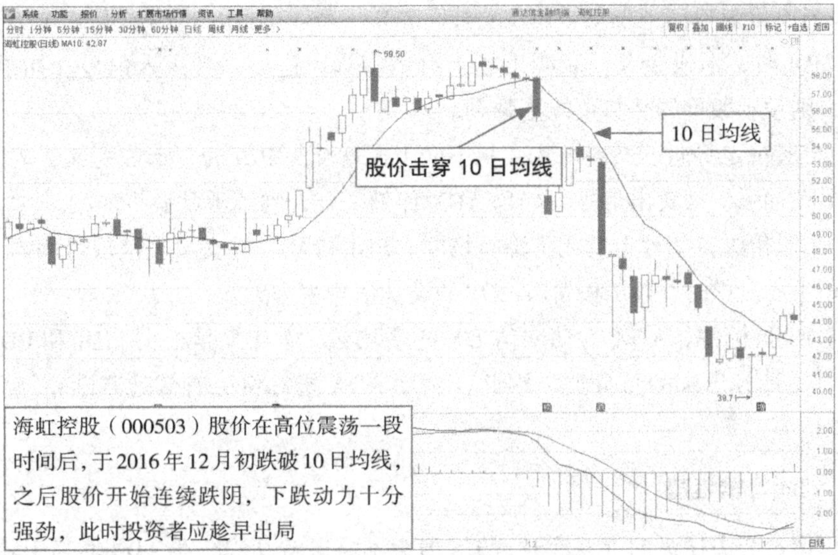

图6-8 海虹控股K线走势图

6.2 利用技术指标找买卖点

除了均线之外，常见的技术指标还包括趋向指标、指数平均数指标、布林指标、多空指标和随机指标。投资者可以利用这些指标寻找买卖点，只要操作得当，便可获得较为可观的收益。

6.2.1 利用趋向指标（DMI）找买卖点

DMI指标又叫动向指标、趋向指标或移动方向指数，其全称叫Directional Movement Index，是由美国技术分析专家威尔斯·威尔德（J·Welles Wilder）所创造的，是一种中长期股市技术分析方法。

DMI是属于趋势判断的技术性指标，其基本原理是通过分析股价在上升及下跌过程中供需关系的均衡点，即供需关系受价格变动之影响而发生由均衡到失衡的循环过程，从而提供对趋势判断的依据。

DMI 指标是把每日的高低波动的幅度因素计算在内，从而更加准确地反应行情的走势及更好地预测行情未来的发展变化。DMI 指标共有 PDI、MDI、ADX、ADXR 等 4 条线，也是它的 4 个参数值，分为多空指标（PDI、MDI）和趋向指标（ADX、ADXR）两组指标。

上升指标 PDI 和下降指标 MDI 的应用法则如下。

- 当股价走势向上发展，PDI 上升，MDI 下降。因此，当图形上 PDI 从下向上递增交叉 MDI 时，形成金叉，表明市场上有新多买家进场，为买入信号。如果 ADX 伴随上升，则预示股价的涨势可能更强劲。
- 当股价走势向下发展，MDI 从下向上递增交叉 PDI 时，形成死叉，表明市场上做空力量在加强，为卖出信号。如果 ADX 伴随上升，则预示跌势将加剧。
- 当股价维持某种上升或下降行情时，PDI 和 MDI 的交叉突破信号相当准确，但走势出现牛皮盘整时，PDI 和 MDI 发出的买卖信号视为无效。

在 DMI 指标中，ADX 为动向值 DX 的平均数，而 DX 是根据 MDI 和 PDI 两数值的差和对比计算出来的百分比。因此，利用 ADX 指标将更有效地判断市场行情的发展趋势。

1. 判断行情趋势

当行情走势由横盘向上发展时，ADX 值会不断递增。因此，当 ADX 值高于前一日时，可以判断当前市场行情仍在维持原有的上升趋势，即股价将继续上涨。如果 MDI 和 PDI 同时增加，则表明当前上升趋势将十分强劲。

- 当行情走势进入横盘阶段时，ADX 值会不断递减。因此，判断行情时，应结合股价走势（MDI 和 PDI）走势进行判断。
- 当行情走势由盘整向下发展时，ADX 值会不断递减。因此，当 ADX 值低于前一日时，可以判断当前市场行情仍维持原有的下降趋势，即股价将继续下跌，如果 MDI 和 PDI 同时减少，则表示当前的跌势将延续。

2. 判断行情是否盘整

- 当市场行情在一定区域内小幅横盘盘整时，ADX 值会出现递减情况。
- 当 ADX 值降至 20 以下，且呈横向窄幅移动时，可以判断行情为牛皮盘整，上升或下跌趋势不明朗，投资者应以观望为主，不可依据 MDI 和 PDI 的交叉信号来买卖股票。

3. 判断行情是否转势

当 ADX 值在高点由升转跌时，预示行情即将反转，可分为以下两种情况。

- 在涨势中的 ADX 在高点由升转跌，预示涨势即将告一段落。
- 在跌势中的 ADX 值从高位回落，预示跌势可能停止。

下面举例分析 DMI 指标的看盘技巧。

如图 6-9 所示，国药一致（000028）在 2016 年 6 月 24 日，股价以大阳线收盘，并站于 5 日、10 日和 20 日均线之上，而且此时的 PDI 和 MDI 呈现金叉形态，是典型的买进信号，散户投资者可在此处积极买进。

图 6-9 国药一致 K 线走势图

6.2.2 利用指数平均数指标（EXPMA）找买卖点

指数平均数（EXPMA）的构造原理是对股票收盘价进行算术平均，并根据计算结果来进行分析，用于判断价格未来走势的变动趋势。

指数平均数指标（Exponential Moving Average，EXPMA），是平均线的一种。它是利用快线和慢线的上下交叉信号，来研究判断行情的买卖时机。

EXPMA 指标是对移动平均线的弥补，EXPMA 指标由于其计算公式中着重考虑了价格当天（当期）行情的权重，所以在使用中可克服 MACD 其他指标信号对于价格走势的滞后性。同时，EXPMA 指标也在一定程度中消除了 DMA 指标在某些时候对于价格走势所产生的信号提前性，是一个非常有效的分析指标。它由 EXP1 和 EXP2 共同组成。

EXPMA 指标的盘面运用方法如下。

- 当 EXP1 由下往上穿越 EXP2 时，股价随后通常会不断上升，那么这两根线形成金叉之日便是买入良机，如图 6-10 所示。
- 当一只个股的股价远离 EXP1 后，该股的股价随后很快便会回落，然后再沿着 EXP1 上移，可见 EXP1 是一大支撑点。

- 当 EXP1 由上往下击穿过 EXP2 时，形成死叉，股价往往已经发生转势，日后将会以下跌为主，则这两根线的交叉之日便是卖出时机。

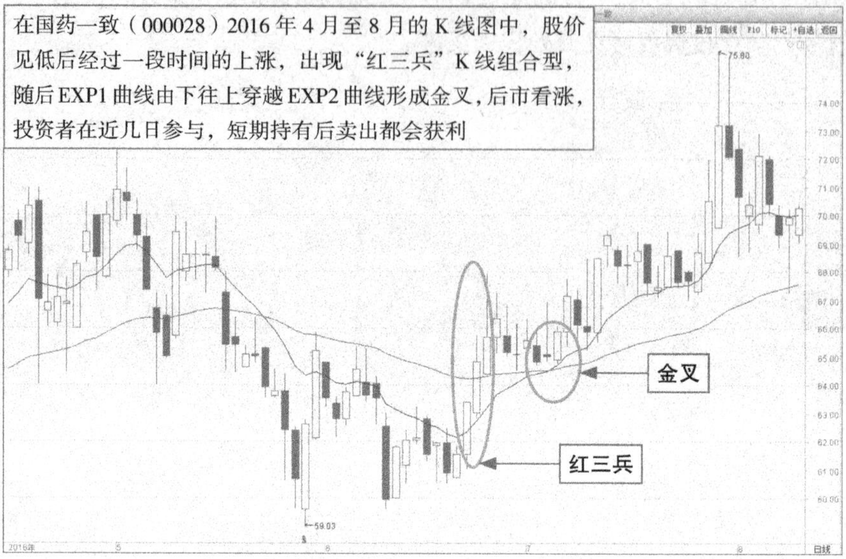

图 6-10　国药一致 K 线走势图

使用 EXPMA 指标时的注意事项如下。

- EXPMA 指标一般为中短线选股指标，比较符合以中短线为主的投资者。据此信号买入者均有获利机会，但对中线投资者来说，其参考意义似乎更大，主要是因为该指标稳定性大，波动性小。
- EXP1 和 EXP2 始终保持距离地上行，则说明该股后市将继续看好。每次股价回落至 EXP1 附近，只要不击穿 EXP2，则这种回落现象便是良好的买入时机。

对于卖出时机而言，投资者不要单纯以 EXPMA 指标形成死叉为根据，可以结合 K 线图中的看跌信号进行判断。

6.2.3　利用布林指标（BOLL）找买卖点

布林线（BOLL）由约翰 · 布林（John · Bollinger）创造，是利用统计学原理，求出股价的标准差及其信赖区间，从而确定股价的波动范围及未来走势。

布林线指标是利用波带显示股价的安全高低价位，因此称为布林带，其上限范围不固定，随着股价的滚动而变化：当股价涨跌幅度加大时，带状区变宽；当涨跌幅度减小时，带状区变窄。因为灵活、直观和趋势性的特点，BOLL 指标已成为市场上广泛应用的热门指标。

在 BOLL 指标中，股价通道的上下轨是显示股价安全运行的最高价位和最低价位。

上轨线、中轨线和下轨线都可以对股价的运行起到支撑作用，而上轨线和中轨线有时则会对股价的运行起到压力作用。当布林线的上、中、下轨线几乎同时处于水平方向横向运行时，则要看股价目前的走势处于什么样的情况下来判断。

（1）BOLL 线上轨线形成压力。在 BOLL 指标中，上轨线就相当于股价前行过程中的压力线，只是这条压力线为曲线而非直线，每当股价运行到 BOLL 指标上轨线附近时，就有可能发生回调。

（2）BOLL 线下轨线形成支撑。在 BOLL 指标中，下轨线就相当于股价下跌过程中的支撑线，只是这条支撑线为曲线而非直线，每当股价运行到 BOLL 指标下轨线附近时，就有可能发生反弹。

BOLL 指标开口变小代表股价的涨跌幅度逐渐变小，多空双方力量趋于一致，股价将会选择方向突破，开口越小，股价突破的力度就越大。最佳的买入时机是在股价放量向上突破，布林线指标开口扩大之初，如图 6-11 所示。

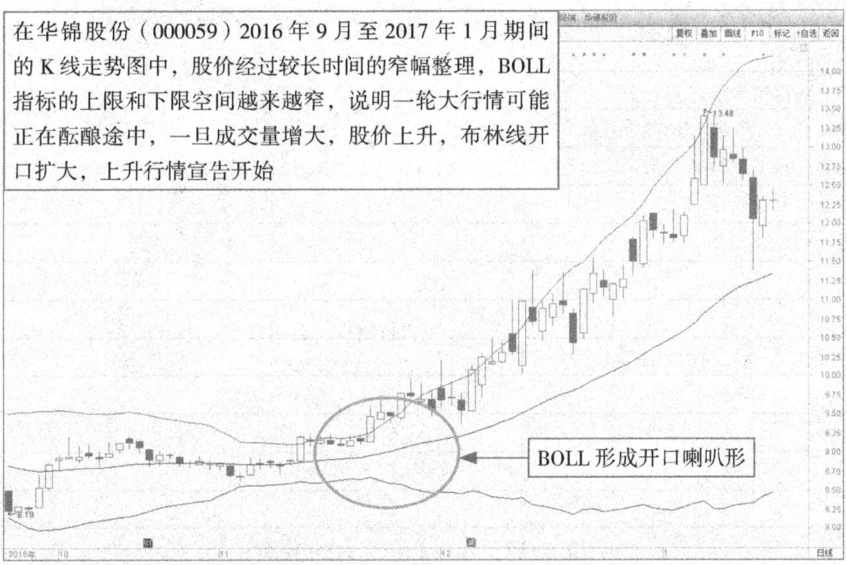

图 6-11　华锦股份 K 线走势图

6.2.4　利用多空指标（BBI）找买卖点

多空指标（Bull And Bear Index，BBI）是针对普通移动平均线（MA）指标的一种改进。任何事物都需要在不断推陈出新的改进中才能进步发展，技术指标也不例外。由于 BBI 指标判断多空的特性，对一些成长性较好的股票有特殊的指导意义。如果将该指标用在周线图中，则会收到意想不到的效果。

BBI 指标是一种将不同日数移动平均线加权平均之后的综合指标，属于均线型指标，一般选用 3 日、6 日、12 日、24 日等 4 条平均线。在使用移动平均线时，投资者往往对参数值选择有不同的偏好，而多空指标恰好解决了中短期移动平均线的期间长短合理性问题。

在 BBI 指标中，近期数据较多，远期数据利用次数较少，因而是一种变相的加权计算。由于多空指标是一条混合平均线，所以既有短期移动平均线的灵敏，又有明显的中期趋势特征，适于稳健的投资者。

股价由升穿 BBI 线，之后跌穿 BBI 线，同时 BBI 线也开始转为向下，说明股票牛市已经结束，迎接下来的便是熊市的到来了。股价在 BBI 指标以上运行的时间越久便说明跌穿 BBI 指标发出的卖出信号也就越准确。

图 6–12 所示为广州浪奇（000523）2016 年 9 月至 12 月的 K 线走势图，可以很清晰地看到图中所画圈，K 线突破 BBI 线，到后市又开始跌破 K 线，BBI 指标先后指出买入和卖出信号，投资者可以在这几个交易点进行买入、卖出操作。

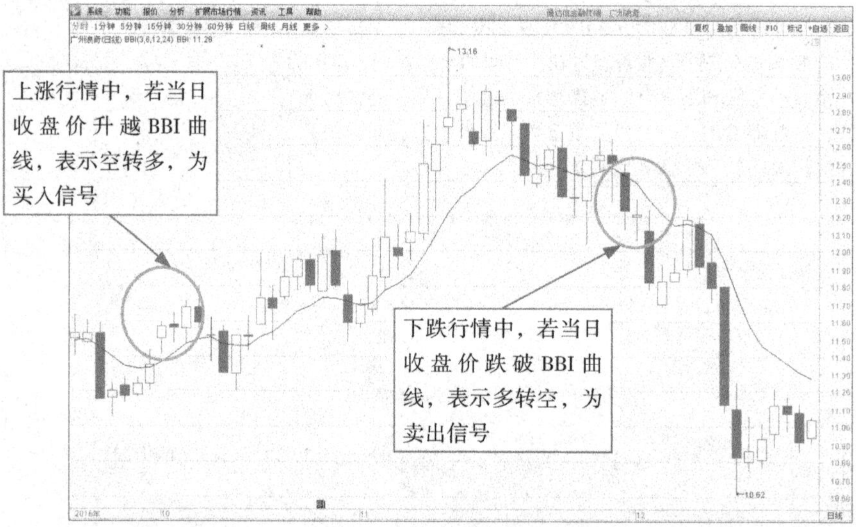

图 6–12　广州浪奇 K 线走势图

投资者在运用 BBI 技术指标时应注意以下几点。

- 本质上来说，BBI 技术指标与移动平均线差别不大，因而移动平均线的运用窍门，均适用于 BBI 技术指标。
- BBI 技术指标更适合用于单边的趋势性行情，在盘整走势中十分简单地频频宣布买卖信号。指标信号的频发现象，特别在趋势不明朗时，这种现象更为严重。
- 相对股价变化，BBI 技术指标具有必定的滞后性。这一点在研判短期走势时十分显著。常常会发生股价已接近短期头部时，BBI 才出现买入信号，股价已接近短期底部时，BBI 才出现卖出信号。

在移动平均线指标 MA 中，设置了多条平均线，分成长、中、短期，并且同时应用，相互比对，非常有效地弥补了单一平均线的缺陷。而 BBI 指标只设置了一条平均线，仅起到了短期多空分水岭的作用。

BBI 指标剖析股票运转趋势有极好的参阅效果，可是投资者在实际操作，要注意和技术指标结合起来一同判别，才能够进步准确性。

6.2.5 利用随机指标（KDJ）找买卖点

随机指标（KDJ）是由乔治·莱恩（George·Lane）首创的。它是通过当日或最近几日最高价、最低价及收盘价等价格波动的波幅反映价格趋势的强弱。KDJ 是一个超买超卖指标，其通过当日或最近几日最高价、最低价及收盘价等价格波动的波幅，反映价格趋势的强弱。

KDJ 指标由 K 线、D 线和 J 线共同组成，其中，K 值、D 值和 J 值的取值范围都是 0 ~ 100：当 K、D、J 的值在 20 线以下为超卖区，视为买入信号；K、D、J 的值在 80 线以上为超买区，视为卖出信号；K、D、J 的值在 20 ~ 80 线之间为徘徊区，投资者应观望。

在 KDJ 指标中，当 J 线和 K 线几乎同时向上突破 D 线形成的交叉即为金叉，根据金叉别出现的位置不同，其盘面意义也不同。

（1）低位金叉：股价大幅下跌运行到低位，KDJ 曲线在 20 线附近徘徊形成金叉，股价放量向上突破中长期均线时，说明行情即将逆转，此时的 KDJ 金叉就是低位金叉，投资者可考虑买入，如图 6–13 所示。

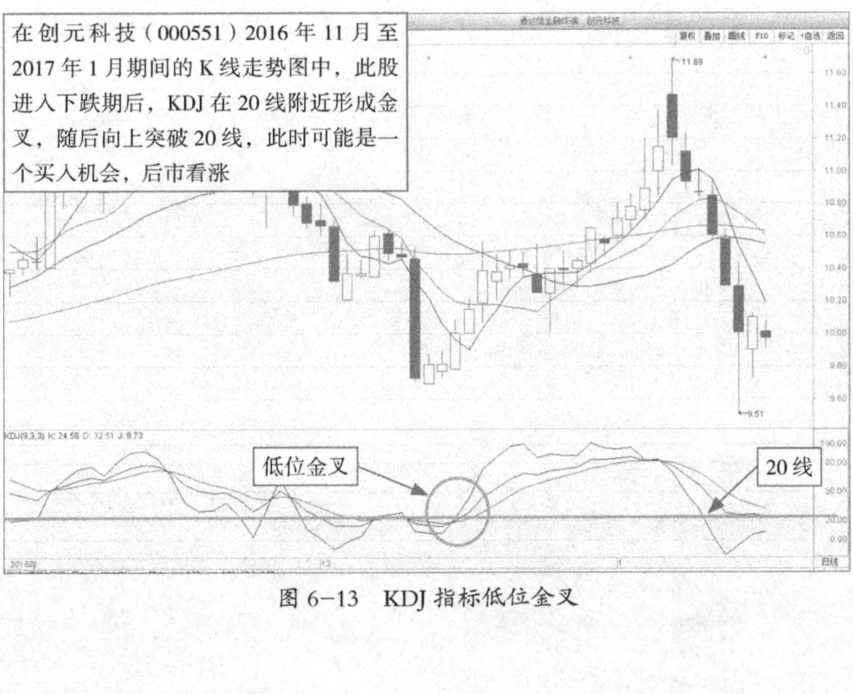

图 6–13 KDJ 指标低位金叉

（2）中位金叉：当股价经过一段较长时间的中位盘整期，KDJ 曲线在 50 线附近徘徊形成金叉，股价放量向上突破中长期均线，说明行情可能转强，此时的 KDJ 金叉就是中位金叉，中短投资者可建仓介入。

（3）高位金叉：当股价大幅上涨后在中高位盘整，KDJ 曲线处于 80 线附近徘徊形成金叉，并伴随放量，说明股市处于强势之中，股价短期内将再次上涨，此时的 KDJ 金叉就是高位金叉，短线投资者可参与获利。

专家提醒

在 KDJ 指标中，当 J 线和 K 线几乎同时向下跌破 D 线形成的交叉即为死叉，根据金叉别出现的位置不同，其盘面意义也不同。

（1）中位死叉：当股价经过较长时间的下跌后，股价反弹在中长期均线下方受阻，KDJ 曲线向上未突破 80 线，最终在 50 线附近徘徊形成中位死叉，说明行情处于极度弱市，股价将继续下跌，投资者应离场观望。

（2）高位死叉：当股价大幅上涨运行到高位，KDJ 曲线处于 80 线附近形成死叉，同时股价向下跌破中短期均线，说明上涨行情即将结束。此时形成高位死叉，投资者应逢高卖出。

CHAPTER 7

第7章 明明白白投资基金

学前提示

俗话说：“存银行不甘心，炒股票不放心，做地产不安心，买基金最省心”。这句话很好地形容了基金在投资市场上的重要地位，基金以其稳健、易于打理等特点，日渐获得广大投资者的青睐。

要点展示

- 基金：间接的证券投资理财方式
- 规避风险：基金投资的制胜之道
- 基金的选择技巧

7.1 基金：间接的证券投资理财方式

在投资市场非常发达的美国，半数以上的家庭都投资共同基金，家庭中大部分资产以基金的形式存在，以这种普通民众的投资方式，通过基金实现财富积累。要投资基金首先要了解什么是基金、基金的特点，以及为什么要投资基金。

7.1.1 认识基金的概念和特点

投资基金是一种利益共享、风险公担的集合投资制度，即指按照共同投资、共享收益、共担风险的基本原则，运用现代信托关系的机制，以基金方式将众多投资者分散的资金集中起来以实现预期投资目的的投资组织制度。投资者可以从以下两方面进行了解。

（1）集资目的。基金是指专门用于某种特定目的并进行独立核算的资金，如养老保险基金、退休基金、救济基金及教育奖励基金等。

（2）组织性质。基金是指管理和运作专门用于某种特定目的并进行独立核算的资金的机构或组织，如财政专项基金、高校中的教育奖励基金、保险基金等。

基金一般以“基金单位”为单位，是基金投资者认购基金的固定金额单位，也是投资者认购基金最低的投资金额。在基金初次发行时，将其基金总额划分为若干等额的整数份，每一份就是一个基金单位。初次发行结束后，基金单位均以其净资产值计价。基金资产净值（NAV，Net Asset Value）是指基金资产总值减去按照国家有关规定可以在基金资产中扣除的费用后的价值，是衡量一个基金经营好坏的主要指标。

7.1.2 基金的运作流程

基金的运作包括基金的市场营销、基金的募集、基金的投资管理、基金资产的托管、基金份额的登记、基金的估值与会计核算、基金的信息披露及其他基金运作活动在内的所有相关环节。投资基金的运作流程一般可以分为 3 步。

（1）投资者资金汇集成基金：也就是说投资者资金通过基金投资者，利用基金购买的渠道进行汇集后成为基金。

（2）基金委托投资专家：通常也称为基金管理人投资运作，其中，投资者、基金管理人、基金托管人通过基金契约方式建立信托协议，确立投资者出资（并享有收益、承担风险）、基金管理人受托负责理财、基金托管人负责保管资金三者之间的信托关系；

基金管理人与基金托管人（主要是银行）通过托管协议确立双方的责权。

（3）基金管理人经过专业理财，将投资收益分给投资者：在我国，基金托管人必须由合格的商业银行担任，基金管理人必须由专业的基金管理人担任。基金投资人享受证券投资基金的收益，同时也要承担亏损的风险。

投资基金运作流程如图 7-1 所示。

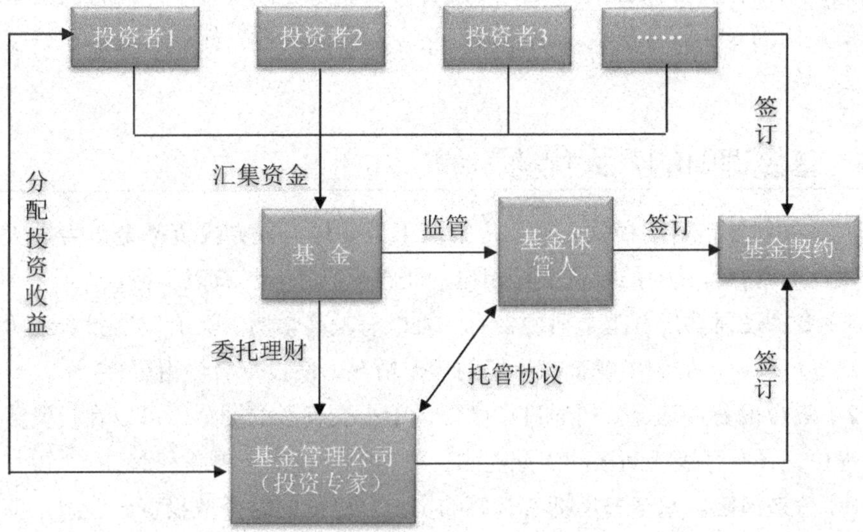

图 7-1 投资基金运作流程

7.1.3 了解基金的当事人

基金的当事人主要包括基金投资者、基金管理人、基金托管人，如图 7-2 所示。

图 7-2 基金的主要当事人

（1）基金投资者：基金投资者是基金出资人、基金资产所有者和基金投资收益受益人。在公司型基金中，基金投资者是基金公司的股东。公司型基金的公司章程、契约型基金的基金契约均对基金投资者的权利和义务作出明确规定。

（2）基金管理人：基金管理人负责基金资产投资运作。在不同的基金市场上名称有所不同，如美国“投资顾问公司”或“资产管理公司”、日本的“证券投资信托委托公司”“投资信托公司”“投资顾问公司”和我国的“证券投资信托公司”，我们则将其称作“基金管理公司”。

（3）基金托管人：基金托管人通常由具备一定条件的商业银行、信托公司等专业性金融机构担任，负责保管基金资产。在公司型基金运作模式中，托管人是基金公司董事会所雇佣的专业服务机构。在契约型基金运作模式中，托管人通常还是基金的名义持有人。

7.1.4 基金理财的八大优势

与股票、债券、定期存款、外汇等投资工具一样，证券投资基金也为投资者提供了一种投资渠道。与其他的投资工具相比，证券投资基金具有以下特点。

（1）专家理财。投资基金后便会有一批既有较高学历、又有丰富投资经验的专家帮助用户进行理财。他们了解金融市场的运作情况，使投资者赚得更多。

（2）集合投资。基金公司通过集中大量中小投资者的资金，可以在投资活动中处于强势地位，具有直接或间接的支配能力，可为投资者带来更高利润。

（3）分散风险。基金公司拥有雄厚的实力，可以同时分散投资于股票、债券、现金等多种金融产品，分散了对个股集中投资的风险。

（4）成本低廉。目前的开放式基金起点金额一般是1000元人民币，而且还可以享受税收上的优惠。

（5）手续简便。基金投资的手续费用比较低，而且操作简单，投资者只要以电话或邮寄填妥表格的方式认购，即可购买基金。

（6）套现灵活。基金大多有较强的变现能力，可以随时出售所持有的基金。

（7）严格监管。基金投资由中国证监会进行非常严格的监管，保障资金运行的安全性，并对各种有损投资者利益的行为进行严厉的打击。

（8）独立托管。基金公司不但负责基金的投资操作，为用户记录税务和投资所需的文件，还可以为投资者提供准确且详细的年结单。

7.1.5 基金常用名词一览

了解基金名词术语是投资基金的必备因素，对于正在购买基金的新基民来说，快速了解这些名词对具体的投资有很大的帮助。表7-1为基金常用名词列表。

表 7-1　基金常用名词

常用名词	基本含义
基金资产总值	是指一个基金所拥有的资产（包括现金、股票、债券和其他有价证券及其他资产）于每个营业日收市后，根据收盘价格计算出来的总资产价值。基金资产总值指基金所持有的各类有价证券、银行存款本息、基金的应收款项和其他投资所形成的价值总和
基金资产净值	是指在某一基金估值时点上，按照公允价格计算的基金资产的总市值扣除负债后的余额。该余额是基金份额持有人的权益
基金资产估值	是指通过对基金所拥有的全部资产及所有负债按一定的原则和方法进行估算，进而确定基金资产公允价值的过程
基金拆分	是在保持投资人资产总值不变的前提下，改变基金份额净值和基金总份额的对应关系，重新计算基金资产的一种方式
开放日	指为投资者办理基金申购、赎回等业务的工作日
T 日	指销售机构在规定时间受理申购、赎回、基金转换或其他基金交易的申请日
T+n 日	指 T 日后（不包括 T 日）第 n 个工作日
建仓	对于基金公司来说就是指一只新基金公告发行后，在认购结束的封闭期间，基金公司用该基金第一次购买股票或者投资债券等（具体的投资要根据该基金的类型及定位来确定）。对于私人投资者，建仓就是指第一次买基金
持仓	即投资者手上持有的基金份额
加仓	是指建仓时买入的基金净值涨了，继续加码申购
补仓	指原有的基金净值下跌，被套一定的数额，这时在低位追补买进该基金以摊平成本
满仓	是把投资者所有的资金都买了基金，像仓库满了一样。大额资金投入的叫大户，小额投入的叫散户
半仓	即用一半的资金买入基金，账户上还留有一半的现金。如果是用 70% 的资金叫六成仓……可以此类推。如投资者有 3 万元资金，1.7 万元买了基金，就是半仓，称半仓操作。它表示没有把资金全部投入，是降低风险的措施
重仓	是指一只基金买某种股票所投入的资金占总资金的比例最大，这种股票就是这只基金的重仓股。同理如果投资者买了 3 只基金，有 77% 的资金都投资在其中一只上，那么这只基金就是重仓；反之即为轻仓
空仓	即把某只基金全部赎回，得到所有资金。或者某人把全部基金赎回，手中持有现金

续表

常用名词	基本含义
平仓	平仓容易和空仓搞混，应注意区分。平仓即买入后卖出，或卖出后买入。具体地说，比如今天赎回易方达基金，等赎回资金到账后，又将赎回的资金申购上投成长先锋，相当于用调整自己的基金持有组合，但资金总额不变。如果是做多，则是申购基金平仓；如果是做空，则是赎回基金平仓
做多	表示看好后市，现以低净值申购某基金，等净值上涨后收益
做空	认为后市看跌，先赎回基金，避免更大的损失。等净值真的下跌再买入平仓，待净值上涨后赚取差价
踏空	由于基金净值一直处于上涨之中，净值总是在自己的心理价位之上，无法按预定的价格申购，一路空仓，就叫踏空
逼空	基金涨势非常强劲，基金净值不断抬升，使做空者（即后市看跌而先期卖出的人）一直没有好的机会介入，亏损不断扩大，最终不得不在高位买入平仓，这个过程叫逼空
套期保值	是指改变基金的投资类型，以保证资金不减少。例如，为使保证基金不被套，在市场不景气的时候可以把股票基金转为货币基金避险

7.2 规避风险：基金投资的制胜之道

正所谓“小心驶得万年船”，投资者要想很好地从投资中获利，必须充分明确基金投资的风险和误区，并加以衡量和防范。

7.2.1 基金投资的五大风险

基金是一项较为稳健，且有专家打理的投资工具。但只要是投资行为就会有风险，而且投资风险的大小与投资项目的收益是成正比的，风险越大其收益就越高；风险越小收益也会相对较少。基金也同样具有这样的特点。

投资基金主要有以下五大风险。

（1）流动性风险。流动性风险是指投资者在需要卖出时面临的变现困难和不能在适当价格上变现的风险。

（2）金融市场风险。金融市场风险是指由于政治、经济或上市公司的经营情况等方面的影响和变化，导致有价证券价格的下跌，从而给基金持有人带来的损失。

（3）运作机构风险。由于参与基金的成立、运作涉及不同的机构，如果基金经纪公司的经营或管理等出现了问题，将会给投资者带来资金损失的风险。

（4）基金投资品种风险。不同的基金投资，有着不同的投资风险。收益型基金投资风险较低、平衡型基金风险居中，而成长型和股票型基金投资风险最高。

（5）申购、赎回价格未知风险。由于开放式基金的申购数量和赎回金额是按照基金交易日的单位基金资产净值加减有关费用计算，因此存在申购、赎回价格未知的风险。

7.2.2 操作基金的七大误区

投资者除了对于基金的理解容易产生错误的理解外，在进行基金投资的操作过程中，也会存在着多种误区。

（1）进行波段操作。波段操作是一些短线投资者常用的股票操作手段，但基金不能完全准确地判断所谓的“高位”和“低位”，因此在基金的投资中并不适合。

（2）缺乏核心组合。在基金的投资过程中，有很多的基民虽然付出了很多，但是收益却并不是很理想，其中重要的原因之一就是没有建立基金的核心组合。

（3）持有基金数目过多。购买多只基金能够在一定程度上避免风险，但却并不明显。在基金投资中，要想避免风险最重要的应该是看基金经理的投资策略。

（4）把死守当长期持有。长期持有不等于死守不放，而应顺应不同的时机、环境与个人的投资目标及阶段，建立最适合自己的资产配置和投资组合。

（5）倾其所有投资基金。倾其所有进行投资基金，既影响了正常的生活开支，也应付不了不时之需，同时，遇到市场下跌，投资心态也会受到很大的影响。

（6）直接交给基金公司。对于投资者来说，了解投资基金的经营变动情况和市场上优秀基金的业绩表现，定期检查投资收益，根据市场的节奏变化，及时转换手中的基金，十分必要。

（7）忽略基金投资细节。在基金的投资过程中，有些基民只注意大环节，而忽略了一些细节性的问题，从而增加了投资成本和风险，减少了收益。

7.2.3 树立正确的投资心态

马克思说：“一旦有20%的收益，资本就活跃起来。”虽然基金投资是再简单不过的事情，但是大多数人都不可能完全理解和掌握。因此，很多人容易对基金产生主观上的误解，主要包括以下7个方面。

（1）把基金当股票。基金的优势在于其长线价值，对于广大散户来说，买了基金就多省省心，不要把基金当股票炒。

（2）没有明确的投资目标。投资者必须多了解基金的基础知识，制定明确的投资目标，并明白如何进行投资。

（3）买基金没有风险。基金是专家代理投资者进行投资理财，和任何投资一样，任何时候买基金都存在风险。

（4）基金越便宜越好。基金的卖出净值比买入净值高出的幅度，即净值增长率，才是判断基金赚钱能力的重要指标，而不是买入时净值的高低。

（5）基金分红越多越好。对于具有长期投资价值的基金来讲，多分红将使投资者得到更多的现实收益，但也使投资者失去了应有的长期投资机会。

（6）盲目崇拜基金经理。投资者在进行选择基金经理时，应该重点观察他的为人、水平和口碑，要对基金经理的投资风格和能力有一定感性认识。

（7）见异思迁。由于基金配置的资产不同而会呈现不同的风险收益特征，因此，投资者要保持冷静，不能见异思迁，盲目地对基金产品进行追涨杀跌的操作。

因此，投资者选择基金时应树立正确的投资心态。投资基金是一个长期的理财方式，如果投资者都把基金当作股票一样买卖，频繁申购、赎回，不仅徒增交易成本，而且错失基金长期投资带来的收益，建议尽量避免频繁操作。

另外，在选择基金时，投资者要考虑自己的理财目标及风险承受能力。目前，市场中销售的基金分为4种类型，分别为股票型、债券型、货币型、混合型。类型不同，对应的收益和风险特征各不相同。如果投资者风险承受能力较强，就可以考虑投资风险较大但收益率也相对较高的股票型基金。如果投资者比较保守，则可以考虑购买债券型基金或者货币型基金。

7.2.4 防范基金投资的风险

基金投资者可能要面对来自包括市场、基金机构等各个方面的风险，那么投资者该如何防范呢?

（1）进行基金定投。基金定投是降低投资风险的有效方法。

（2）用少量资金“试水”。投资者可以先将少量资金作为购买基金的投资试探，以此作为是否大量购买的依据，可以减少基金买进过程中的盲目性和失误率，从而降低投资者的投资风险。

（3）分散投资基金。当集中投资组成一个投资组合时，其组合的投资报酬是个别投资的加权平均，其中涨跌的作用也会相互抵消，从而降低风险。

（4）长期持有基金。长期持有基金不但操作成本较低，而且投资者不会出现难以选择的问题。

（5）正确认识基金排名。实际上，基金评级的结果只是在帮助投资者缩小筛选范围。因此，投资者应当将排行榜视为一种参考，而不是唯一的标准。

7.3 基金的选择技巧

“正确的选择是成功的前提”，基金的品种很多。要想正确地选择基金，投资者必须了解基金的选择原则和依据，掌握基金公司和基金经理人的选择，以及如何选择适合自己的投资方式等。

7.3.1 选择基金的五大基本原则

市场上的基金产品有很多类型，而同类基金中各只基金也有不同的投资对象及不同的投资策略等。因此，挑选基金应该遵循以下几点原则。

（1）选择业绩好的基金。基金的业绩包括短期、中期与长期业绩及业绩的持续能力等，投资者要考虑投资的安全性、流动性及现金分红等方面。

（2）选择可以承受住风险的基金。只有找到最适合自己家庭的基金投资，才会更好把握投资时的风险。

（3）选择适应当前市场的基金。由于不同类型的基金有很大的差异性，所以投资者应选择最适合当前市场特点的基金进行投资。

（4）选择成本低的基金。例如，买卖货币市场基金一般都免收手续费、认购费、申购费及赎回费，资金进出很方便，既降低了投资成本，又保证了流动性。

（5）选择基金组合进行投资。如果每支基金的投资范围雷同，那就会出现“一荣俱荣、一损俱损”的局面，风险太过集中，实不可取。

7.3.2 选择有发展潜力的基金

投资者在选择基金时，应关注基金日后的升值空间，而非基金现在的市场价格。下面将给投资者提供一套行之有效地选择“潜力基金”的方法。

（1）分析基金的基本面。基金的所谓基本面主要包括基金公司管理、投资管理、服务管理的综合实力。在风云变幻的市场上，经过历练的投资团队胜算会更高。

（2）观察基金的运作情况。买了基金后还需要观察基金公司的投资风格是否稳健、业绩是否良好、服务是否跟得上等。

（3）采取“定期定投”的申购方式。“定期定投”是指设定一个日期，每个月银行就会在那天自动扣款，购买所指定的基金。这种方式可以规避股市调整所出现的风险，还能利用每个月的固定拥有基金的潜在价值来加快家庭的资产增值。

（4）利用复利的投资方法进行投资。复利投资是指利息除了会根据本金计算外，新得到的利息同样可以生息，因此俗称“利滚利”或“利叠利”，会使所拥有的基金具有发展潜力。

（5）分析预购老品种基金的获利能力。申购老品种基金类型时，则应该注意该基金的上市时间、资产规模、抵御风险能力和累计份额的大小程度，从而分析它的收益情况是否良好。

另外，投资者在选择一只基金前，在网上查看该基金的行情走势是十分必要的工作。下面以天天基金网为例，介绍通过分析基金行情发掘潜力基金的方法。

步骤 1 进入天天基金网，在搜索文本框中输入基金代码或关键字，单击“搜索”按钮，如图 7-3 所示。

步骤 2 执行操作后，进入所查询的基金行情页面，可以查看该基金的盘中实时净值估算图等基本信息，如图 7-4 所示。

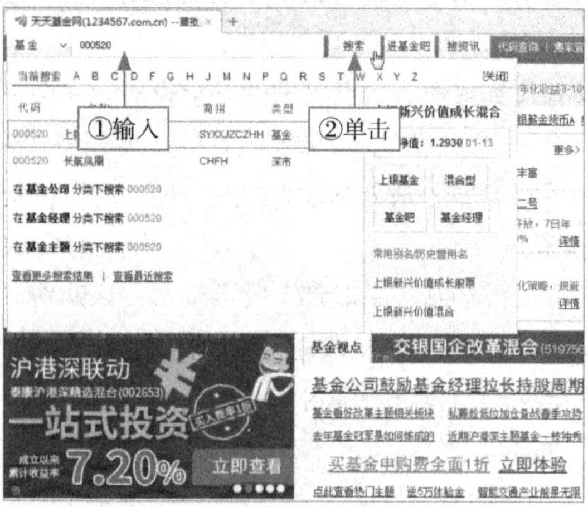

图 7-3　单击“搜索”按钮

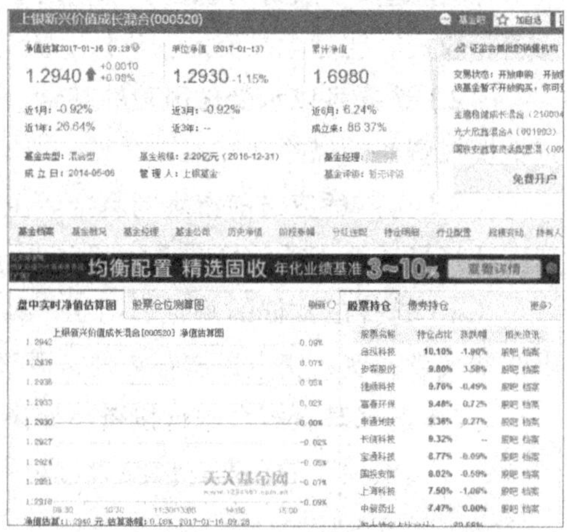

图 7-4　基金行情界面

步骤 3 在页面下方，还有很多基金行情内容，可以逐一查看。例如，阶段涨幅可以帮助用户查看与预判该款基金在各个阶段的涨跌，如图 7-5 所示。

步骤 4 “历史净值”界面可以帮助用户了解该基金的历史收益变化情况，如图 7-6 所示。

步骤 5 “累计收益率走势”可以直观地展示该基金的历史收益变化，帮助用户判断高点位置，如图 7-7 所示。

步骤 6 “同类排名走势”界面是从走势图的角度来比较该基金在同行业基金中的表现，如图 7-8 所示。

图 7–5 “阶段涨幅”界面

图 7–6 “历史净值”界面

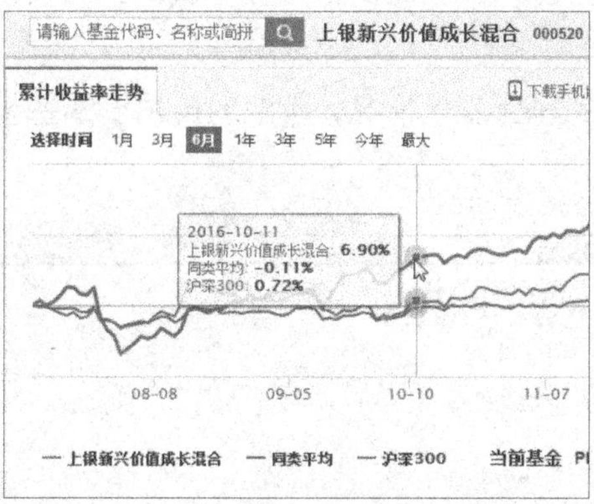

图 7–7 “累计收益率走势”界面

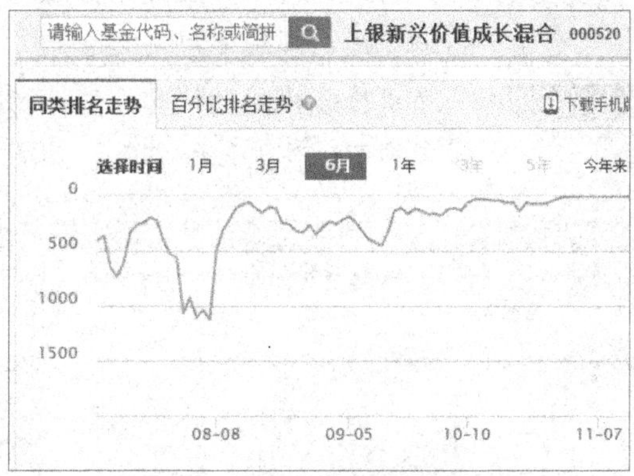

图 7–8 “同类排名走势”界面

步骤 7 “资产配置”界面以柱形图的形式表现了该款基金各投资对象的占比，可直接判断风险大小，如图 7-9 所示。

步骤 8 “行业配置”界面表现的是该款基金投资对象所在的行业，有利于从宏观经济数据上分析基金表现，如图 7-10 所示。

专家提醒

通常情况下，机构博弈的因素并不是决定行业表现的决定性因素，最多影响的只是行业上涨或者下跌的幅度，建议投资者还是更多从行业景气角度把握投资机会。

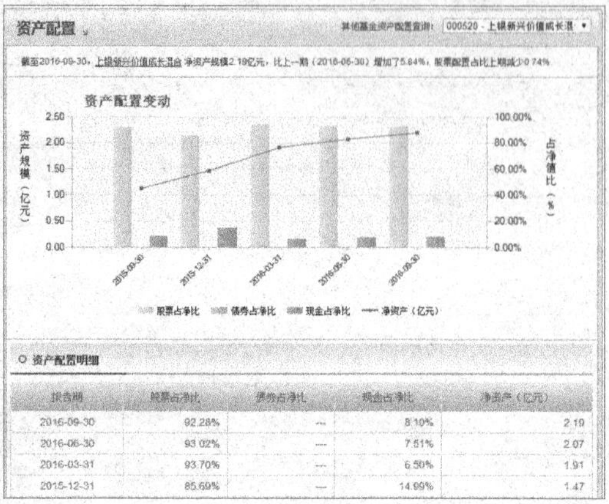

图 7-9 “资产配置”界面

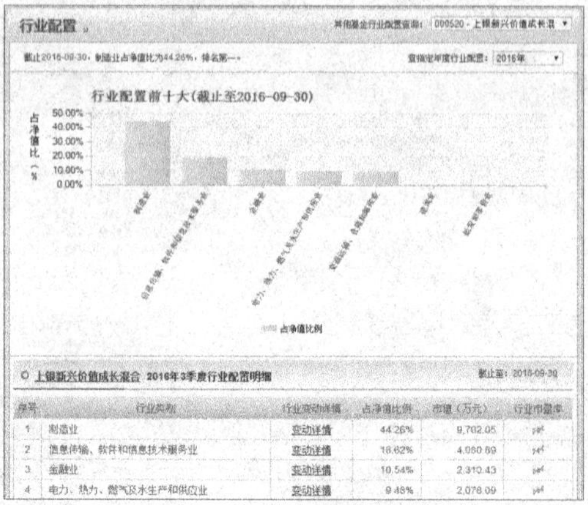

图 7-10 “行业配置”界面

步骤 9 “持有人结构”界面显示该款基金的持有人占股比例，一般为机构、个人、内部三种，如图 7-11 所示。

步骤 10 “净资产规模变动”界面显示该基金的净值变化情况，可帮助用户了解基金投资者或机构的最新动向，如图 7-12 所示。

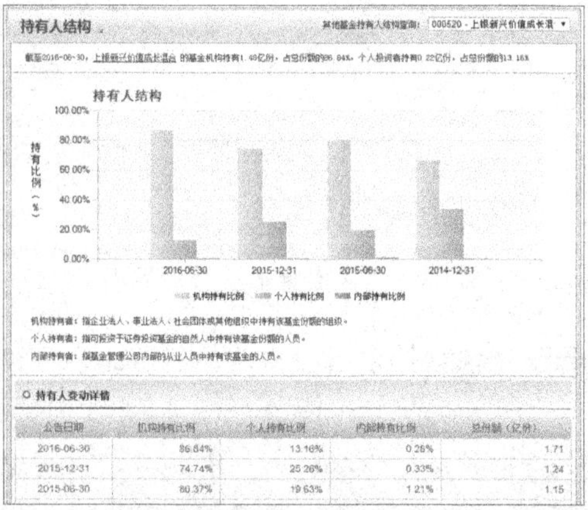

图 7-11 “持有人结构”界面

图 7-12 “净资产规模变动”界面

7.3.3 根据投资期限选择基金

期限长的基金可以降低损失的风险，获取市场长期上涨的收益。期限短的基金可以享受赚钱的喜悦，但容易错过大的行情令人追悔莫及。投资期限的长短直接决定着投资者的投资行为，那么根据投资期限的长短如何选择基金呢?

（1）短期投资。投资期限在两年以内为短期投资，其投资的重点则应该放收入型的封闭式基金上。这样容易变现，又能获得短期收益。

（2）中期投资。投资期限在两年至5年之间为中期投资，可以组合股票类基、债权型或平衡型基金，以获得比较稳定的现金流入。

（3）长期投资。投资期限在5年以上为长期投资，从收益的角度来看，建议选择一些成长性较好的行业基金。

7.3.4 根据年龄阶段选择基金

不同年龄阶段的投资者，其收入、心态和所承受的压力各不相同，因此，不同的年龄阶段所选择的基金产品也会不尽相同。

（1）青年投资者。通常情况下，青年阶段大多经济能力不强、家庭负担较轻，缺乏理财知识，可以进行长期、持续的基金定投，建议以货币基金为主，也可以尝试一下债券基金，有经济条件的可以从大盘型指数基金着手，逐步学习基金理财知识。

（2）中年投资者。中年阶段的家庭基本特点都是收入稳定，生活也基本处于安稳的状况。这类家庭投资选择的大多是合理的基金组合，即在高风险产品的基础上，进行适当比例的稳健产品配置。

（3）老年投资者。老年人投资理财应注意安全投资、防范风险，可选择稳健、安全、保值的基金产品，如货币市场基金、国债及短债型基金、保本基金等。

7.3.5 根据风险能力选择基金

不同的基金产品其风险程度各异，收益和风险是相互关联的，往往收益高的产品其风险也大。投资者可以在网上进行投资风险承受能力测试，以了解自己的投资风险承受能力。以博时基金为例，其风险评测的操作方法如下。

步骤 1 进入博时基金主页，单击“博时投资汇”链接，如图7-13所示。

图7-13 单击“博时投资汇”链接

步骤 2 单击“博时投资汇”菜单栏中的“理财在线”按钮，如图 7-14 所示。

步骤 3 单击“理财在线”菜单栏中的“基金工具”按钮，如图 7-15 所示。

图 7-14 单击“理财在线”按钮

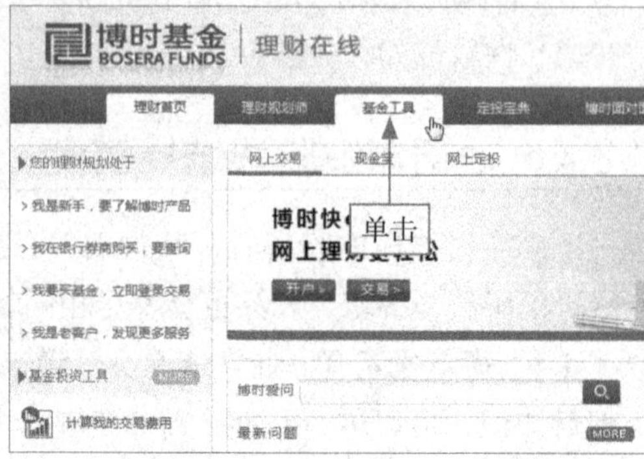

图 7-15 单击“基金工具”按钮

步骤 4 执行操作后，进入“基金工具”页面，单击“测试我的风险类型”按钮，根据实际情况进行风险评测，如图 7-16 所示。风险测评完成后，单击下方的“确定”按钮。

步骤 5 执行上述操作后，即可显示测评结果，如图 7-17 所示。

图 7-16 “测试我的风险类型”界面

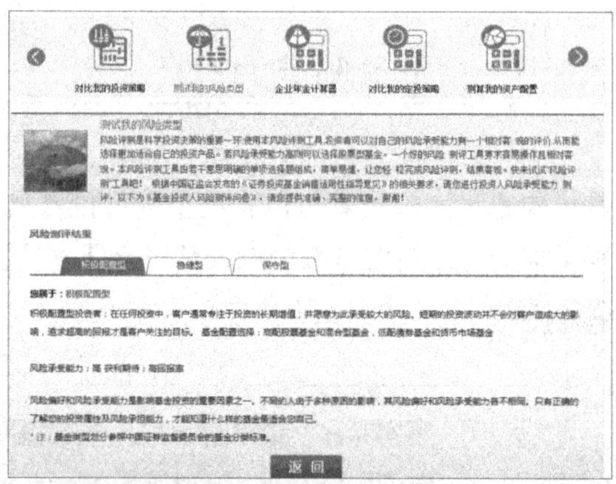

图 7-17 评测结果显示

根据投资者的风险承受能力选择基金的主要原则如下。

- 保守型投资者可以选择货币市场基金。
- 稳健型投资者可以选择债券型基金。
- 积极型投资者可以选择指数增加型基金。
- 激进型投资者可以选择偏向于股票型基金。

7.3.6 结合自身情况多元化选择

随着基金业的迅速发展，基金数目和品种日益丰富，并且逐步走进千家万户。广大投资者在进行投资时，最好请专业的基金管理人对自己的固定资产进行多元化的投资组合。选择多元化投资的方法如下。

（1）分析基金投资组合的整体收益。当组合中多数投资项表现不佳时，整个组合是否得当就值得斟酌了。

（2）仔细分析高收益的单项基金投资对组合整体风险的影响。因为高收益的投资往往伴随着高风险，当市场发生动荡的时候，高风险产品很容易使投资者产生非常严重的亏损。

（3）观察基金投资组合的整体表现，分析各项基金投资在整个组合内的作用。如果只纠结于某只基金的投资结果而忽视组合收益，就像盲人摸象一样片面。

因为每个投资者的情况都各不相同，而且承受风险的能力也各不相同，所以在选择基金时，投资者就应结合自身的情况，多元化的选择适合的基金组合。这样才能使收益最大化。

7.3.7 根据基金的评级选择基金

众多基金产品与投资者的盲目投资成了突出矛盾，如何投资适合的基金，如何从上百只基金中挑选出基金便也成了市场中亟待解决的问题，而基金评级却正是解决这一问题的良药。以天天基金网为例，查看基金评级的方法具体如下。

步骤 1 进入天天基金网，单击“基金评级”按钮，如图 7-18 所示。

步骤 2 执行操作后，即可进入“基金评级”页面，默认显示全部基金的评级总汇，如图 7-19 所示。

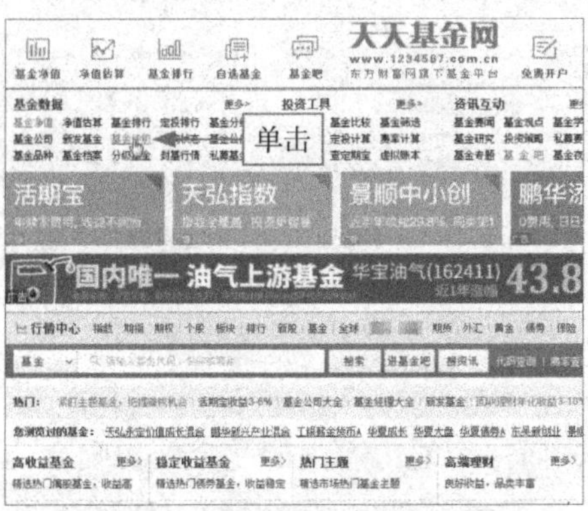

图 7-18 单击“基金评级”按钮

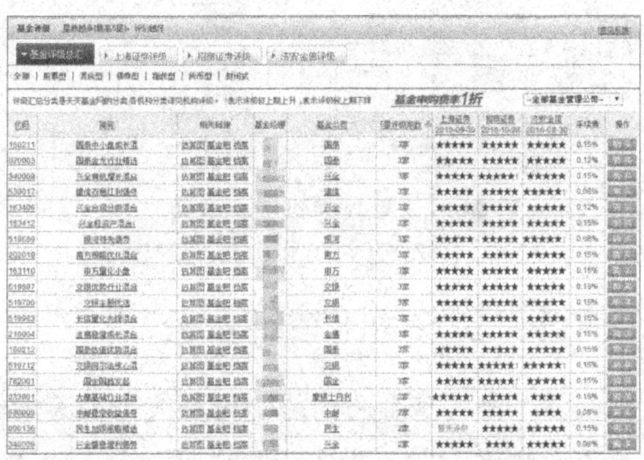

图 7-19 “基金评级”界面

步骤 3 用户可以设置相应条件，查看特定范围内的基金评级。例如，单击“股票型”链接，即可查看所有股票型基金的评级，如图 7-20 所示。

步骤 4 在“全部基金管理公司”下拉列表中选择“嘉实基金”选项，即可查看嘉实基金管理公司旗下的所有基金评级情况，如图 7-21 所示。

图 7-20 根据基金类型查看

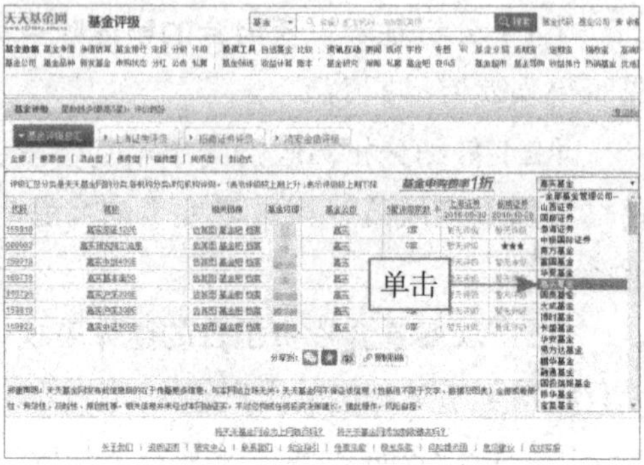

图 7-21 根据管理公司查看

步骤 5 单击“海通证券评级”按钮，用户还可以切换查看该评级公司对基金的评级情况，如图 7-22 所示。

步骤 6 单击评级列表顶部的“3 年评级”链接，用户还可以切换查看升序或降序的评级情况，如图 7-23 所示。

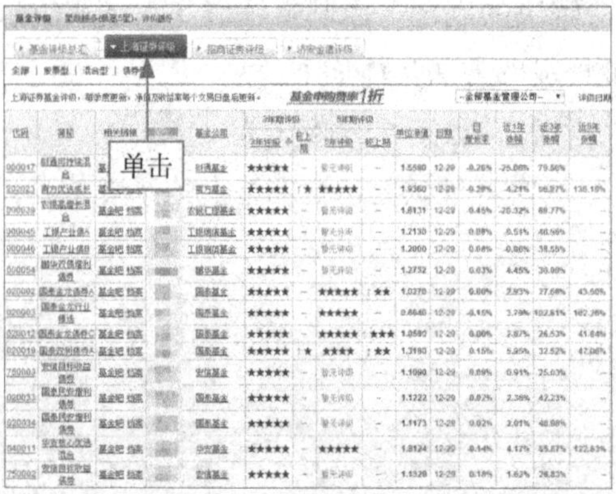

图 7-22 根据评级公司查看

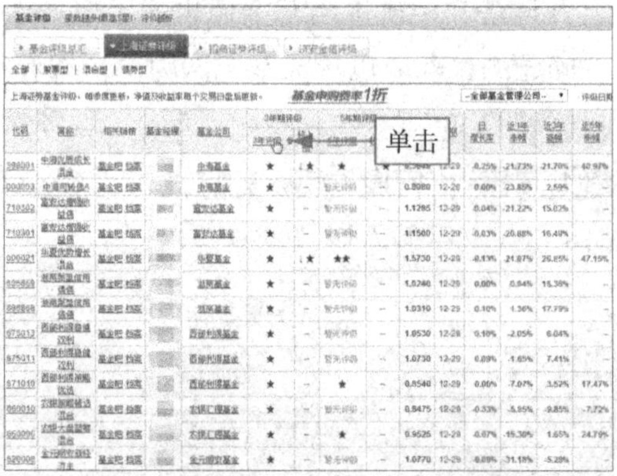

图 7-23 切换查看升序或降序

7.3.8 多方面比较基金公司

一个好的基金公司能给投资人带来滚滚红利，而一个能力不强的基金公司则会让投资人血本无归。投资者可以通过天天基金网快速了解基金公司的详情，如图 7-24 所示。

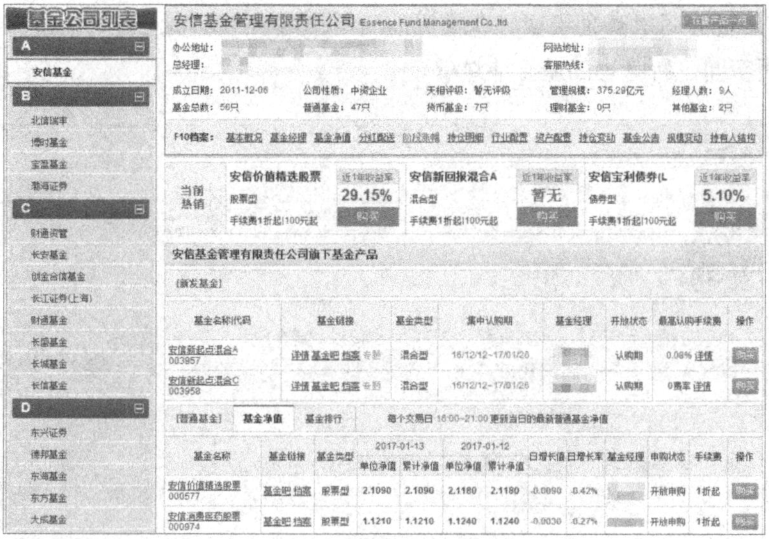

图 7-24　基金公司详情

选择基金公司的具体方法如下。

（1）多角度分析公司能力。在选择基金管理公司前要对其能力进行全面分析：规范的机构和稳定的股权、基金业绩的持续性、公司的形象、信誉及服务质量等。

（2）基金公司的 4P 标准。4P 标准包括投资理念、团队专业能力、严密科学的投资流程及绩效。用 4P 标准来考察基金，投资者就可以基本把握优质的基金公司和基金产品。

（3）慎重对待基金广告。投资者在阅读基金广告时，应注意分析以下几点：预期收益不等于固定收益、最高业绩不等于平均业绩、不提示风险不等于没有风险。

7.3.9　严格筛选基金经理

基金管理人也称为基金经理，是基金资产的管理者和运用者。投资者若能够精挑细选出那些严格遵守基金契约、具备坚定的投资理念和风险控制流程的基金管理人，则致富愿望也定能逐步实现。投资者可以通过天天基金网快速查看基金经理的详情，如图 7-25 所示。

投资者在选择基金经理时，可以从以下几个方面分析。

（1）良好的道德操守。基金管理人是否能够严格遵守基金契约规定，严格遵守法律法规。

（2）注重经理人投资风格。投资风格至关重要，缺乏投资风格的基金管理人只能获得市场的平均利润，而具备鲜明投资风格的基金管理人往往能够持续获得超额投资回报。

（3）是否为明星基金经理。在投资前简单了解一下基金经理的情况：学历、从业经历、负面新闻、所管理的基金业绩等。

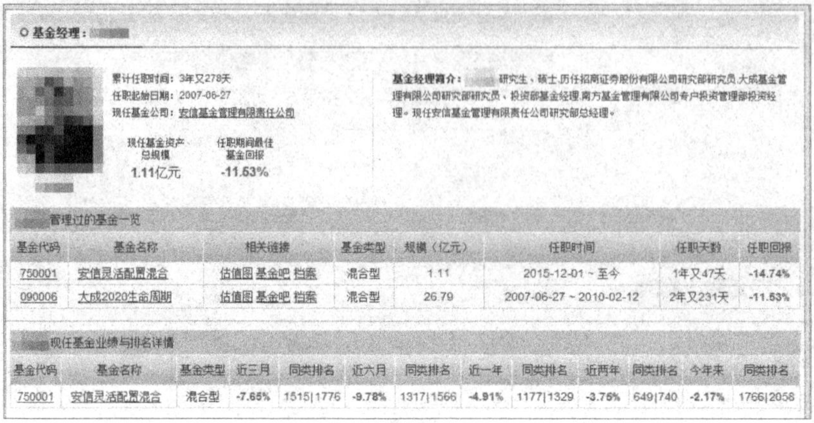

○ 基金经理：

累计任职时间：3年又278天
任职起始日期：2007-06-27
现任基金公司：安信基金管理有限责任公司

现任基金资产总规模 1.11亿元
任职期间最佳基金回报 -11.53%

基金经理简介：研究生、硕士.历任招商证券股份有限公司研究部研究员.大成基金管理有限公司研究部研究员、投资部基金经理.南方基金管理有限公司专户投资管理部投资经理。现任安信基金管理有限责任公司研究部总经理。

管理过的基金一览

基金代码	基金名称	相关链接	基金类型	规模（亿元）	任职时间	任职天数	任职回报
750001	安信灵活配置混合	估值图 基金吧 档案	混合型	1.11	2015-12-01 ~ 至今	1年又47天	-14.74%
090006	大成2020生命周期	估值图 基金吧 档案	混合型	26.79	2007-06-27 ~ 2010-02-12	2年又231天	-11.53%

现任基金业绩与排名详情

基金代码	基金名称	基金类型	近三月	同类排名	近六月	同类排名	近一年	同类排名	近两年	同类排名	今年来	同类排名
750001	安信灵活配置混合	混合型	-7.65%	1515|1776	-9.78%	1317|1566	-4.91%	1177|1329	-3.76%	649|740	-2.17%	1766|2058

图 7-25　基金经理详情

CHAPTER

第8章 计算机与手机炒基金

学前提示

虽然投资股票可能会获得较为可观的收益，但风险和收益向来是并行的。也正是因为这个原因，部分稳健型投资者选择将风险相对较小的基金，作为了自己的投资对象。但是如何才能有效地进行基金投资呢？

将本章详细介绍投资者必须掌握的计算机与手机炒基金的基础知识和操作方法，并对投资者在使用计算机与手机炒基金时经常会遇到的问题进行专家级的指导。

要点展示

- 计算机炒基金软件——同花顺爱基金
- 手机炒基金 APP——手机银行

8.1 计算机炒基金软件——同花顺爱基金

随着证券分析技术和软件技术的发展，炒基金软件进化出基金交易、收益管理、净值及行情查询、筛选分析等多项实用功能。比较著名的有大智慧、同花顺爱基金、数米基金宝等，本节将以同花顺爱基金为例，介绍炒基金软件的主要功能应用方法。

8.1.1 下载炒基金软件

在网络中，同一品牌下的看盘交易软件也有很多版本，投资者在下载的时候要特别注意，因为不同的版本功能也不同，而且有可能会收取费用。下面介绍同花顺爱基金的下载方法。

步骤 1 进入同花顺爱基金首页，单击左上角的“PC 客户端”超链接，如图 **8-1** 所示。

步骤 2 在新打开的页面中，单击“立即下载”按钮，如图 **8-2** 所示。

图 8–1 单击“PC 客户端”超链接

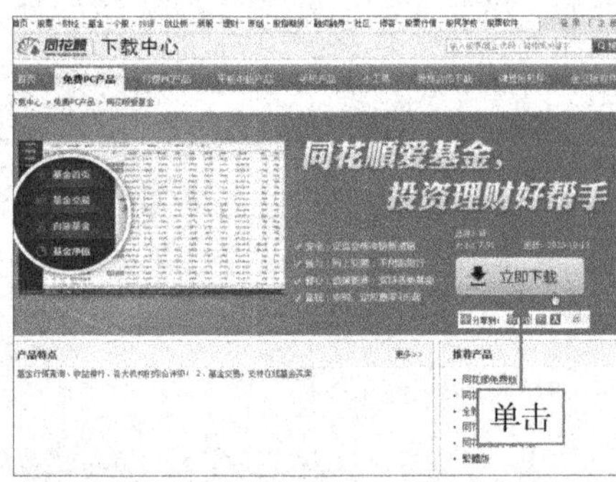

图 8–2 单击“立即下载”按钮

步骤 3 执行操作后，弹出“新建下载任务”对话框，设置文件名和保存路径，单击“下载”按钮，如图 **8-3** 所示。

图 8–3 “新建下载任务”对话框

步骤 4 执行上述操作之后，只需等待下载完成，即可在保存路径中找到软件的安装包。

8.1.2 安装炒基金软件

下载完成后，可以将其安装，以进行相应的操作。下面介绍同花顺免费版的安装方法。

步骤 1 找到软件安装包的保存位置，并使用鼠标左键双击相应交易软件的安装程序，如图 8-4 所示。

步骤 2 执行操作后，弹出“安装 - 同花顺”对话框，在对话框中勾选“已阅读并接受”，并单击“下一步”按钮，如图 8-5 所示。

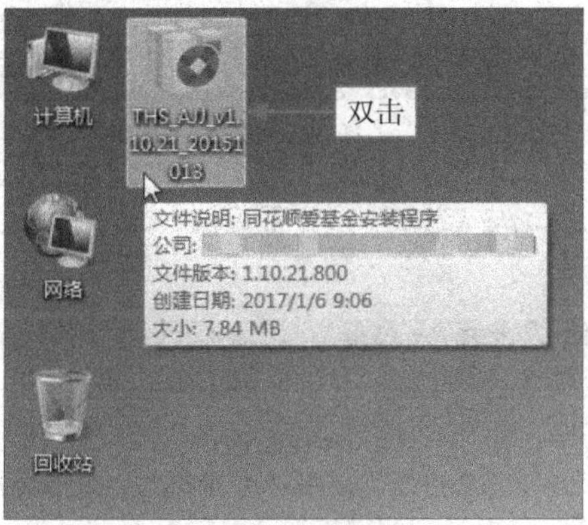

图 8-4 双击交易软件安装程序

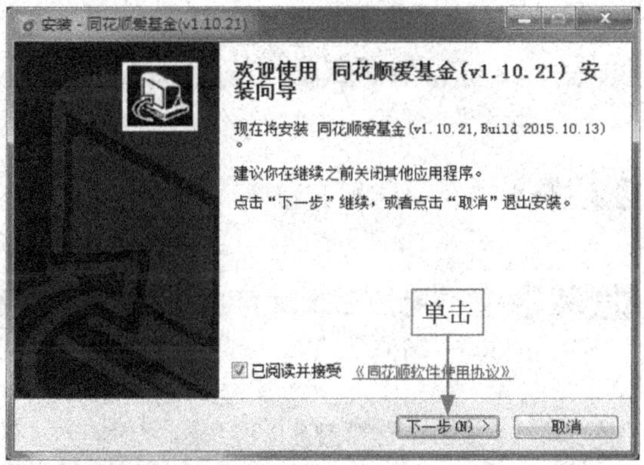

图 8-5 单击“下一步”按钮

步骤 3 进入“选择目标位置”界面，单击“浏览”按钮，如图 8-6 所示。

步骤 4 在“浏览文件夹”对话框，设置安装路径，如图 8-7 所示，并单击“确定”按钮。

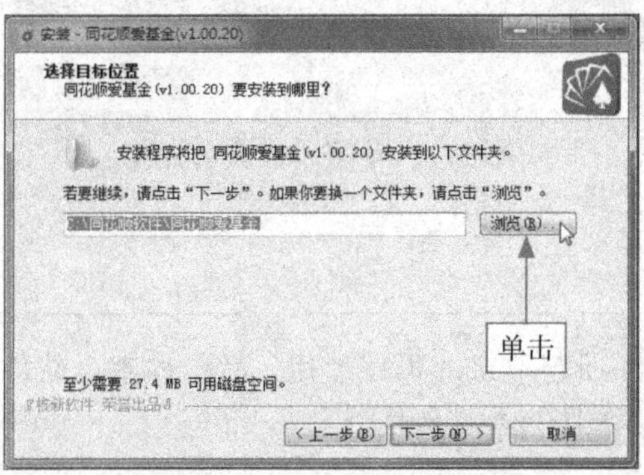

图 8-6 单击“浏览”按钮

图 8-7 设置安装路径

步骤 5 执行操作后，页面转至“选择目标位置”界面，单击“下一步”按钮，如图 8-8 所示。

步骤 6 进入“选择附加任务”界面，在该界面设置图标创建位置，并单击“下一步”按钮，如图 8-9 所示。

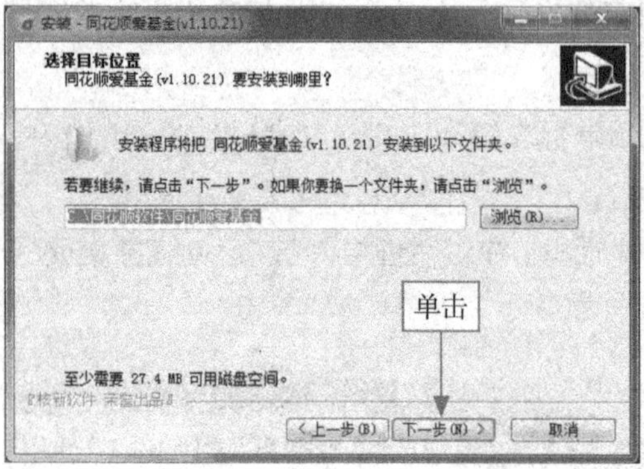

图 8-8 单击“下一步”按钮

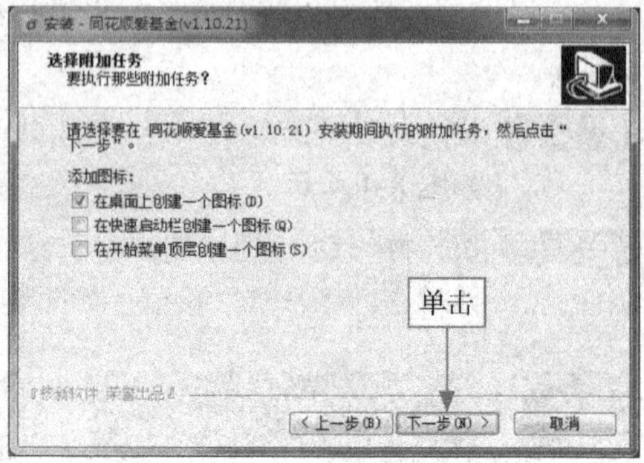

图 8-9 “选择附加任务”界面

步骤 7 执行操作后，进入“正在安装”界面，开始安装软件，并显示安装进度，如图 8-10 所示。

步骤 8 安装完成后，即可自动打开同花顺爱基金首页，方便用户进行注册，如图 8-11 所示。

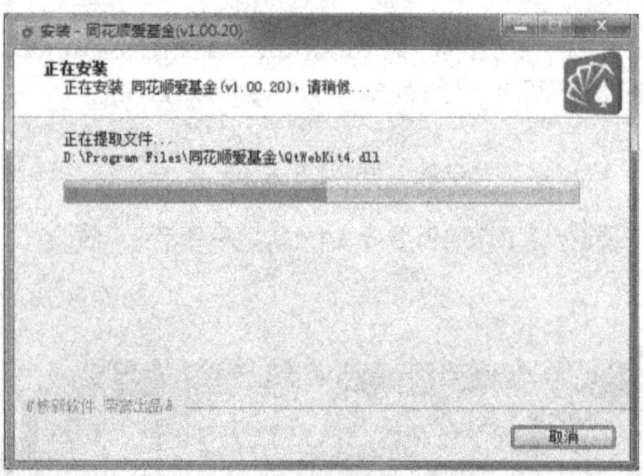

图 8-10 显示安装进度

图 8-11 同花顺爱基金首页

8.1.3 注册与登录软件

炒基金软件下载安装完成后，一般需要注册与登录才可以使用。登录炒基金软件也是有一定技巧的，下面介绍同花顺爱基金的注册与登录方法。

步骤 1 首次打开同花顺爱基金时，软件会提示用户进行注册，单击“免费注册”按钮，如图 8-12 所示。

步骤 2 执行操作后，弹出“同花顺注册”对话框，设置账号、密码、手机号码、安全邮箱等选项，单击“立即注册”按钮，如图 8-13 所示。

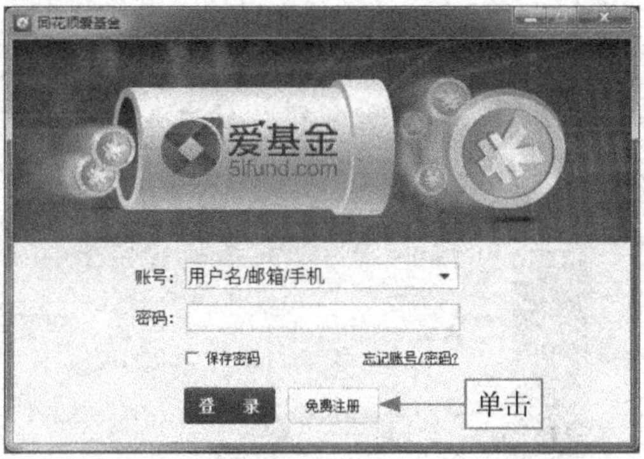

图 8-12 单击“免费注册”按钮

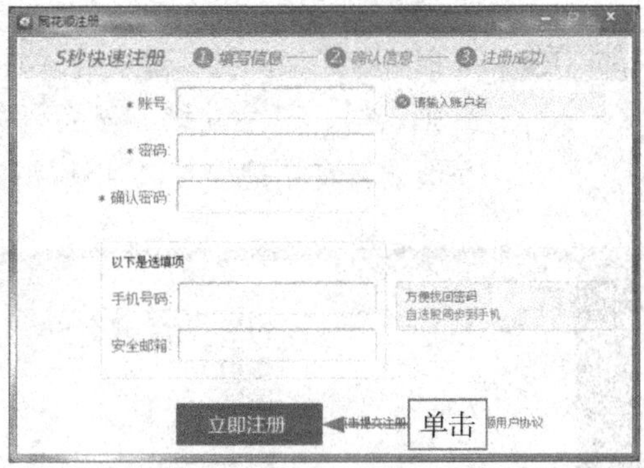

图 8-13 单击“立即注册”按钮

步骤 3 进入“确认信息”界面，用户可根据提示完成手机认证和邮箱验证，如图 8-14 所示。完成相关验证操作后，即可成功注册。

步骤 4 返回“同花顺爱基金”登录界面，输入账号和密码，单击“登录”按钮，如图 8-15 所示。

图 8-14 “确认信息”界面

图 8-15 单击“登录”按钮

步骤 5 执行操作后，即可成功登录同花顺爱基金软件。

8.1.4 基金的智能选择

通过炒基金软件的智能选基功能，可以让投资者在茫茫基金池里快速选出自己关注的基金，轻松把握市场良机。用户只需用鼠标单击选取各个筛选指标，就能实时选出符合条件的基金。下面介绍同花顺爱基金的智能选基功能。

步骤 1 单击菜单栏中的“基金筛选”按钮，在弹出的列表框中选择“同花顺精选”选项，如图 8-16 所示，即可显示“精选基金池”推荐的基金及对应走势情况。用户可以直接单击“申购”按钮或“定投”按钮投资相应的基金。

步骤 2 选择“自定义筛选”选项进入其界面，用户可以在右侧窗口中根据基金类型、基金公司、基金业绩、基金评级、 投资风格、重仓股票、基金净值、累计净值以及基金规模等条件精确筛选基金，如图 8-17 所示。

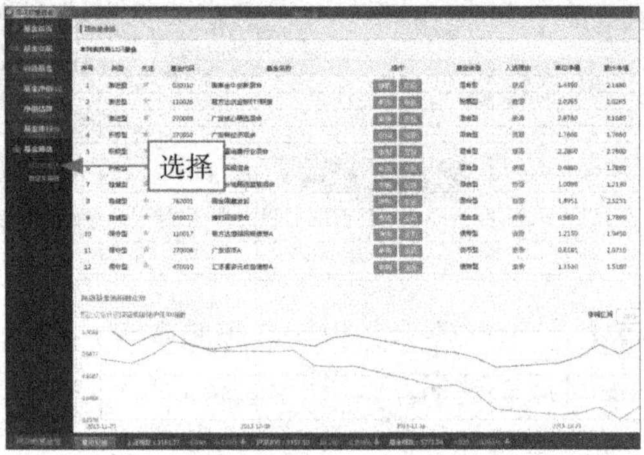

图 8-16 “精选基金池”界面

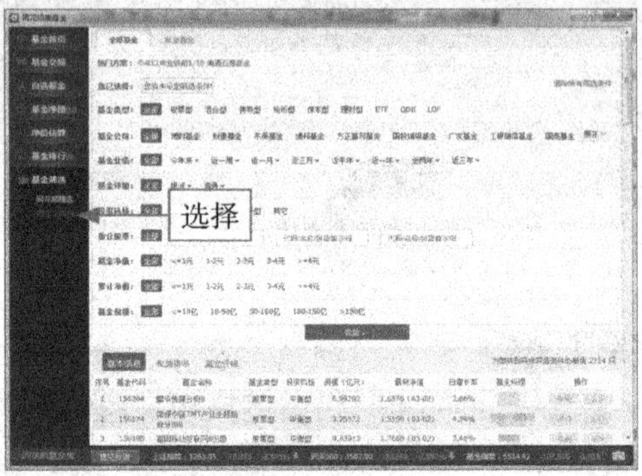

图 8-17 “自定义筛选基金”界面

步骤 3 单击“新发基金”标签切换至其窗口，用户可以在右侧窗口中根据基金类型、基金公司、投资风格等条件精确筛选新发基金，如图 8-18 所示。

步骤 4 另外，用户还可以在“基金排行”的“收益排行”界面顶部，设置相应的筛选条件，筛选出中意的基金，如图 8-19 所示。

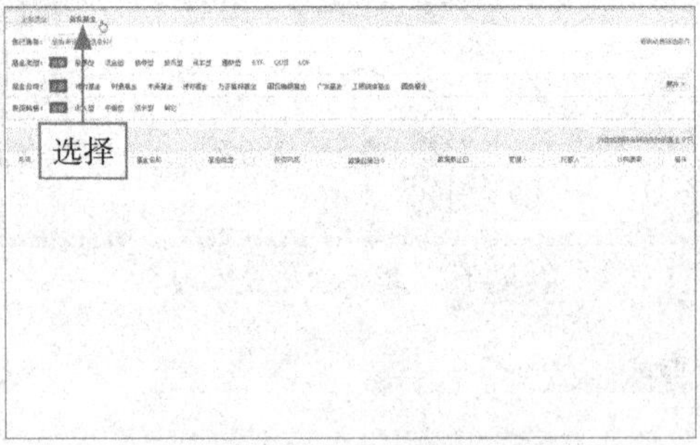

图 8-18 筛选新发基金

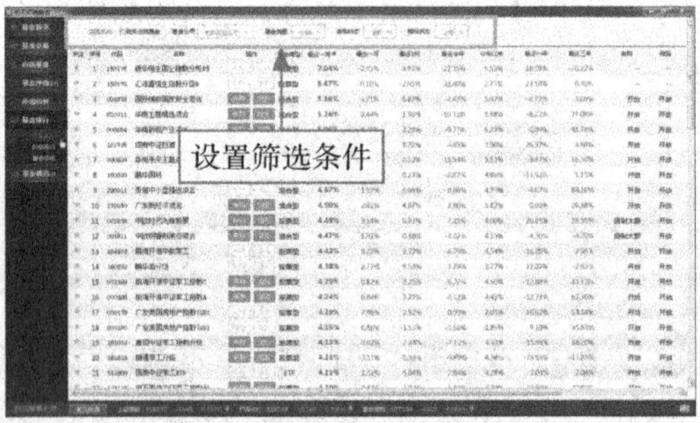

图 8-19 “收益排行”界面

8.1.5 基金的走势详情

在炒基金软件上查询基金走势，比在网页上更加详细专业。下面介绍通过同花顺爱基金查询基金走势的方法。

步骤 1 登录同花顺爱基金平台，使用鼠标左键双击想要查询的基金名称超链接，如图 8-20 所示。

步骤 2 执行操作后，即可看到该只基金的走势图，用户可以在此设置涨幅区间、叠加品种、时间段等条件，如图 8-21 所示。

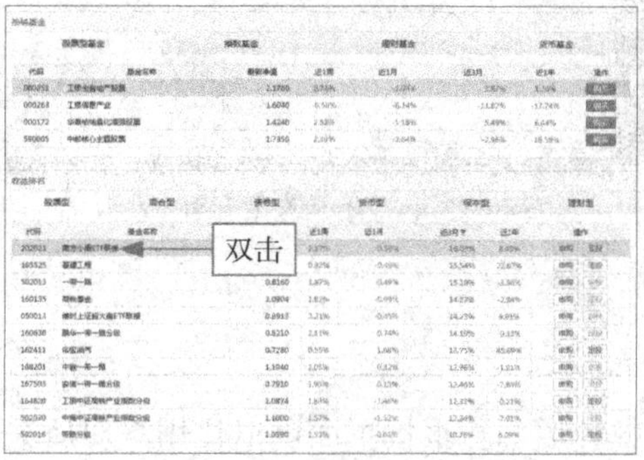

图 8-20　双击相应基金名称

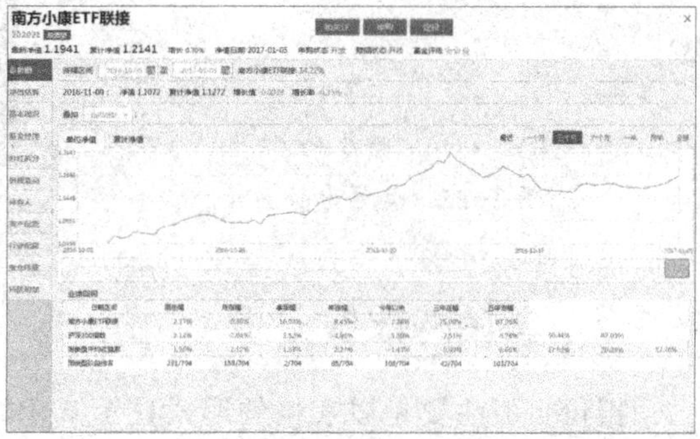

图 8-21　基金走势图

专家提醒

除了银行代销外，通过基金公司网络直销来购买基金也省钱省力。它的好处可分为以下 3 点。

（1）折扣更高。通过基金公司网上直销买基金折扣更高，且常年打折，银行代销的优惠活动通常是一段时间内有效。在选择好了银行卡之后，基金公司直销可能是个一劳永逸的方法。

（2）修改分红。大部分基金公司的直销可以即时修改分红方式，而在柜台上因系统问题有可能不能及时修改，目前很多基民都因现金分红改未能及时改为红利再投资而抱怨不已。

（3）转换基金。网上直销的最大的好处体现在转换基金上。通过基金公司网站的直销可以自由地转换基金，而在银行代销很多基金是无法自由转换的，投资者可能为了转换基金而更换银行卡，更有甚者进行赎回后再申购，反而得不到实惠。

有理财专家表示，目前市场环境下基民要控制风险，进行基金转换相对来说比较方便优惠。

步骤 3 在“叠加”列表框中选择“沪深 800”和“基金指数”选项，即可显示相应的叠加走势，如图 8-22 所示。

步骤 4 单击顶部的“加关注”按钮，进入“自选基金”界面，即可看到添加关注的基金，如图 8-23 所示。

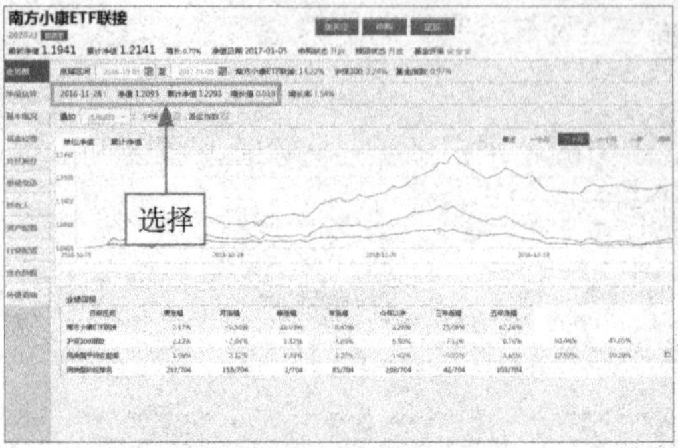

图 8-22　叠加走势显示

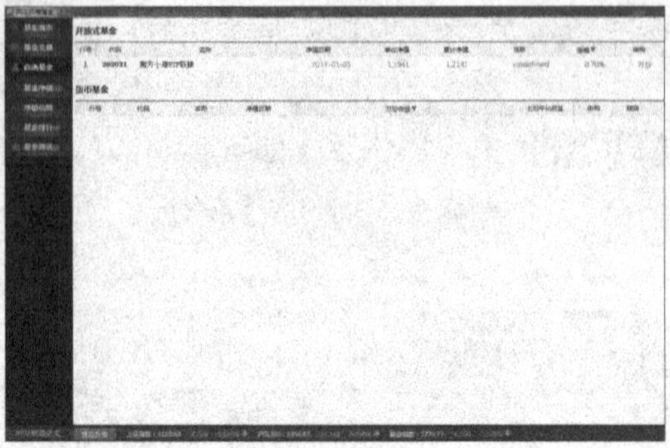

图 8-23　“自选基金”界面

8.1.6　基金的报价分析

报价页面主要是以表格的形式显示基金的各种信息。报价页面可以让用户对所关注各种的各种变化一目了然，可以同时显示多个品种，并对这些品种的某项数据进行排序，让用户方便、快速地捕捉到强势、异动的股票。

下面介绍同花顺爱基金的报价分析功能使用方法。

步骤 1 在“基金首页”界面列出了“热销基金”和“收益排行”两个报表，如图 **8-24** 所示。“基金首页”是同花顺软件为用户实时看盘特制的页面，它可以让用户同时浏览所关注的多个基金。

步骤 2 在“热销基金”选项区中，单击“指数基金”标签可以切换至其选项卡，显示热销的指数基金列表，如图 **8-25** 所示。

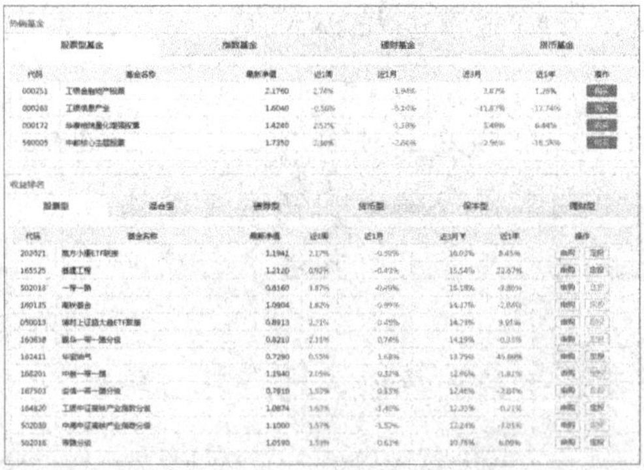

图 8-24　“基金首页”界面

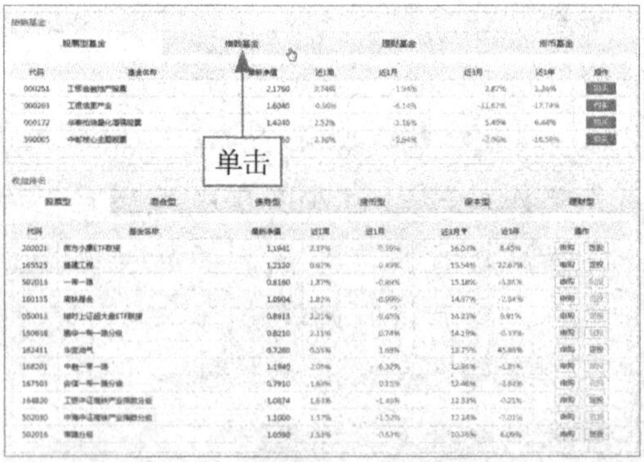

图 8-25　单击“指数基金”选项卡

步骤 3 在“收益排行”选项区中，单击“混合型”标签可以切换至其选项卡，显示混合型基金的收益排行列表，如图 **8-26** 所示。

步骤 4 单击“最新净值”标签，页面将以降序的形式对基金的最新净值进行显示，如图 8-27 所示。

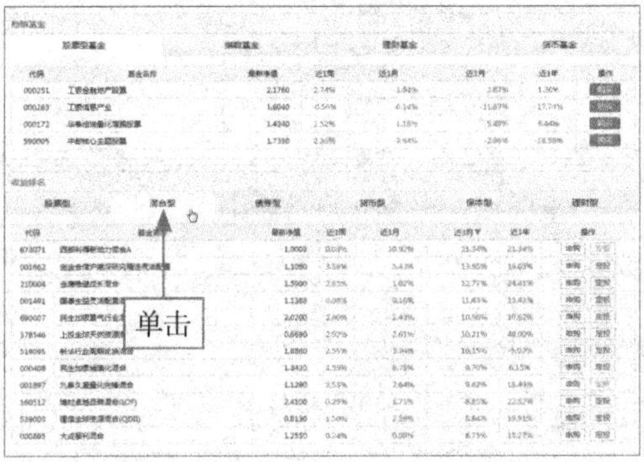

图 8-26 单击“混合型”选项卡

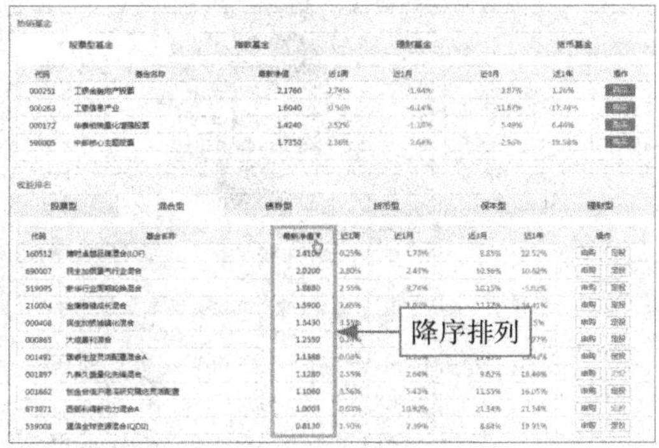

图 8-27 降序排列表格

专家提醒

指数基金（Index Fund），即是将沪深 800、纳斯达克 100 等指数作为特定指数为标的指数，并对特定指数的成份股进行投资，在投资组合中购买该指数的成份股，从而追踪指数表现的基金品种。

步骤 5 再次单击“最新净值”标签，即可按此栏目的升序排列表格，如图 8-28 所示。

步骤 6 单击菜单栏中的“基金排行”按钮，在展开的列表中选择“阶段排行”选项，如图 8-29 所示。

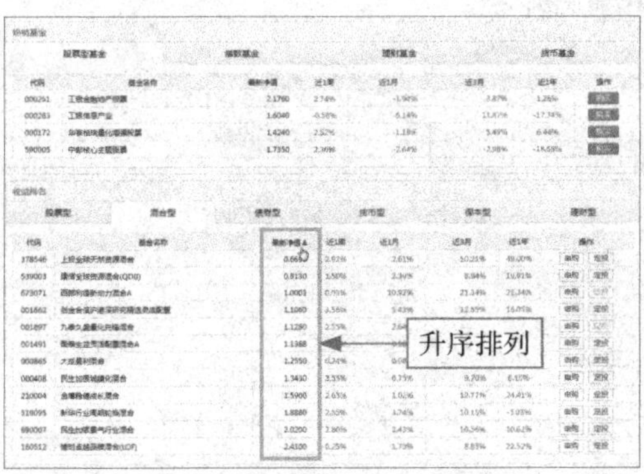

图 8-28 升序排列表格

图 8-29 选择“阶段排行”选项

步骤 7 执行操作后，即可查看基金的阶段性排行，如图 8-30 所示。

关注	序号	代码	名称	操作	基金类型	期间涨跌	期间涨幅▼	期初日期	期初净值	期初累计
★	1	150176	银华恒生国企指数分级B份	申购 定投	股票型	0.0254	3.29%	2017-01-04	0.7724	0.7724
★	2	150170	汇添富恒生指数分级B	申购 定投	股票型	0.0220	2.24%	2017-01-04	0.9800	0.9800
★	3	003624	创金合信资源主题精选股	申购 定投	股票型	0.0164	1.67%	2017-01-04	0.9811	0.9811
★	4	003625	创金合信资源主题精选股	申购 定投	股票型	0.0164	1.67%	2017-01-04	0.9805	0.9805
★	5	002207	前海开源金银珠宝混合C	申购 定投	混合型	0.0180	1.57%	2017-01-04	1.1490	1.1490
★	6	001302	前海开源金银珠宝混合A	申购 定投	混合型	0.0180	1.55%	2017-01-04	1.1620	1.1620
★	7	110032	易方达恒生中国企业ETF联	申购 定投	股票型	0.0022	1.50%	2017-01-04	0.1463	0.1463
★	8	110033	易方达恒生中国企业ETF联	申购 定投	股票型	0.0022	1.50%	2017-01-04	0.1463	0.1463
★	9	000075	华夏恒生ETF联接(美元现	申购 定投	股票型	0.0025	1.44%	2017-01-04	0.1731	0.1731
★	10	000076	华夏恒生ETF联接(美元现	申购 定投	股票型	0.0025	1.44%	2017-01-04	0.1731	0.1731
★	11	161831	银华恒生国企指数分级（	申购 定投	股票型	0.0139	1.44%	2017-01-04	0.8885	0.9656
★	12	159945	全指能源	申购 定投	ETF	0.0102	1.43%	2017-01-04	0.7156	0.7156
★	13	160717	嘉实H股指数(QDII)	申购 定投	股票型	0.0104	1.43%	2017-01-04	0.7252	0.7252
★	14	159930	汇添富中证能源ETF	申购 定投	ETF	0.0114	1.39%	2017-01-04	0.8198	0.8198
★	15	001662	创金合信沪港深研究精选	申购 定投	混合型	0.0150	1.37%	2017-01-04	1.0910	1.0910
★	16	001460	广发能源联接A	申购 定投	股票型	0.0112	1.34%	2017-01-04	0.8368	0.8368
★	17	510900	易方达恒生国企(QDII-ET	申购 定投	ETF	0.0142	1.34%	2017-01-04	1.0565	1.0565
★	18	002973	广发能源联接C	申购 定投	股票型	0.0111	1.33%	2017-01-04	0.8368	0.8368
★	19	582002	东吴增利债券A	申购 定投	债券型	0.0175	1.29%	2017-01-04	1.0060	1.3460
★	20	001764	广发沪港深股票	申购 定投	股票型	0.0120	1.22%	2017-01-04	0.9870	0.9870
★	21	110031	易方达恒生中国企业ETF联	申购 定投	股票型	0.0121	1.19%	2017-01-04	1.0170	1.0170
★	22	001938	中欧时代先锋股票	申购 定投	股票型	0.0158	1.18%	2017-01-04	1.1050	1.3170

图 8-30　查看基金的阶段性排行

8.1.7　基金的净值估算

使用炒基金软件，可以准确、快速、实时获得所有基金的每日净值，省去了投资者来回奔波于不同基金公司网站页面查看净值的烦恼。另外，这些软件通常还具有先进的净值估算引擎，提供快捷净值估算服务。

下面介绍同花顺爱基金的净值估算功能。

步骤 1 在某只基金的“走势图”界面中，单击左侧的“净值估算”按钮进入其窗口，在实时估值图中，移动鼠标指针，即可查看相应时间的估值，如图 **8-31** 所示。

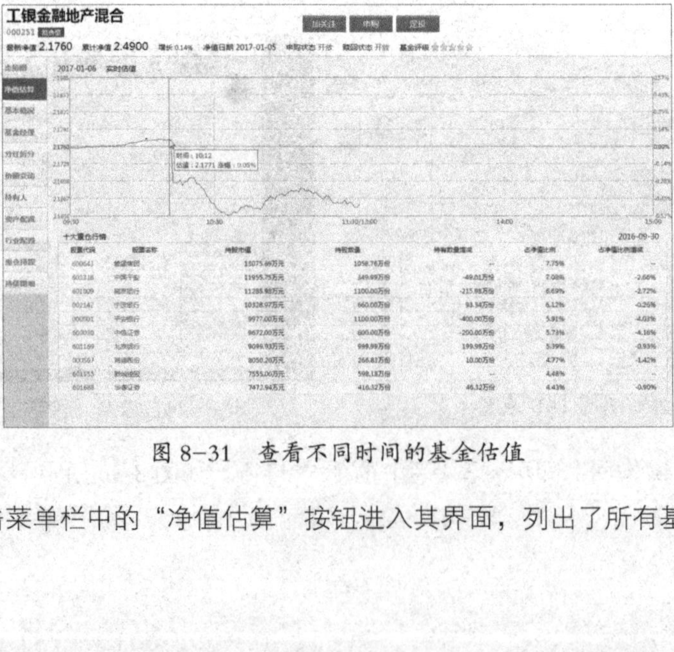

图 8-31　查看不同时间的基金估值

步骤 2 单击菜单栏中的“净值估算”按钮进入其界面，列出了所有基金的净值估算表格，用户可以在此查看基金的净值日期、估算值、估算增长率、单位净值、估算偏差率、上期净值等数据，如图 8-32 所示。

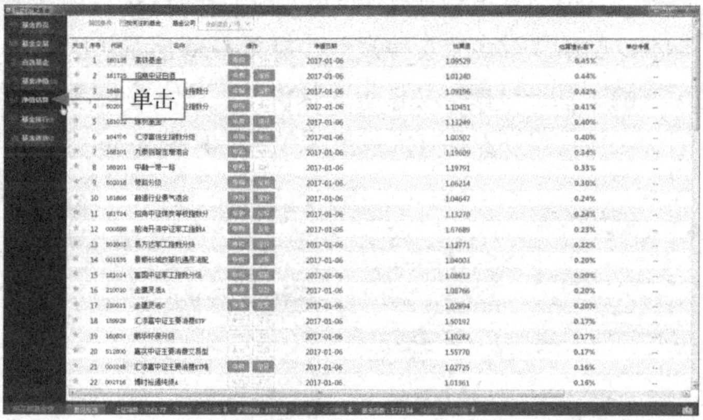

图 8−32 “净值估算”界面

步骤 3 单击顶部的“全部基金公司”按钮，用户可以在弹出的列表框中选择相应的基金公司，如图 8-33 所示。

步骤 4 执行操作后，即可查看该基金公司发布的所有基金的净值估算情况，如图 8-34 所示。

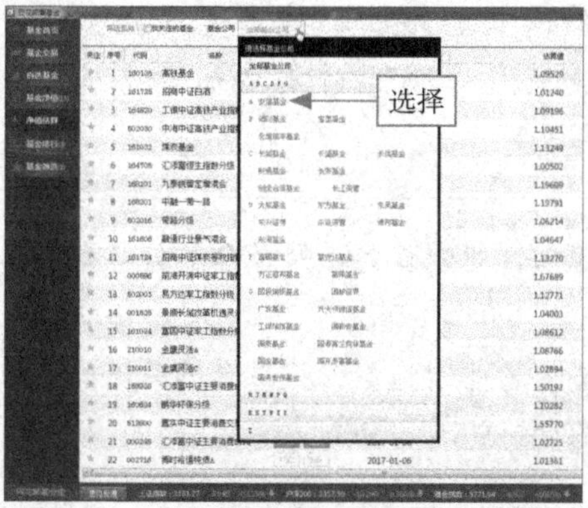

图 8−33 选择相应的基金公司

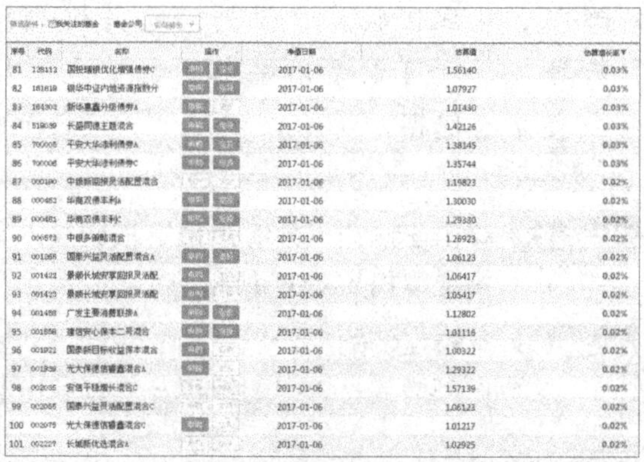

图 8−34 查看净值估算情况

8.1.8 基金的财务分析

在基金投资的分析中，有一项是针对基金管理公司财务数据图表的分析。这项分析从某种程度来说，需要建立在投资者已经掌握了一定的财务专业知识基础之上。但有一部分投资者是没有财务分析经验的，那么，他们的投资会不会因此受阻呢？答案是否定的。这部分投资者可以通过炒基金软件工具的应用，来弥补专业知识的不足，如通过同花顺爱基金软件进行基金的相关操作。

步骤 1 在某只基金的走势图界面中，单击左侧的“基本概况”按钮进入其窗口，用户可以在此查看该基金的名称、成立日期、投资目标、投资范围、投资策略、业绩标准以及所属基金公司等资料，如图 8-35 所示。

步骤 2 单击左侧的“基金经理”按钮进入其窗口，可以查看该只基金的所有基金经理人简历、任职日期及历任业绩回报情况，如图 8-36 所示。

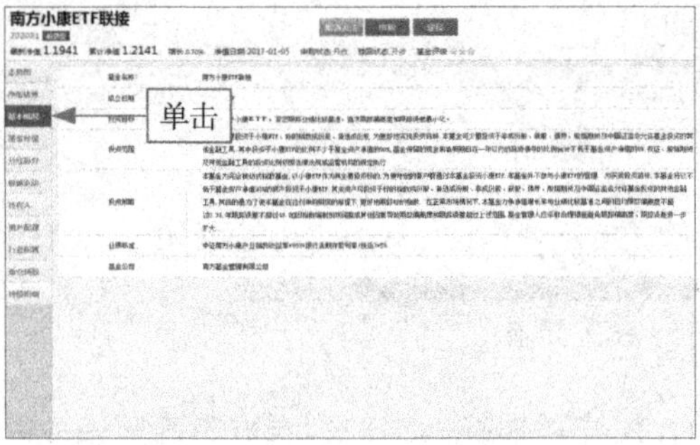

图 8-35　查看基本概况

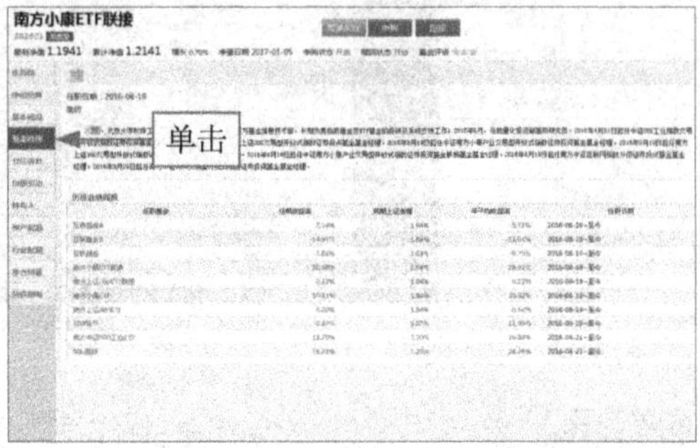

图 8-36　查看基金经理

专家提醒

基金公司通常会将基金的投资策略和基金的产品特征体现在基金名称中。从现在较为常见的基金关键词（如成长、增长、优选、精选和稳健等），就可以看出基金的侧重点，投资者可以据此对基金的财务有一个大体的把握。

步骤 3 单击左侧的“分红拆分”按钮进入其窗口，可以查看该只基金的分红和拆分情况，如图 8-37 所示。

步骤 4 单击左侧的“份额变动”按钮进入其窗口，可以查看该只基金的总份额、总份额增减、总申购份额及总赎回份额数据，如图 8-38 所示。

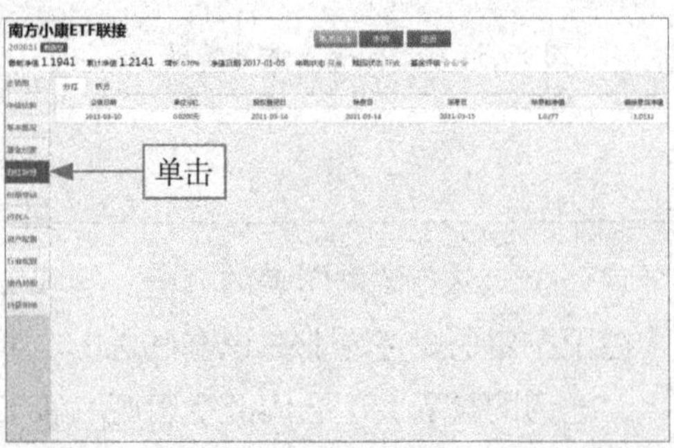

图 8-37　“分红拆分”界面

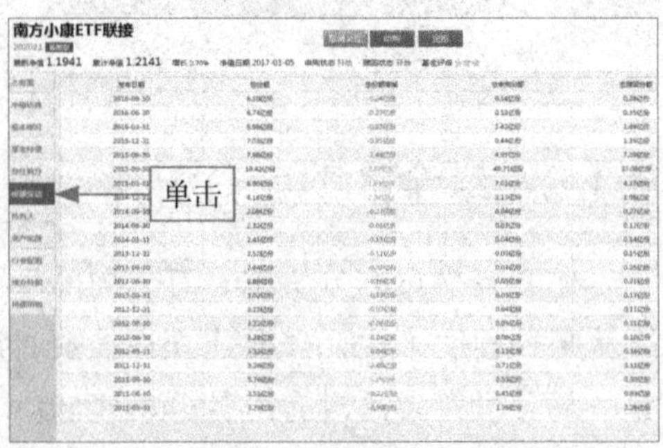

图 8-38　“份额变动”界面

步骤 5 单击左侧的“持有人”按钮进入其窗口，可以查看该只基金的持有人总数、持有人总数半年增减、户均持有份额等数据，如图 8-39 所示。

步骤 6 单击左侧的“资产配置”按钮进入其窗口，可以查看该只基金的资产类别、市值、占净值比例、季度净值比例增减等数据，如图 8-40 所示。

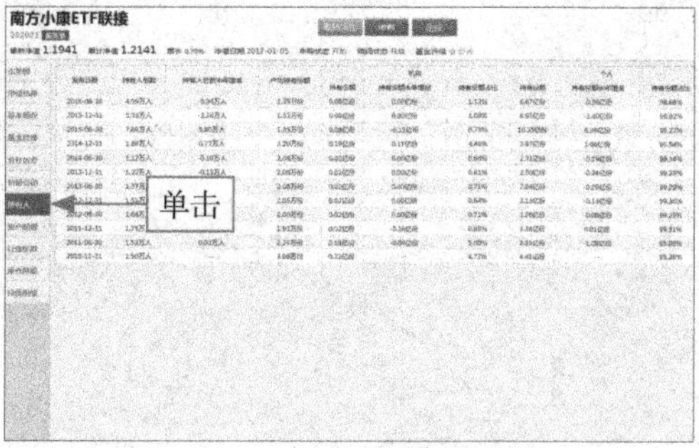

图 8-39 “持有人”界面

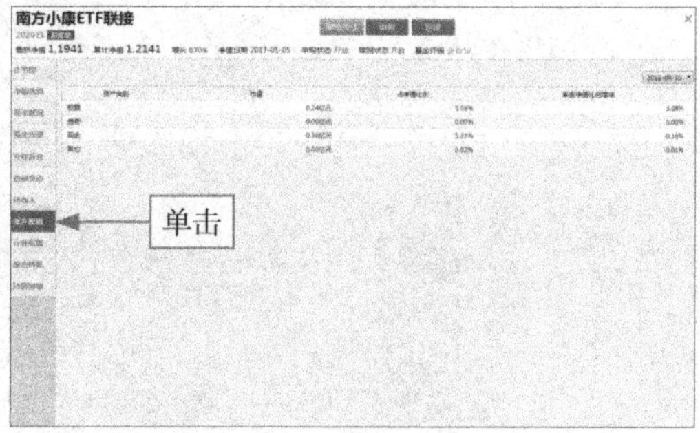

图 8-40 “资产配置”界面

专家提醒

作为基金投资管理中较为关键的环节之一，资产配置通过对投资组合的预期回报率、标准差及组合间的协方差的预判，计算出由这些组合种类组成的新组合的预期回报率和标准差。如果这些新组合产生出了有效群，则会依据基金投资者的无差异曲线来确定资产配置的组合。

步骤 7 单击左侧的“行业配置”按钮进入其窗口，可以查看该只基金所投资的行业名称、市值、占净值比例、占总净值比例增减等数据，如图 8-41 所示。

步骤 8 单击左侧的“重仓持股”按钮进入其窗口，可以查看该只基金的持有数量、持股增减、市值、占净值比例、季度净值比例增减等数据，如图 8-42 所示。

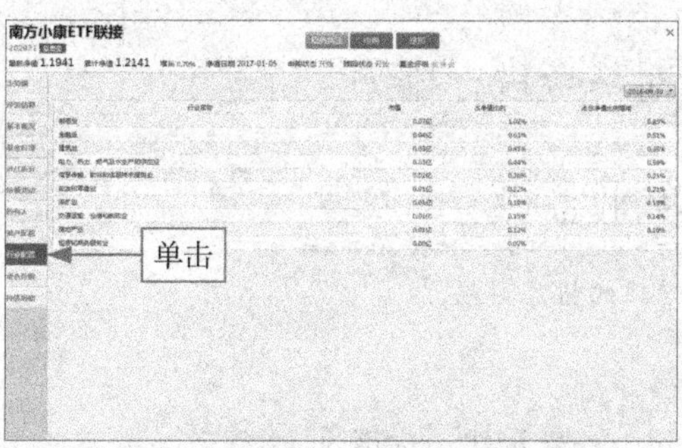

图 8-41 “行业配置”界面

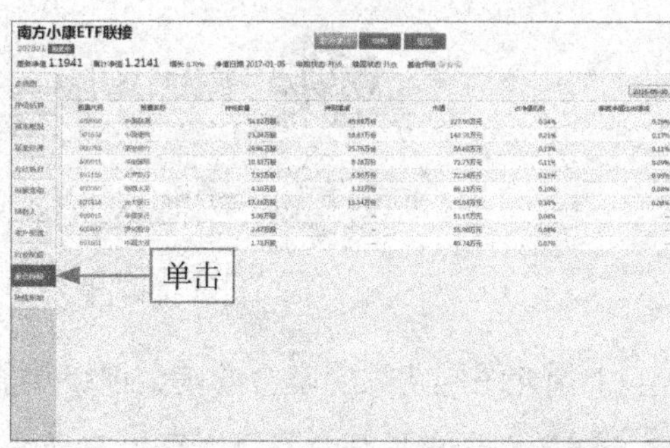

图 8-42 “重仓持股”界面

步骤 9 单击左侧的“持债明细”按钮进入“持债明细”界面，可以查看该只基金的债券代码、债券品种、市值、占净值比例、占总净值比例增减等数据，如图 8-43 所示。

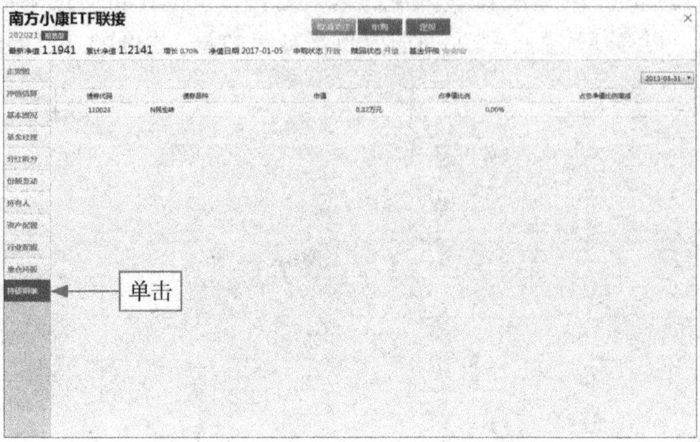

图 8-43 “持债明细”界面

8.1.9 基金的评星评级

基金评级是指由基金评级机构收集有关信息，通过科学定性定量分析，依据一定的标准，对投资者投资于某一种基金后所需要承担的风险，以及能够获得的回报进行预期，并根据收益和风险的预期对基金进行排序。

基金评级常用的排序方法如图 8-44 所示。炒基金软件特有的“基金评级”功能则可简单快速地让投资者了解某只基金的基本面并掌握基本面变动情况，为用户提供价值投资参考。

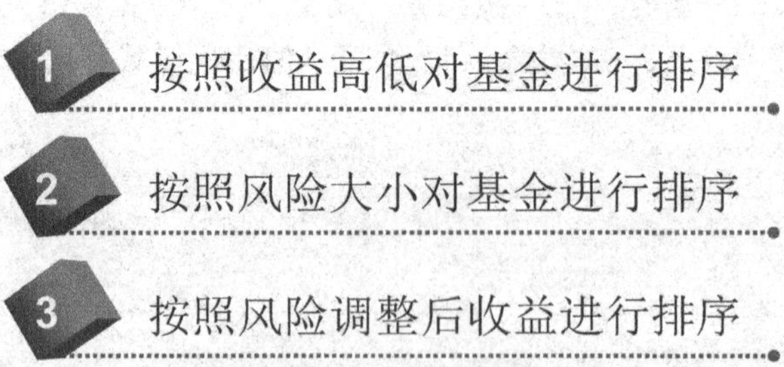

图 8-44 基金评级常用的排序方法

下面介绍同花顺爱基金的基金评级功能。

步骤 1 对于单只基金，可以直接在详情界面中查看星级，如图 **8-45** 所示。

步骤 2 另外，用户也可以进入“基金排行”的“基金评级”界面，查看所有基金的评级情况，如图 **8-46** 所示。

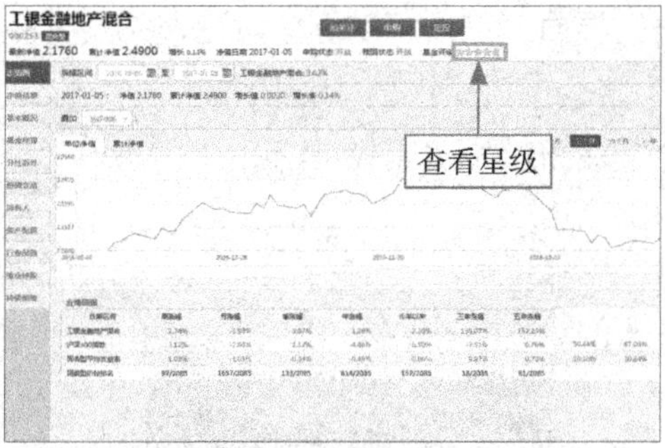

图 8-45 查看星级

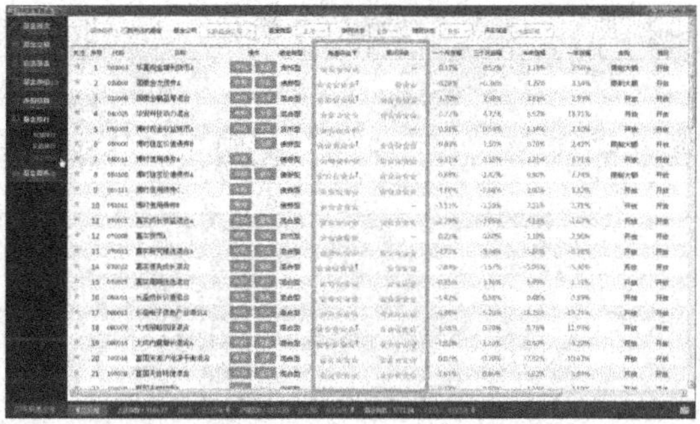

图 8-46 “基金评级”界面

步骤 3 单击“全部评级”下拉按钮，在弹出的列表框中可以设置相应的星级，如图 8-47 所示。

步骤 4 例如，选择“全部五星”选项，即可筛选出所有的五星基金，如图 8-48 所示。

图 8-47 设置相应的星级

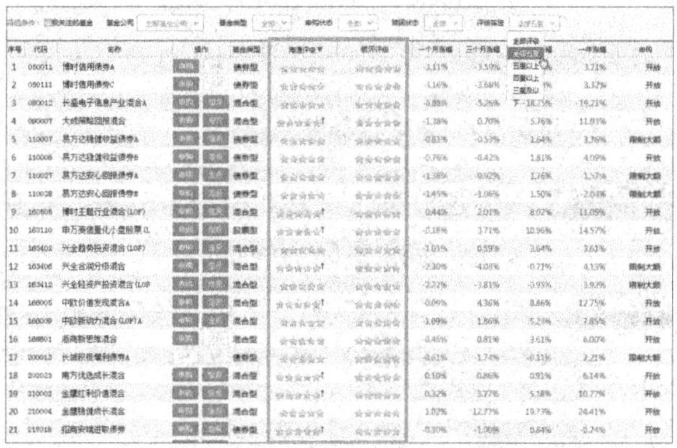

图 8-48 “全部五星”的基金

8.2 手机炒基金 APP——手机银行

如今，理财越来越智能化和方便化，投资者使用手机即可随时随地进行查询基金份额、购买基金、赎回基金等操作。用户通过手机银行即可查看并购买各种基金，本节以中国工商银行的手机银行客户端为例，讲解如何通过手机银行购买基金。

8.2.1 通过手机开设基金账户

若用户第一次使用工商银行的手机银行购买基金，还需要先开立基金交易账户，其操作方法如下。

步骤 1 进入工商银行手机银行的"投资理财"界面，点击"基金"按钮，如图 8-49 所示。

步骤 2 在"基金业务"界面点击"我的基金"按钮，如图 8-50 所示。

图 8-49　点击"基金"按钮

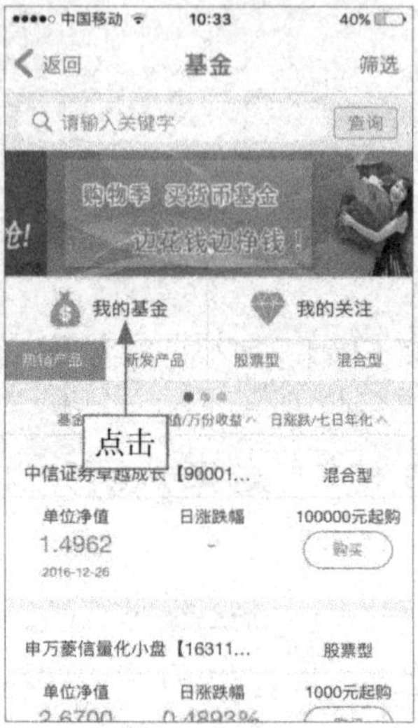

图 8-50　点击"我的基金"按钮

步骤 3 因为还没有账户，此时将自动进入"开立基金交易账户"界面，点击"确定"按钮，如图 8-51 所示。

步骤 4 阅读中国工商银行个人基金交易账户电子银行开户须知后，点击"确定"按钮，如图 8-52 所示。

图 8-51　点击"确定"按钮

图 8-52　完成基金账户开立

步骤 5 设置联系电话号码等信息后，点击“确定”按钮，如图 8-53 所示。

步骤 6 稍等片刻，即可完成基金交易账户的开立，如图 8-54 所示。

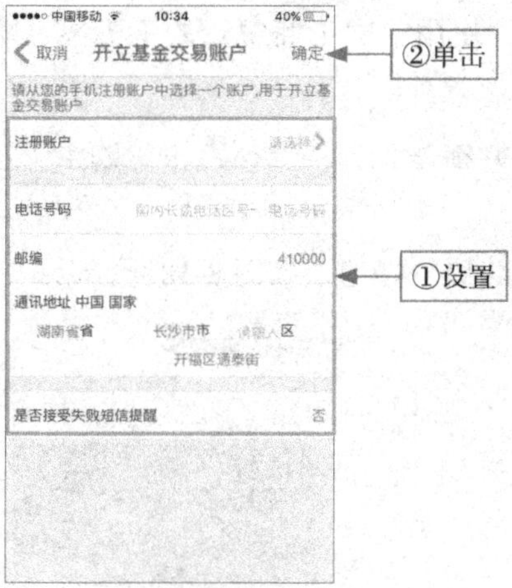

图 8-53 信息填写界面

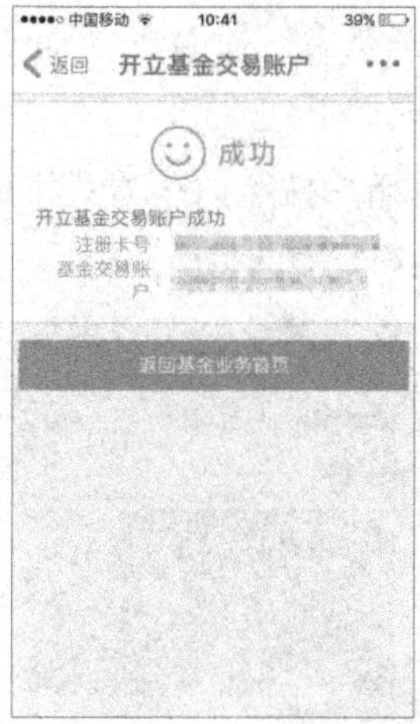

图 8-54 完成基金账户开立

8.2.2 通过手机查看基金信息

使用手机银行购买基金最大的优势是可选品种全面，用户可以通过工商银行的手机银行客户端，查看大部分基金的信息，其操作方法如下。

步骤 1 在工行手银的“投资理财”界面点击“基金”按钮，进入“基金”界面。用户可在搜索栏输入基金关键字或代码进行查找，也可以在下方的“热销产品”列表中选择需要查看的基金，如图 8-55 所示。

步骤 2 执行上述操作后，即可查看该基金的详情，如图 8-56 所示。

图 8-55 “基金业务”界面

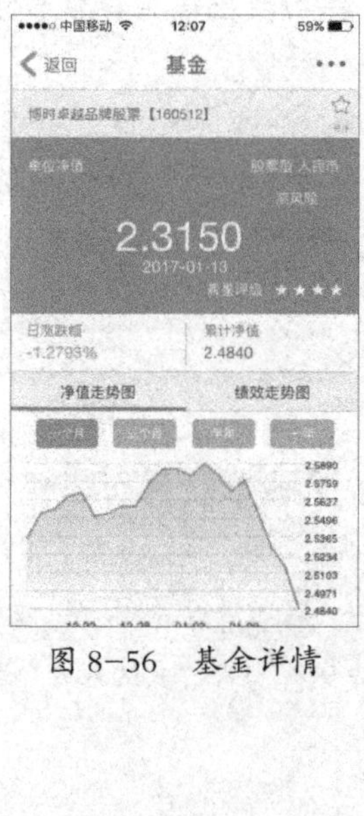

图 8-56 基金详情

8.2.3 通过手机银行买卖基金

完成前述步骤后，用户还需要在银行柜面签署基金合同并办理相关业务，才能使用手机购买基金。所有手续都办理好以后，使用中国工商银行的手机银行购买与赎回基金的方式如下。

步骤 1 用户按照前述方式挑选好基金，并在基金详情界面点击“购买”按钮，如图 8-57 所示。

步骤 2 进入基金购买界面并点击“确认购买”按钮，如图 8-58 所示。

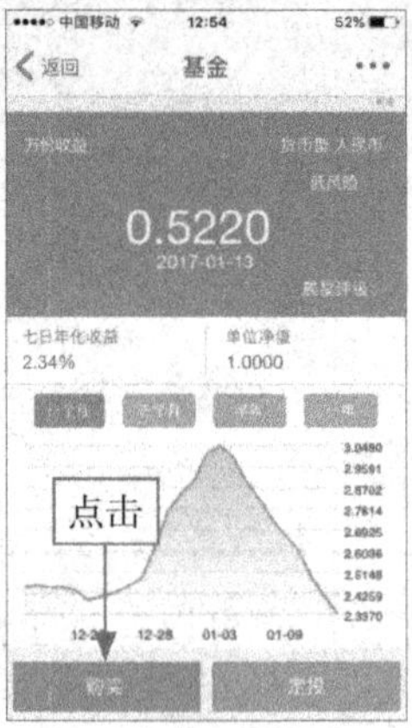

图 8-57　点击“购买”按钮

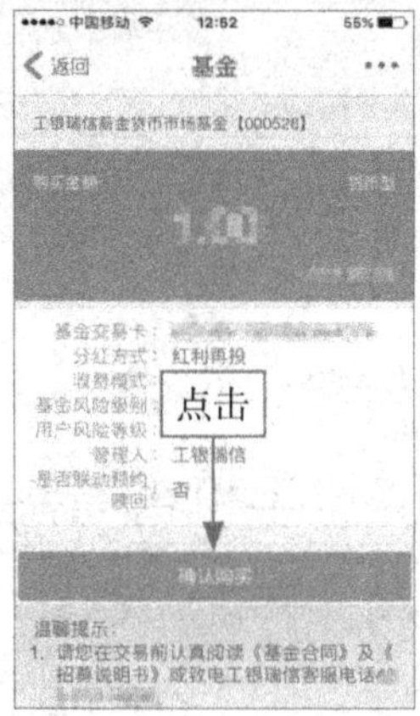

图 8-58　点击“确认购买”按钮

步骤 3 在新转出的基金购买详情界面选择购买金额，并点击“购买”按钮，如图 8-59 所示。

步骤 4 执行上述操作后，如果页面显示为“成功”，与此同时“工银融 E 联”发来金额支出信息，就表示购买申请递交成功了，如图 8-60 所示。

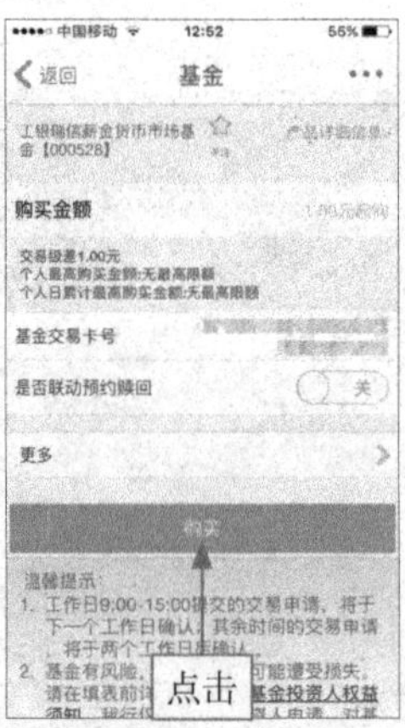

图 8-59　点击“我的基金”按钮

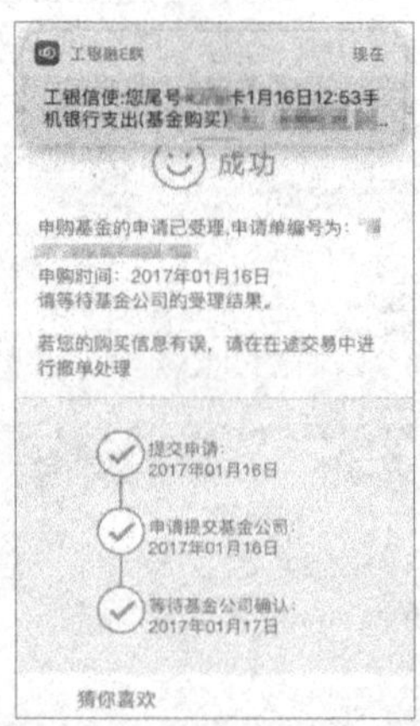

图 8-60　“我的基金”界面

步骤 5 若用户通过工行手银购买基金，则可进入“基金”界面，点击“我的基金”按钮，查询购买基金的状况，如图 8-61 所示。

步骤 6 进入“我的基金”界面，即可查看用户当前的基金持有情况，如图 8-62 所示。

图 8-61 点击“我的基金”按钮

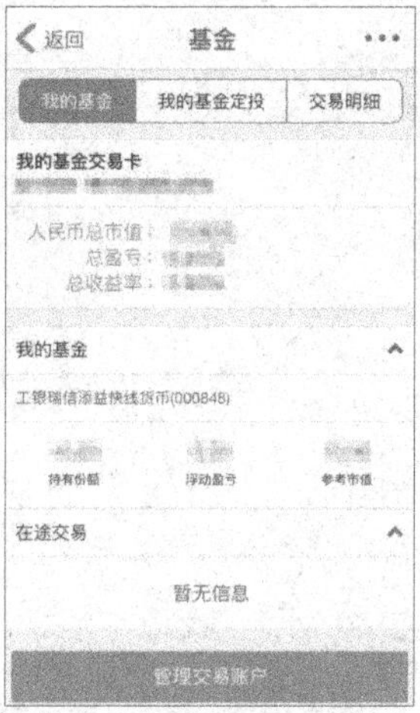

图 8-62 “基金”界面

步骤 7 另外，用户还可以进入“基金”界面点击所持有的基金的名称，赎回持有的基金，如图 8-63 所示。

步骤 8 执行上述操作后，页面转至所点击的基金品种的详情界面，点击页面中的“赎回”按钮，如图 8-64 所示。

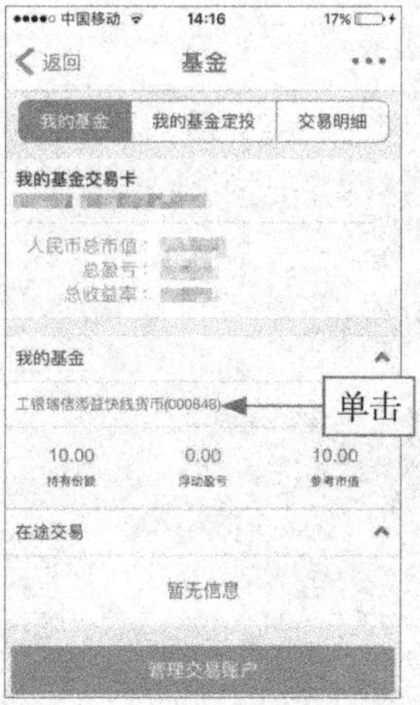

图 8-63 点击持有基金名称

图 8-64 点击“赎回”按钮

步骤 9 执行上述操作后，页面转至“赎回”界面，如图 8-65 所示。

步骤 10 在“赎回”界面输入需要赎回的份额，并点击“下一步”按钮，页面转至赎回确定界面，确认信息后，点击“确定”按钮，如图 8-66 所示。

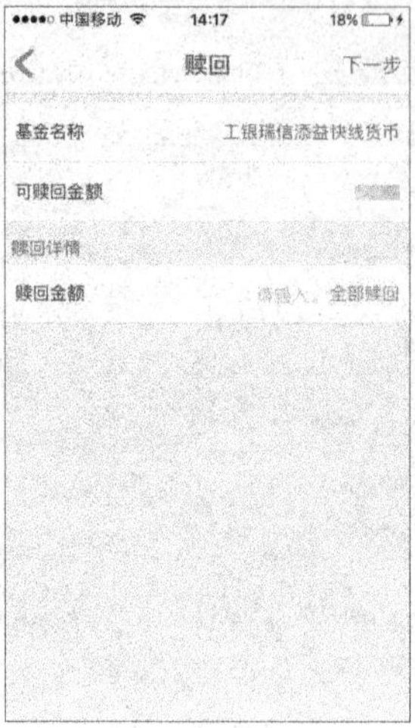

图 8−65 “赎回”界面

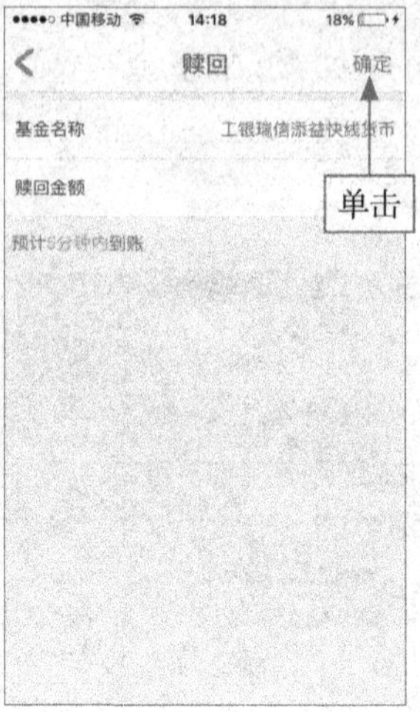

图 8−66 点击“确定”按钮

步骤 11 如果页面显示“成功”，与此同时“工银融 E 联”发来相关信息，就说明赎回申请递交成功了，如图 8-67 所示。

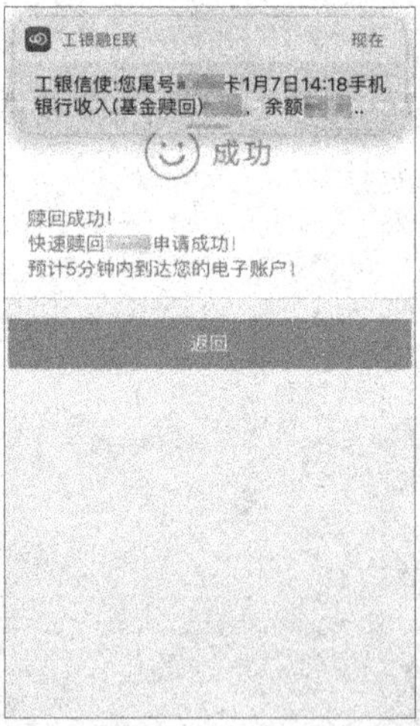

图 8−67 显示基金赎回成功

CHAPTER

第9章 买卖基金必学技巧

学前提示

“纸上得来终觉浅，绝知此事要躬行”。在了解了相关基金投资的基本知识后，投资者还要知道如何购买基金，明确其购买的方式和操作方式等，只有在实际中操作，才能具体地理解其含义。

要点展示

- 基金的购买方式
- 办理开户手续
- 基金的认购
- 基金的申购
- 暂停或拒绝申购
- 基金的赎回

9.1 基金的购买方式

基金的购买方式一般包括银行柜台交易、基金公司直销和证券公司代销等三种，并且每种方式都有其相应的特点，投资者可以根据自身的具体情况选择合适的基金购买方法。

9.1.1 银行柜台交易

银行柜台交易的优点是银行的服务网点众多，投资者购买方便，并且银行在人们心目中的信誉非常好，直到现在，仍然有投资者认为去银行购买基金踏实、放心。**银行是基金销售的最主要渠道，曾经一度占到 90% 以上的比例。**

另外，银行还会同时代销多家基金公司的产品，如果想多买几只基金做组合投资，银行显然比较便利，但这种方式也有缺点，主要体现在以下 3 个方面。

（1）银行代销的基金种类有限，不同银行代销的基金种类也不同。投资者如果要购买多只基金，往往很难在一家银行办理妥当。

（2）银行通常并不代销一家基金公司旗下的所有基金，这为以后可能需要的基金转换等业务带来很多麻烦。

（3）投资者通过银行购买基金，通常不能获得申购费的优惠，股票型基金需要缴纳 1.5% 的申购费。

9.1.2 通过基金公司直销

基金公司直销有柜台直销和网上直销两种。柜台直销是一个传统的销售渠道，以服务 VIP 客户为主，有专业的服务人员提供咨询服务，而且还可以获得费率上的优惠和折扣，其缺点是网点很少，且门槛也较高，不适合中小投资者。

随着网络的发展，大部分基金公司均已开设网上直销服务。基金网上直销的优点如下。

（1）网上直销只需要一张银行卡即可，不受地域限制，而且提供 7 × 24 小时服务，十分方便。

（2）大部分基金公司的网上直销提供了费率优惠，很多基金公司的股票型基金网上直销申购费仅为 0.6%。

（3）节省了基金公司和代销渠道之间划转资金的时间，使赎回基金后资金可以更加快速地到账。

但网络销售基金也有缺点，主要表现在以下几方面。

（1）不同基金公司要求的结算卡不同。比如用建设银行卡可以购买华夏旗下的基金，不能购买广发的基金，用广发卡可以购买广发旗下的基金，但是不能购买上投摩根的基金。因此，如果购买多只基金，往往需要办理多种银行卡。

（2）需要在每家基金公司的网站上开户、交易。当投资者要买的基金比较多且涉及多家基金公司时，相对证券公司的交易系统，操作是比较费时的。

（3）需要支付银联转账费用。

（4）还有一些基金公司尚未开通网上直销业务，而且并不是所有的基金公司直销都有费率优惠。

9.1.3 通过证券公司代销

一些证券公司与基金公司合作，代销基金产品。这种投资方式较适合股民。普通投资者可持身份证到证券公司（网上或柜台）开户，开户时需办理与该证券公司合作的相关银行的银行卡。这种方式的优点如下。

（1）对于用于股票账户的投资者来说，通过证券公司，可以在二级市场上买卖LOF基金。

（2）银河证券、国泰君安等大型券商代销的基金种类非常齐全，投资者可以通过券商的网上交易系统，在统一的操作界面下进行基金买卖，十分方便。

（3）通过券商购买基金还可以获得一定的申购费费率优惠。

同时，证券公司代销也存在以下缺点。

（1）基金对券商来说，是比较新的业务，券商普遍缺乏具有足够专业知识的服务人员，为投资者提供的咨询服务比较差。

（2）券商代销渠道的主要缺点在于网点比较少。

（3）有些证券营业部的客户经理们股票操作思维比较集中，有时反而会误导投资者，如经常有证券营业部的人员劝导投资者购买净值低的“便宜”基金。

9.1.4 选择合适的购买方式

在基金的购买方式上，不同的投资者要根据自身情况选择不同的基金购买渠道，具体包括以下几点。

（1）对于有较浅专业能力（包括能对基金产品分析、能上网办理业务）的投资者来说，基金公司直销是不错的选择。只要自己精力足够，可以通过产品分析比较及网上交易自己进行基金的投资管理。

（2）对于年轻白领或工薪阶层来说，则适合通过证券公司网点实现一站式管理，通过一个账户实现多重投资产品的管理，利用网上交易或者电话委托进行操作，辅助以证券公司的专业化建议来提高基金投资收益水平。

（3）对于年纪稍大的中老年投资者来说，比较适合通过银行网点及身边的证券公司网点方式，利用银行网点众多的便利性完成基金投资，或者依靠证券公司客户经理的建议通过柜台等方式选择合适的基金购买。

9.2 办理开户手续

投资者要进行买卖基金之前，需要办理基金开户手续，即要开设基金账户和交易账户。

9.2.1 开设基金账户

下面分别是在银行、基金公司和证券公司开设基金账户的方法。

（1）在银行开设基金账户很简单，只需要办理一个银行后期存折，带上身份证，需要买哪个基金公司的基金就开相应的基金账户即可。在开户的同时可以开通网上银行和电话银行业务，便于投资者在家自行操作，不必每次都去银行。

（2）在基金公司开设基金账户也很简单，首先需要带上身份证到银行办银行卡，同时开通网上银行服务；然后在有关基金公司的网站上开通基金账户，即可进行买卖。

如果投资者以前已经在银行或证券公司开立过基金账户，此时则无须再开设新的基金账户，直接使用旧的即可。

（3）在证券公司开设基金账户相对来说比较复杂，因为其需要先开设资金账户，再开设基金账户。对于股民来说比较简单，因为在炒股的时候就已经开设了资金账户，现在只需要开设某个基金公司的基金账户；对于仅仅是基民的投资者来说就需要先开设资金账户（在银行办理），然后再到证券公司开设基金账户。

9.2.2 开设交易账户

交易账户是销售机构为投资者开立的，用于记录投资者通过该销售机构办理基金交易所引起的基金份额的变动及结余情况的账户。

一个投资者在一家基金管理公司只有一个基金账户，但是可以有多个交易账户。例如，在农业银行开一个，在某证券公司开一个，两个交易账户都可以进行买卖交易，也可以将基金从一个交易账户转到另一交易账户，也就是转托管。

基金账户和交易账户是一对多的关系，一个投资者在银行只有一个交易账户，但是可以买多个基金公司的基金。这时是一个交易账户对多个基金账户。

9.2.3 办理开户手续

下面以开放式基金的开户为例，介绍其开户的一般流程，以及开户时需要提供的资料。

1. 开放式基金的开户流程

开放式基金有以下两种开户的方式。

（1）直销柜台开户。投资者首先填写“开放式基金账户申请表”，并提供有效身份证明复印件、同名银行存折，然后传真或者邮寄到直销中心，通过基金公司客服查询基金账号或寄送基金开户交易确认单。

（2）网点柜台开户。首先填写“开放式基金账户申请表”，然后将填好的表格和有效证件提交柜台业务人员，客户自行设置交易密码和查询密码，接着柜台人员回复“开户受理回执”，最后客户于 T+2 日可以通过电话、网络或者前往代销网点查询申请确认结果。

2. 开户需要提供的资料

在柜台开户需要提供的资料根据投资主体的不同可分两种情况。如果是个人开户，需要持本人有效证件的原件（包括居民身份证、警官证、军官证、士兵证及护照等），本人银行卡或者存折。

如果是机构进行开户，除了提供经办人的有效身份证原件及复印件之外，还需要提供法人代表的身份证复印件、法人授权书 “开放式基金账户申请表”（填写并加盖公司公章和法人代表章）、营业执照或者注册登记证原件及复印件，指定银行账户的“开户许可证”或者“开立银行账户申请表”原件及复印件等资料。

9.3 基金的认购

基金认购是指投资人在基金募集期内购买基金的行为，认购价格为基金的单位面值加上少量手续费。投资者办理认购等基金业务的时间为开放日，具体业务办理时间以销售机构公布时间为准。

通常认购价为基金份额面值（1 元 / 份）加上一定的销售费用。投资者认购基金应在基金销售点填写认购申请书，交付认购款项。

9.3.1 基金认购的程序

开放式基金的认购流程并不是一成不变的，投资者在实际操作中应该以招募说明书及发行公告书为准。投资者参与认购的程序如下。

1. 办理开户

个人投资者提供本人身份证、本人银行活期存款账户或者对应的银行卡和已经填好的“账户开户申请表”相关资料到相关基金公司或证券公司办理开户。

机构投资者提供已经填好的“基金账户开户申请书”、企业法人营业执照副本原件及复印件、指定银行账户的银行“开户许可证”“法人授权委托书”等相关资料，到基金管理有限公司直销中心或者基金管理公司指定的可办理代理开户的代销网点办理开户手续。

专家提醒

因为不同的开放式基金在发布招募说明书时内容各不相同，所以具体的开户注意事项应以对应的基金公告为准。

2. 认购

个人投资者提供本人身份证、基金账户卡（当场发放）、代销网点当地城市的本人银行借记卡（卡内必须有足够的认购资金）和已经填好的“银行代销基金认购申请表（个人）”等资料进行基金认购。机构投资者提供已经填好的“认购申请书”、基金账户卡、划付认购资金的贷记凭证回单复印件或者电汇凭证回单复印件，以及机构经办人身份证原件到直销中心进行认购。

3. 缴款

机构投资者申请认购开放式基金，应先到指定银行账户所在的银行，主动将足够金额认购资金从指定银行账户以“贷记凭证”或者“电汇”方式，按规定划入“基金管理人申购专户”，并确保在规定时间内到账。机构投资者还需提供已填好的“银行代销基金认购申请表”、基金账户卡、在代销银行存款账户中存入足额的认购资金，以及经办人身份证原件到代销网点进行认购。

4. 确认

投资者可以在基金成立之后向各基金销售机构咨询认购结果，并且也可以到各基金销售网点打印成交确认单。此外，基金公司将在基金成立之后按预留地址将“客户信息确认书”和“交易确认书”邮寄给投资者。

9.3.2 基金认购的相关计算

与基金认购相关的计算公式如下。

（1）认购费用 = 净认购金额 × 认购费率。由此可以得出：认购费率 = 认购费用 / 净认购金额，**即认购费率就是认购费用与净认购金额之比率。**

（2）净认购金额 = 认购金额 – 认购费用。由此可见，净认购金额 = 认购金额 – 净认购金额 × 认购费率，即净认购金额 = 认购金额 /（1+ 认购费率）。

（3）认购份额 = 净认购金额 / 认购当日基金份额面值，基金份额面值通常为 1 元 / 份。

9.4 基金的申购

申购指在基金成立后投资者申请购买基金份额的行为。基金封闭期结束后，若申请购买开放式基金，习惯上称为基金申购，以区分在发行期内的认购，其实基金的申购，就是买进。

9.4.1 基金申购的程序

申购开放式基金的一般步骤如下。

1．开立基金账户和交易账户

到银行填写有关个人信息的表格，出示身份证明及客户印章（或签名），存入一定量的现金来开立基金账户和交易账户。开放式基金一般都有最低申购额，通常为 1 000 元，基金定投的最低申购额普遍比较低，有的只需要 100 ~ 200 元。

2．确认申购金额

开放式基金的申购价格一般是当日基金净值加上一定比例的申购费。为了鼓励申购，有些开放式基金是不收申购费的。由于当日基金净值只有在当日股票市场收市后才能计算，所以这之前申购基金，不知能买多少基金单位，只能填写购买金额，待申购日基金净值算出来后，才知道具体申购了多少基金单位。

3．支付申购款

将申购资金划入相应的基金管理公司。

4．申购确认

基金管理公司在交易日后，一般 3 天左右，会为客户提供成交确认书，客户也可以自己通过电话来查询成交情况。

9.4.2 基金申购的费用

目前国内通行的申购费计算方法为：申购费用 = 申购金额 × 申购费率，净认购金额 = 申购金额 – 申购费用。我国《开放式投资基金证券基金试点办法》规定，**开放式基金可以收取申购费，但申购费率不得超过申购金额的 5%**。目前，申购费费率通常在 1% 左右，并随申购金额的大小有相应减少。

例如，南方稳健成长基金规定申购费标准，如表 9–1 所示。

表 9–1 申购费标准

申购金额（M）/ 万元	申购费率 /%
M ＜ 100	2.0
100 ≤ M ＜ 500	1.8
500 ≤ M ＜ 1000	1.5
M ≥ 1000	1.0

9.4.3 认购和申购的区别

开放式基金的认购和申购是购买基金在两个不同阶段的说法。

（1）如果投资者在一只基金募集期中购买基金份额，称为认购，每个单位基金份额净值为 1 元。

（2）基金募集期结束并成立后，投资者根据基金销售网点规定的手续购买基金份额则称为申购。此时，由于基金净值已经反映了其投资组合的价值，所以每单位基金份额净值不一定为 1 元，可能高于也可能低于 1 元，故同一笔资产认购和申购同一基金所得到的基金份额数将有可能不同。

9.5 暂停或拒绝申购

在通常情况下，开放式基金在基金开放日的规定时间内，当投资者提出申购基金份额的申请时，基金管理人（即基金管理公司）都应该受理投资者的申请，为投资者办理相关的申购手续。但是，根据有关规定，在满足事先约定的条件下，即使在基金开放日期间，基金管理公司也可以不再接受投资者的申购申请，暂停或拒绝申购。

9.5.1 什么是暂停申购

暂停申购是指基金管理公司根据《证券投资基金运作管理办法》的有关规定，即使在基金开放日期间，也可以暂时停止办理申购申请的一种限制措施。

9.5.2 暂停申购的条件

为了保护投资者的权益，限制基金规模的过分扩大，《证券投资基金运作管理办法》第三章第二十一条的规定，开放式基金的基金合同可以约定基金达到一定的规模，基金管理人不再接受认购、申购申请，但应当在招募说明书中载明。基金合同生效后，基金管理人可按照基金合同的约定，根据实际情况调整基金规模。

因此，基金管理人当发现基金已达到一定规模时，便可以采取暂停申购的限制措施，以控制基金规模的进一步扩大。此时，投资者就暂时不能提出申购申请，只有等待到基金管理人发出公告宣布取消暂停申购状态，才能再提出申购申请。

9.5.3 暂停申购的实施

暂停申购应按照如下步骤实施。

（1）在基金合同中，应予以约定达到的基金规模。

（2）在开放式基金的募集期间，应当在基金招募说明书中载明，并通过指定媒体予以披露。

（3）基金管理公司根据基金规模的具体情况，需要暂停申购时，应发出公告宣布基金处于暂停申购状态。

（4）基金管理公司根据基金规模的具体情况，需要开放基金申购时，也应发出公告宣布基金处于开放申购状态。

9.5.4 什么是拒绝申购

拒绝申购是指基金管理公司根据有关规定，在出现相应情形时，可以拒绝办理申购申请的一种限制措施。

9.5.5 拒绝或暂停申购的条件

除了出现以下情形，基金管理公司不得拒绝或暂停基金投资者的申购申请。

（1）不可抗力。

（2）证券交易场所在交易时间非正常停市。

（3）基金资产规模过大，使基金管理人无法找到合适的投资品种，或者可能对基金业绩产生负面影响，从而损害现有基金持有人的利益。

（4）基金管理人认为会有损于现有基金持有人利益的其他申购。

（5）基金管理人、基金托管人、基金销售代理人和注册与过户登记人的技术保障或人员支持等不充分。

（6）经中国证监会同意认定的其他情形。

9.6 基金的赎回

基金赎回是投资者将已经持有的开放式基金单位出售给基金管理公司，收回资金的行为。简单地说，基金的赎回就是卖出，赎回基金后，资金需要 3 ~ 5 个工作日才能进到投资者的账上。

9.6.1 巨额赎回和连续赎回

巨额赎回是指当开放式基金的当日净赎回量超过基金规模的 10% 时，基金管理人可以在接受赎回比例不低于基金总规模 10% 的情况下，对其余的赎回申请延期办理。**巨额赎回申请发生时，投资者可以选择连续赎回或者取消赎回。**

连续赎回是指投资者对于延期办理的赎回申请部分，选择依次在下一个基金开放日进行赎回。

9.6.2 基金赎回的程序

简单地说，基金赎回就是投资者买了开放式基金，不想要了，就把它卖给基金公司，其具体程序如下。

（1）发出赎回指令。投资者到银行或者基金管理公司柜台下达赎回指令，或者也可以通过电话、传真甚至互联网下达赎回指令。

（2）赎回价格的确定。开放式基金的赎回价格是当日基金净值减去一定比例的赎回费用。国外有的开放式基金不收取赎回费用。与申购情形一样，只有当日股票市场收市后，投资者才能知道自己赎回基金的价格。

（3）领取赎回款。在交易日后的 3 ~ 5 天内，投资者即可领取赎回款项。

9.6.3 基金赎回的条件

基金是中长期投资品种，一般情况下，投资者不要过多地在乎基金一时的价格波动，但是长期投资并不是无限投资，投资者最终要通过赎回来实现利益。

投资者赎回基金的一般条件如下。

（1）当基金管理公司发生重大的人事变动时。

（2）当自己的收支状况发生重大变化或需要一笔较大资金时。

（3）当整个证券市场持续大幅下滑时。

（4）当所投资基金的净资产值持续下跌时。

9.6.4 赎回基金的策略

在需要选择赎回基金时，可以采取以下策略。

（1）提前准备。如果投资者能预计自己需要现金的日期，最好提前一个月开始考虑赎回计划。如果到期才赎回基金，若遇上市场不景气，基金净值下跌，赎回价未必是投资者最满意的价格，所以留出一段机动时间对掌握主动权比较有利。

（2）赎回业绩较差的基金。如果投资者手中持有多只基金，应该先赎回表现比较差的基金，因为它的投资组合很可能存在一定问题，而表现好的基金往往是因为有优秀的基金经理和优秀的基金管理公司，其优良表现持续下去的可能性比较大。

（3）转换基金。市场的变化很难捉摸，即使是专业的投资人士也不可能都判断准确，恐慌的时候可能蕴藏着机会，如果选择赎回，也许日后要花更高的代价才能买回。因此，投资者不妨采取转换投资的方式，即赎回基金的同时购买另一只基金。

CHAPTER 10

第 10 章 基金投资必知技巧

学前提示

“智者顺时而谋，愚者逆理而动”，任何事情都要遵循一定的规律和技巧，投资基金也一样。只有在掌握投资技巧并根据这个技巧进行操作的基础上，才有可能在基金投资中获取最大的收益。

要点展示

- 基金购买技巧
- 基金套利的技巧
- 基金降低成本技巧
- 基金转换的技巧
- 基金组合的技巧
- 基金赎回的技巧

10.1 基金购买技巧

因基金种类繁多，不同的基金也适合不同的投资者，因此，在进行购买基金时，也需要从不同的角度考虑。

10.1.1 新老基金的对比

对于新老基金的选择来说，首先要看的是市场处于什么状态：如果股市处于牛市，则购买老基金收益会更高；如果市场正处于熊市，那么购买新基金则更有优势。新基金从募集开始，需要两个月左右的建仓时间，如果在此期间市场正好是牛市，投资者就损失了获得收益的机会成本，也就是牛市要买老基金的原因。

而相反的，**如果市场在此期间处于下跌行情，则新基金可以通过延缓建仓进行有效规避，同时可以通过申购新股、投资债券等其他产品来获取较为安全的收益**。这也就是熊市建议买新基金的原因。

此外，老基金的缺点在于已经有了很大的涨幅，申购费也会比新基金高。其优点则在于基金管理人经历了不同的市场行情，投资能力得到验证，便于投资者选择。相对来说，新基金的申购费用比较低，但是投资者选择的难度也比较大。

10.1.2 大小规模基金的对比

对于新基民，经常会碰到诸如“该买规模大的基金，还是买规模小的基金”的问题。

首先，**大基金灵活性较差，规模太大，运作难度相对较大，仓位难以进行及时调整**。通常来说，基金公司旗下的基金中如果有大基金，其调仓都是在小基金调仓之后才进行，灵活性明显不如小基金。

其次，大基金获取超额收益的能力也比较差，因为大基金往往在大盘股上进行配置，这时就可能难以获得超越大盘的收益。

但是，规模太小的基金可能令某些个股出现过度配置，导致业绩波动性加大。同时，投资者对于太小的基金也不放心，容易对其能力产生怀疑。因此，**投资者一般可以选择 50 亿元左右的中型基金**。

10.1.3 购买基金的重要细节

细节制胜，对于基金购买来说，投资者应特别注意以下细节。

（1）采用便捷的基金认购形式。目前，各个商业银行除了柜台可以购买基金外，还开通了电话银行、网上银行的认购方式。

（2）抓住基金认购的时间。由于目前基金发行异常火暴，投资者不仅要关注基金发行的起始日期，更重要的是了解起售时间，不同的基金起售时间是不同的，投资者需要事先向基金公司了解认购时间。

（3）选择基金的购买方式。开放式基金可以在发行期内认购，也可以在发行后申购。认购和申购各有其利弊，申购的手续费略高于发行认购时的手续费，但投资者可以参考大盘走势和基金前期运作情况，选择最有利的申购时机。同时，投资者在申购时也可以选择网上银行交易，不少基金公司对于网上买卖的申购费都有打折优惠。

（4）及时核实购买是否成功。由于不少基金公司采用了限额认购、申购，也就是一旦达到了既定的购买量，发行期、认购、申购期会提前结束，或是由于基金异常波动，基金也会暂停申购。对于基金的购买，投资者需要及时了解基金公司的公告，并做好事后核实工作。

10.1.4 购买基金应注意的事项

投资者要根据自己的实际情况，选择适合自己的基金品种。在购买基金的过程中，投资者应注意以下事项。

（1）要仔细阅读基金契约、招募说明书或者公开说明书等文件，并从报纸、销售网点公告或管理网站等正规途径了解基金的相关信息，以便真实、全面地了解基金和基金管理公司的收益和风险等。

（2）投资者还要考虑到手中的资金是否能进行长期投资，如果不能长期投资，就要选择变现能力好的货币市场基金。

（3）要把握准确再进行购买，不可盲目投资。投资者应该在充分了解、细致选择的基础上理性投资基金产品。

10.1.5 网上交易的模式选择

由于基金网上交易非常方便，而且不受时间的限制，费用也能享受优惠，所以深受广大投资者的青睐，特别是时间比较紧张的上班族。网上交易模式有多种，投资者可以根据自己的需要选择相应的模式。

目前，国内有银联模式、银基通模式和网络链接模式等 3 种网上基金交易模式。

（1）银联模式就是通常所说的第三方结算模式。投资者需要办理银联卡，基金公司的网络和银联的网络连接，通过银联和相关银行进行结算。银联模式相对于其他模式来说，发展前景十分广阔。

（2）银基通模式类似于银证通，是一对一的模式，也就是基金公司与代销行的合作，投资者用该银行的银行卡到该银行网站注册成为该行“银基通”用户，然后利用银行卡购买与银行合作的基金产品。

（3）网络链接模式也可以称为附加模式。这种模式是基于前两种基本技术平台和交易模式之上的一种网上交易模式。它在技术上并没有多少创新之处，其本质还是前两种基本模式。网络链接模式主要体现为网上基金超市和基金团购两种表现形式。

10.1.6 基金网上交易妙招

基金网上交易在方便快捷的同时，还有以下几个妙招。

（1）巧妙选择买卖时间，根据基金网上交易 T+1 日的确认规则，投资者一般不要选择周五买基金。根据基金网上交易股票型赎回基金 T+3 日到账的规则，投资者最好选择周一或周二赎回，能保证资金本周内可以使用。

（2）灵活应用转换，基金网上交易买基金享有手续费优惠，但是赎回一般不能优惠。投资者可以通过基金转换，变相实现赎回费率优惠，因为基金公司规定旗下基金间转换费率一般低于持有不满一年的赎回费率。

（3）巧妙撤销交易，基金网上交易不需要填写大量单据。

（4）以货币基金为桥梁，基金网上交易非常便捷，可以随时交易。投资者可以通过自己的判断，不断动态调整家庭资产在股票型基金与货币型基金之间的配置比例，既可以及时规避风险，又可以稳健获得收益。

10.2 基金套利的技巧

套利指同时买进和卖出两张不同种类的合约。交易商买进认为“便宜的”合约，同时卖出那些认为“高价的”合约，从两个合约价格间的变动关系中获利。**在进行套利时，交易时间上注意的是合约之间的相互价格关系，而不是绝对价格水平。**

10.2.1 不同基金的套利方式

套利就是指通过各类投资产品市场的定价缺陷，进行的获取利润的行为。不同的基金，对应的套利方式也是不尽相同。

（1）封闭式基金套利。目前的封闭式基金价格与净值之间的偏差而产生的高折价率，将为投资封闭式基金带来较大的套利空间。另外，**封闭式基金因在二级市场挂牌交易，本身也存在一定的价差套利机会。**

（2）跨市场套利。目前已经成功开发的指数基金，如上证50 ETF、LOF等基金品种，既提供了二级市场的交易功能，又提供了场外的申购、赎回功能。**投资者除可进行二级市场的价差套利外，还可以进行场内外的跨市场结算，从而实现套利目的。**

（3）开放式基金套利。目前，还没有基金抵押贷款业务，投资者赎回基金难免遭受损失。**在证券市场发生阶段性市场行情时，投资者只要把握市场行情的节奏，完全可以在行情启动前的时点购买股票型基金，而在行情阶段性见顶时，选择赎回。**当基金净值的波动幅度所产生的收益足以抵偿申购、赎回费，并有较大盈利时，此法才可采用，从而实现开放式基金本身套利的目的。

（4）模拟套利。投资者购买基金不但从基金的分红中获利，还应当指导自身的证券市场投资。**运用一部分资金跟踪基金的投资品种，并依基金的净值变化而决定所投资股票的买卖参考，从而实现投资基金的模拟套利。**

（5）基金品种之间的套利。投资者在购买一家基金管理公司旗下的多只基金时，应选择适当时机进行基金之间的巧转换，从而实现基金之间的转换套利。比如，在证券市场转暖时，购买货币市场基金的投资者可择机转换成股票型基金，从而获取高于货币市场基金的收益。

（6）政策套利。目前，国内的基金市场还不是很完善，为获取某种基金产品的较高收益。比如，央行执行货币政策手段的变化，直接导致了货币市场基金主要投资品种央行票据收益发生变化，从而使货币市场基金的单位收益发生变化，产生套利机会。

10.2.2 基金套利的策略

由于基金净值与证券市场有很大的关联，大盘的震荡调整，同样会促使基金的净值发生波动。**对于投资者来说，与其担心基金净值的变化对今后的分红造成冲击和影响，还不如在掌握证券市场行情调整的情况下把握时机，进行基金套利**，主要策略如下。

（1）选择下午2:30之前进行赎回，除非出现尾盘跳水情况，一般当日只要证券市场处于持续上涨阶段，在牛市行情中收阳的概率大大增强。

（2）证券市场不发生5%以上的深幅调整，不做基金的套利行动，原因在于保守的基金认购或申购费率是1.5%，赎回费率是0.5%。特别是为重新买回基金所需的手续费为1.5%。

（3）套利不会轻易拿绩优成长性基金做尝试。

10.3 基金降低成本技巧

目前，客户通常习惯到银行网点购买开放式基金，交易成本较高。以股票型基金为例，一般包括1%～1.5%的申购或认购费，0.5%～1%的赎回费，如果基金投资金额较大就要支付上万元的费用，尤其是有的投资者将基金当股票一样高卖低买、频繁申购赎回，使基金投资的成本侵蚀了自己的大量投资收益。

10.3.1 利用网上电子直销

现在国内许多银行都在网上银行系统中增加了银基通功能，就是客户无须到银行网点购买基金，只需在家里或办公室上网即可自助办理转账购买基金或者赎回基金的业务。电子直销一般都可以获得比网点手工购买便宜一半甚至更多的手续费优惠，因为网上交易节省了银行操作成本，扩大了网银交易量，银行让利实属正常。

10.3.2 选择后端收费模式

基金管理公司在发行和赎回基金时均要向投资者收取一定的费用，其收费模式主要有前端收费和后端收费两种。前端收费是在购买时收取费用；后端收费则是赎回时再支付费用。

以某基金为例，如果投资者选择前端收费，在认购额度100万元以下时，需要交纳认购费率为1%，而投资者选择后端收费时，只要投资者持有时间超过1年以上，赎回时补交的认购费率只有0.8%。同时，如果投资者持有该基金超过3年，则相应的认购费率只有0.4%，而赎回费用全免；如果持有该基金超过5年，则认购费和赎回费全免。

如果投资者认购基金时选择前端收费模式，则需要准备相应的认购费用，而选择后端收费模式则不必计算认购费用，只需在赎回时从净值额度中相应扣除后端补交的认购费即可。

10.3.3 利用红利再投资模式

基金投资者可以选择现金红利和红利再投资两种方式。为了鼓励投资者继续投资，基金公司对红利再投资一般不收取申购费，红利部分将按照红利派现日的每单位基金净值转化为基金份额，增加到投资人账户中。**红利再投资不但能节省再投资的申购费用，还可以发挥复利效应，从而提高投资的实际收益。**

在市场良好的情况下，投资者用分红所得现金再参与投资，就晚一步享受基金净值上涨的利益。而选择红利再投资，就可以在分红当天实现复利投资下的“利滚利”的高收益。因此，投资者如果想分到口袋里的利益更多，就应该选择红利再投资的分红方式。

10.3.4　进行基金团购

按照基金公司的规定，认购、申购数额越高，手续费越低。例如，某基金申购金额低于50万元时费率为1.5%，高于500万元时费率仅为0.5%，两者相比差数倍。这样，投资者可以结合朋友、同事一起购买，也就是基金团购。这使一次性购买基金的额度达到享受手续费优惠的金额，就有可能节省大笔费用。

基金团购名义上是集体购买，投资者各自独立地作出投资决策并进行基金交易，其具体交易方式与一般渠道提供的方式没有区别，但是会员可以享受因累计交易量而带来的团购优惠补贴。

10.3.5　参加基金持续营销

现在的基金持续营销主要有拆分和大比例分红后"净值归一"，实质都是将基金单位净值降低到1元左右。虽然投资基金的收益率从长期来看并不取决于买入基金时的单位净值，但是这种持续营销往往同时推出申购费率优惠方案。同时，由于投资者用新基金的价格买到的是一只老基金，而这只老基金不需要封闭建仓期，同时又有一定的股票仓位，因此在市场快速上涨中会更加主动，投资者可以同时降低申购成本和时间成本。

10.3.6　避免频繁买卖基金

对于大多数基金产品来说，申购、赎回的手续费都是比较高的。股票型基金申购费通常在1.5%左右，对于持有期少于一年的投资者来说，赎回率也要0.5%。如果投资和仅持有几个月就退出投资，每次2%的交易费用就显得很高。

因此，除了货币市场基金等定位于现金管理工具而不强调收益的产品外，大多数基金产品更适合长期投资。**基金本身所奉行的价值投资理念决定了其收益是细水长流式的，适合于长期投资，所以设置了比较高的手续费。因此，投资者不要频繁地买卖基金。**

10.3.7　分批建仓以摊薄成本

如果基金投资的费用比较高，投资者可以利用分摊成本的方法来降低成本，增加收益。对于投资者来说，当牛市格局已定时，每一次下跌都是买入机会。但投资者可能很难判断短期回调的底部是多少，所以不妨按照股票建仓那样分批买进，这样一来可降低风险，二来可降低交易成本。当然，**最好是注意看一下基金的重仓股当日的涨跌情况，然后有针对性地买入。**

10.4 基金转换的技巧

基金转换是指基民将所购买的基金转换为同一基金公司旗下其他类型基金的一种业务。同一基金公司旗下基金 A 转换为基金 B 的费用，要低于先赎回基金 A 再申购基金 B 的费用。基民利用基金转换业务可以用比较低的成本规避市场波动带来的风险。

10.4.1 基金转换的条件

转换申请中的两只基金要符合以下条件。

（1）在同一家销售机构销售，且为同一注册登记人的两只开放式基金。

（2）前端收费模式的开放式基金只能转换到前端收费模式的其他基金，申购费为零的基金默认为前端收费模式。

（3）后端收费模式的基金可以转换到前端或后端收费模式的其他基金。

10.4.2 基金转换的时机

由于基金转换与赎回后重新购买最大的不同是转换及时，并且可以节省手续费。不少基金公司为了推广基金转换这一业务，进行了不少的优惠措施。

理财专家介绍，央行降低了存贷款利率后，债券市场看好，投资者不妨将股票型、混合型基金转换为债券型基金，如此既规避了股票市场的下跌带来的风险，又节省了赎回费和申购费，而且还避免了期间资金闲置产生的机会成本。

（1）根据宏观基金形式把握转换时机。投资者要注重宏观经济及各类金融市场的趋势分析。在经济复苏期，股市逐渐向好时，投资者应选择股票基金；当经济高涨，股市涨至高位时，投资者应逐步转换到混合型基金；当利率高，经济过热，即将步入衰退期时，投资者可转换到债券基金或货币基金。

（2）根据证券市场走势选择转换时机。股票市场经过长期下跌后开始中长期回升时，适宜将货币型、债券型基金转换为股票型基金，以充分享受股票市场上涨带来的收益。当股票市场经过长期上涨后开始下跌时，适宜将股票型基金转换为货币型或债券型基金，以回避风险。

（3）根据具体基金的赢利能力选择转换时机。随着基金规模的不断壮大，大的基金公司下一般都会有几只不同风格的配置型基金和股票型基金，表现有差异也是必然会出现的事情，当目标基金的投资能力突出，基金净值增长潜力大的时候就可以考虑将手中表现相对较差的基金转出。

10.4.3 基金转换的技巧分析

在基金投资过程中，基金转换的技巧还可以从以下几个角度进行分析。

（1）时机。如果投资者已经有一定的市场经验，可以在市场低迷的时候投资货币市场基金，在行情有起色的时候再把货币基金转换成相应的股票基金。这样，投资者一方面可以享受货币基金高于银行定期存款的收益，同时也能享受市场上升时带来的收益。同样道理，**如果投资者觉得市场比较弱的时候，可以将自己的股票基金转换成货币市场基金，避免市场波动对已实现收益的影响。**

（2）费率。基金转换时，投资者只需支付较低的转换费率，不必支付较高的赎回和申购费率。一般来说，基金管理公司为了挽留投资者，一般设定的转换费率是1‰（非货币基金的相互转换），即1 000元的资产支付1元的转换费率，而与此相对的赎回和申购费率分别是5‰和1.5%，也就是1 000元的资产需要支付20元的赎回和申购的费率，这个费用是转换费的20倍。

（3）适合。部分投资者在购买基金的时候，对自己所购买的基金并不是特别了解：明明是风险承受能力较高的投资者，结果买了混合型基金；而有的投资者不喜欢净值波动较高的基金，却在购买的时候误买了股票型基金。当发生这种情况的时候，建议投资者不必马上赎回基金，而是选择基金转换的方式，将自己现有的基金转换成适合自己的基金产品。

（4）节省。相比赎回和再申购基金，基金转换一般在两个工作日就可以完成，而赎回基金的款项一般至少需要4个工作日才可以到账，申购也需要两个工作日。

10.5 基金组合的技巧

高收益、低风险和高流动性是证券市场上所有投资者追求的目标。通过构建投资组合，投资者虽然不能凭空增加利润或者消除风险，但却能够调整投资的收益性、安全性和流动性，将其控制在自己可以接受的范围之内。

基金管理人将资金按一定比例分别投资于不同种类的有价证券或同一种类有价证券的多个品种上，这种分散的投资方式就是基金组合。通过基金组合可以分散基金的投资风险，是证券投资基金成立的意义之一。

基金投资组合可以分为两个层次：第一个层次是在股票、债券和现金等各类资产之间进行比例分配；第二个层次是债券的组合与股票的组合，即在同一个资产等级中选择几个品种的债券和几个品种的股票及各自的权重。**为了保障广大投资者的利益，基金投资都必须遵守组合投资的原则，即使是单一市场基金也不能只购买一两项证券。**

10.5.1 基金组合的构建基础

投资者在充分了解不同类型基金的风险特征后，需要结合自身的风险承受能力构建投资组合。在进行构建组合时应从以下几个方面考虑。

（1）投资需要认清大的宏观经济背景。基金不能规避系统性风险，当前面提到的系统性风险出现的时候，投资者应有所准备。

（2）其次，在基金选择上应注重优质基金。无论是长期或者短期来看，持有优质基金都是投资者获利的基本保障。基金公司的管理能力、基金经理的管理水平均对基金的业绩有着直接的影响。

（3）在了解了基本面的状况和挑选了优质基金之后，投资者根据个人风险承受能力选择和制定适合自己的投资组合。稳健偏保守的投资者可以选择部分优质的混合型基金以及债券型基金、货币市场型基金组合投资，既享受股票市场的收益，又有一定的固定收益品种作为安全垫。

10.5.2 构建基金的核心组合

核心组合是投资者持有的基金组合中，用来实现其投资目的的主要部分，是整个投资组合的坚实基础。在基金组合中占据了主要位置，并对整个投资组合的最终风险回报起着决定性的作用。选择核心组合时需要注意以下几点。

（1）核心基金应该是业绩稳定、长期波动性不大的基金。因为业绩稳定的基金虽然不是最抢眼的基金，但却有着稳定组合的作用。

（2）对于中短期投资的组合，可以选择债券型基金作为核心基金组合。投资者应该选择那些持有高信用级别、期限较短的债券的基金，因为信用级别较高的债券风险较小，期限较短的债券波动也较小。

（3）对于长期投资的组合，可以选择大盘风格的基金作为核心基金组合。因为大盘基金投资的大多是大盘股票，而大盘股票通常比小盘股票的波动性小。

此外，核心组合的比例可以占整个组合的70% ~ 80%，甚至是100%。因此，在确定了选择哪种核心组合后，还要考虑核心组合的比例。

10.5.3 基金组合的注意事项

投资者在基金组合的过程中，往往会犯不同的错误，从而使自己的基金组合出现问题，不能达到自己的预期收益。这主要表现在以下方面。

（1）缺乏一个明确的投资目标。对于投资者来说，一定要明白自己持有的组合所期望达到的目的。

（2）没有核心组合。针对每项投资目标，投资者应选择 3 ~ 4 只业绩稳定的基金构成核心组合，其资产可占到整个组合的 70% ~ 80%。

（3）非核心投资过多。核心组合外的非核心投资可以增加组合的收益，但如果投资者投资过多非核心部分，就会削弱核心组合的投资收益，在不知不觉中承担过高的风险。

（4）同类基金选择失当。某类基金的数目过多时，应该考虑同类业绩排名中较好的。

（5）费用过高。如果两只基金在风格、业绩等方面都很相似，投资者可以选择费用较低的基金。

10.5.4　监控基金投资组合

要使自己的基金组合获得最大的收益，就必须养成定期检查、监控投资组合的习惯，具体可从以下几个方面着手。

（1）关注组合以及各基金的业绩表现。投资者要定期检查业绩表现，根据不同长短的期间范围考察投资组合的收益情况，并将长期收益率与设定的业绩预期目标进行比较。

（2）关注基金组合的特征。基金组合中的每项投资都是随着市场的波动而不断变化的，此外基金经理也会买入卖出证券进行调整。如果忽视特性的变动，可能带来不必要的风险。

（3）关注组合中基金的基本面。如果某只基金的多项特征不符合自己当初投资的筛选目标，就应该考虑对其进行重新评估。

10.6　基金赎回的技巧

基金的赎回是非常重要的，如果把握了赎回的技巧，就会获利；反之，可能遭受损失。对于投资者来说，只有恰当地赎回基金，才能保证投资。

10.6.1　基金赎回的时机

基金投资无异于股票投资，由于我国基金行业还处于发展阶段，选择合适的基金要相对简单些，而“择时”仿佛更重要些，尤其是何时卖出，更是一门大学问。**只有卖出基金实现收益，才是衡量投资基金业绩的硬道理。**要想准确地算出卖出的最佳时机是不容易的，投资者可从以下几个方面进行考虑。

（1）卖在行情高涨时，买在行情低迷时。一般情况下，在宏观经济景气度很高的情况下，股市行情也随之高涨，成交量屡创新高，这时就是卖出股票或基金的最佳时点。相反，当经济景气循环落入低谷，投资人信心低落，股市行情也随之跌落，反而是买入基金的最佳时点。

（2）考虑基金的费率规定，选择合适的赎回时机。基金管理人在募集基金时，会针对不同情况设立不同的赎回费率。但有些基金在持有满半年或1年后，赎回费率减半或者全免等，所以在选择赎回时，要问清楚相关的赎回费率的规定。

（3）基金业绩明显不佳时，要勇于舍弃，转换为其他基金。基金投资操作不同于一般的股票投资，它更加倾向于长期性投资，投资者可以容忍短期的绩效不佳，如连续3个月或是半年，但如果等到1年以后基金业绩仍然没有起色，就要毫不犹豫地“割肉”卖掉，转换为历史业绩优秀、表现比较稳定的其他基金。

（4）发现基金管理人的操作有问题时，应该毫不犹豫地赎回。投资者如果发现管理人为了给特定人谋取利益，牺牲投资人的权益，就应立即卖掉该基金，不必再给予任何期待。

10.6.2 基金赎回的误区

很多投资者会在不知不觉中走入基金赎回的误区，使自己的收益遭受很大的损失。这些误区主要体现在以下方面。

（1）大盘涨了，基金净值也涨了，就应赎回持有的基金份额。虽然“低买高卖”是股市中股票投资者应遵循的盈利原则，但这样的股票操作手法，是不能完全套用在投资基金身上的。因为对于投资基金，是一个长期的投资渐进过程，在这个过程中，基金的净值是会随着市场的波动而波动，它的投资收益不可能一步到位、立竿见影。

（2）别人都赎回了，我的那份资产会受损失。其实股票升值，许多投资人选择在高位大量卖出，会导致股票市值的下跌。基金不是股票，其净值并不会因为遭遇巨额赎回而下降，唯一影响其净值的是投资组合的收益率，即使基金规模跌破2亿元的设立下限，但只要其投资组合是盈利的，其净值依然在面值以上。

（3）既然股票能做波段操作，基金也能做。波段操作是一些短线投资者常用的股票操作手法，但是此方法并不适合于基金。

（4）分红后投资人的实际收益会减少。分红后基金净值会有一个突然下落的情况，但这并不意味着基金投资人的收益会减少。分红使得基金的净值下降，但是基金的累计净值依然是不变的，投资人的实际收益也是不变的。

10.6.3 减少基金赎回的在途时间

现如今开放式赎回的资金到账多数实行T+2或T+3，赎回的在途时间较长，对投资流动性形成制约，使很多投资者望而却步。投资者可以根据以下几点，尽量减少基金赎回的在途时间。

（1）巧用转换“曲线”赎回。有些公司规定旗下的货币和股票型基金的转换实行T+0或T+1，灵活利用好这一规定巧打时间差，便可以缩短赎回的在途时间。

（2）尽量避免在节假日前申购和赎回。在途时间是按工作日计算的，法定节假日则不计算在途时间。比如，黄金周前的最后一个交易日赎回货币基金，资金只能等到7天假期后的第二个工作日才能到账，无形中成了T+8；如果是黄金周前最后一个交易日申购的话，也是到节后才能成交。

（3）利用“约定投资”可以省时省力。目前部分银行和基金公司开通了投资预约业务，也就是说，可以通过银行或基金公司的网上交易系统，自动对基金申购和赎回的时间、价格进行提前约定。这样系统就会按照你的指令自动完成交易，从而达到省时省力的目的。

专家提醒

资金在黄金周内既没有存款利息，也不能享受货币的理财收益，因此，从收益的角度来说，申购和赎回应尽量避开节假日。

CHAPTER 11

第 11 章 基金定投 保本增值

学前提示

俗话说:“不怕收入少，就怕不投资”。现在很多银行推荐的基金定期定额投资，门槛宽松，重在长期，日积月累，聚沙成塔，是很适合社会新人的理财方式。

要点展示

- 基金定投，懒人理财高招
- 优化定投，掌握交易要点

11.1　基金定投，懒人理财高招

如今，通货膨胀成了吞噬财富无形杀手。那么，有什么好方法既能够比较安全，又能抵御通货膨胀，还能让钱生钱呢?

基金定投的方式类似于银行储蓄“零存整取”，有“懒人理财”之称，其价值缘于华尔街流传的一句话:“要在市场中准确地踩点入市，比在空中接住一把飞刀更难”。如果采取分批买入法，就克服了只选择一个时点进行买进和沽出的缺陷，可以均衡成本，使自己在投资中立于不败之地，即定投法。

11.1.1　认识基金定投的基本概念

基金定投是定期定额投资基金的简称，是指在固定的时间（如每月 8 日）以固定的金额（如 1000 元）投资到指定的开放式基金中，类似于银行的零存整取方式。这样投资可以平均成本、分散风险，比较适合进行长期投资，如图 11–1 所示。

图 11–1　认识基金定投

11.1.2　通过网上银行进行基金定投

基金定投方法很简单，除了可以到基金公司柜台办理外，目前实用与方便兼具的就是通过网上银行进行定投。下面以中国工商银行网上银行为例，介绍其操作步骤。

步骤 1　登录中国工商银行，进入“基金”界面，并单击其菜单栏下方的“随时投定期投”按钮，如图 11-2 所示。

步骤 2　在新转出的界面中，单击需要定投的基金品种后方的“定投”按钮，如图 11-3 所示。

图 11-2 “基金”界面

图 11-3 单击“定投”按钮

步骤 3 执行上述操作之后，页面将转至“中国工商银行网上基金定投业务须知”界面，如图 11-4 所示。

中国工商银行网上基金定投业务须知

一、基金定投业务是指在一定的投资期内客户定期等额申购某只基金的基金申购业务。中国工商银行作为基金代销人，受基金注册登记机构的委托，根据客户的要求每一期次从客户指定的基金账户扣划固定的款项。基金定投业务的最低投资额由基金管理公司和注册登记机构设定。

网上基金定投业务为网上银行注册客户提供在线办理基金定投设定、撤销等服务。其中，设定指投资人申请开通基金定投业务，撤销指投资人申请停止基金定投业务。

二、基金定投业务的设定、撤销等，均由客户自愿提出。

三、客户申请办理网上基金定投业务的，应已开立了我行的基金交易账户和指定基金公司的TA账户，且指定基金公司已经开办了基金定期投资业务。

四、中国工商银行24小时受理客户提交的网上基金定投业务申请。客户网上基金定投业务设定成功后，将于下一个基金开放日结束前办妥申请确认手续。

五、客户的基金定投申请经确认后，中国工商银行于客户设置的参加日期进行首期次扣款用以申购客户指定的基金，客户设置的参加日期为非基金开放日的，扣款将顺延至下一基金开放日进行；以后期次于每一期次的第一个基金开放日自动从客户资金账户扣除约定款项，用以申购客户指定的基金。如客户资金账户余额不足，扣款将顺延至下一基金开放日进行，直至在此期次内扣款申购成功为止，实际扣款日即为基金申购日。

六、客户在委托期间应保证资金账户的状态正常，并有足额的款项用于基金定投申购。如在约定的期次内客户指定的资金账户内余额少于申购金额或账户处于非正常状态，表示投资人放弃该期的定投申购交易，下一期次需将上一期次未交的款项一并存入资金账户；当投资人指定的资金账户内连续三个期次没有足额的申购款项或账户处于非正常状态，基金定投申购交易自动终止。

图 11-4 “中国工商银行网上基金定投业务须知”界面

步骤 4 阅读定投须知后，单击下方的“我要办理”按钮，页面将转至“输入定投信息”界面，如图 11-5 所示。

步骤 5 在“输入定投信息”界面选择基金交易卡号、收费模式和定投方式，勾选“已阅读并认可‘中国工商银行网上基金定投业务须知’”，并单击“确定”按钮之后，页面将转至详细定投信息输入界面，如图 11-6 所示。

步骤 6 详细填写定投信息之后，单击“提交”按钮，页面转至“确认信息”界面，如图 11-7 所示。

步骤 7 定投信息确认后，单击“确认”按钮，如果新转出的页面中显示“基金定投成功”，就表示定投申请发送成功了，如图 11-8 所示。

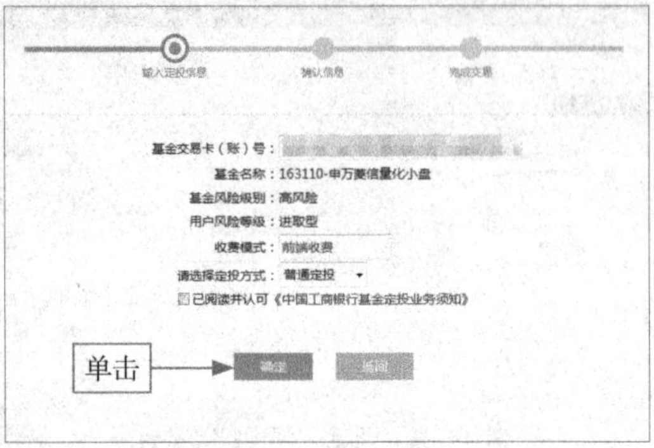

图 11-5　“输入定投信息”界面

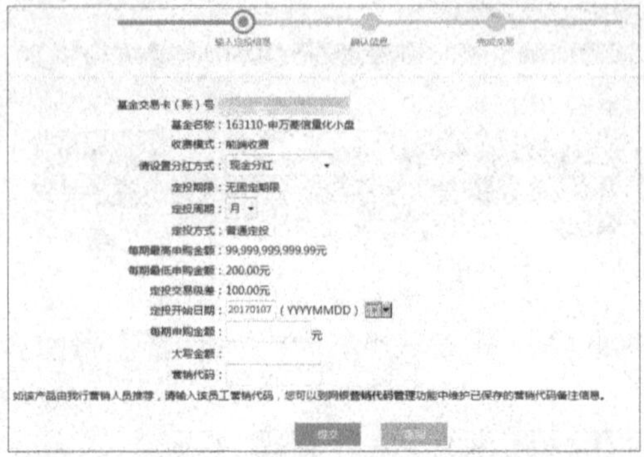

图 11-6　详细定投信息输入界面

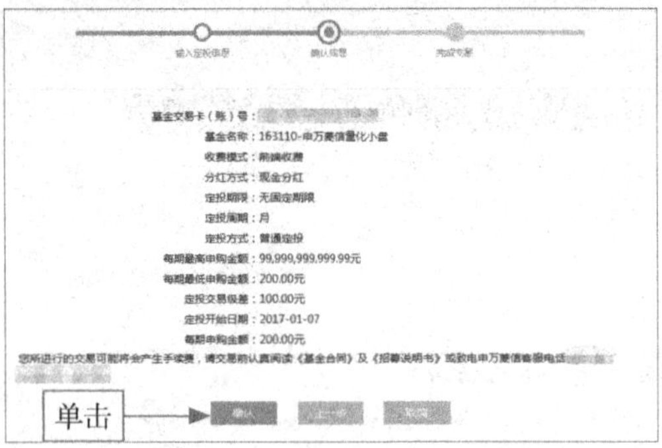

图 11-7　“确认信息”界面

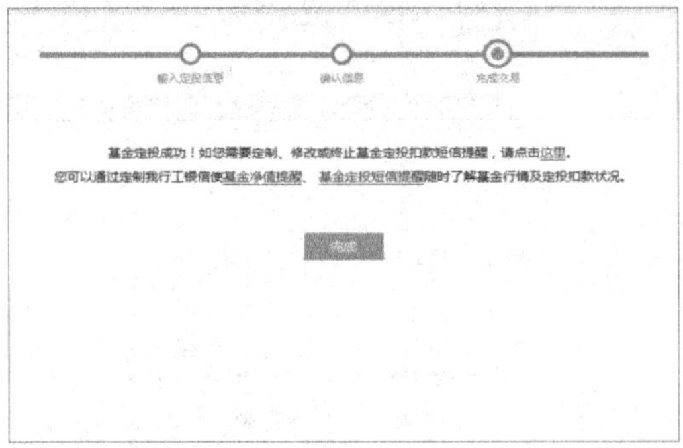

图 11-8　定投成功界面

专家提醒

一次性投资和基金定投是两个概念。投资者一次性投资于某只基金的目的是投机，看好某一时间点的价位全线买入后，一旦该基金净值上涨后可以充分获利。但如果投资者并没有看准，这只基金不涨反跌，那么结果会是全线亏损，其弊端在于缺乏前瞻性。而基金定投正是克服这一缺陷，弱化市场短期不稳定因素，获得稳定收益的方式。

11.1.3　通过第三方平台进行基金定投

除了直接在网上银行进行基金定投操作外，投资者还可以通过第三方基金平台进行基金定投操作。下面以天天基金网为例，介绍具体的操作方法。

步骤 1　进入天天基金网的基金交易登录界面，输入相应的交易账号和密码，单击“登录”按钮，如图 11-9 所示。

图 11-9 基金交易登录界面

步骤 ② 登录后页面自动转至“我的账户”界面，单击该页面菜单栏中的“基金定投”按钮，如图 11-10 所示。

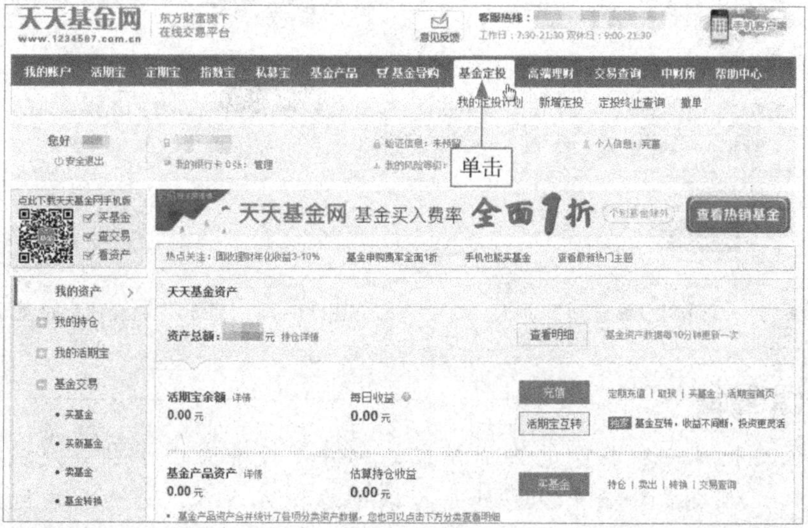

图 11-10 “我的账户”界面

步骤 ③ 执行操作后页面切换至“基金定投”界面，单击该页面中的“新增定投计划”按钮，如图 11-11 所示。

步骤 ④ 在新转出的页面中，选择需要购买的基金，设置定投方式和支付方式等信息，并单击“下一步”按钮，如图 11-12 所示。

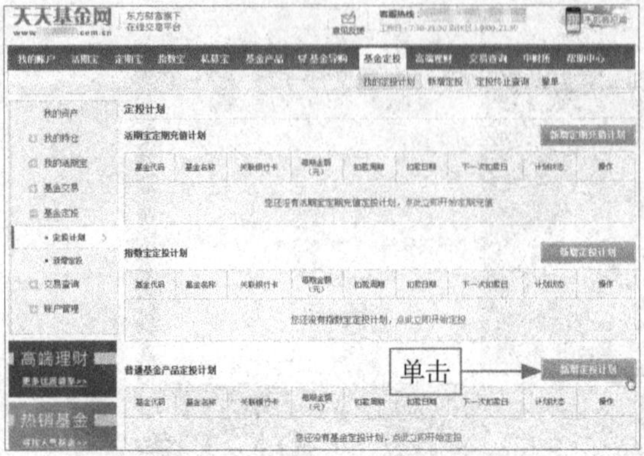

图 11-11 单击“新增定投计划”按钮

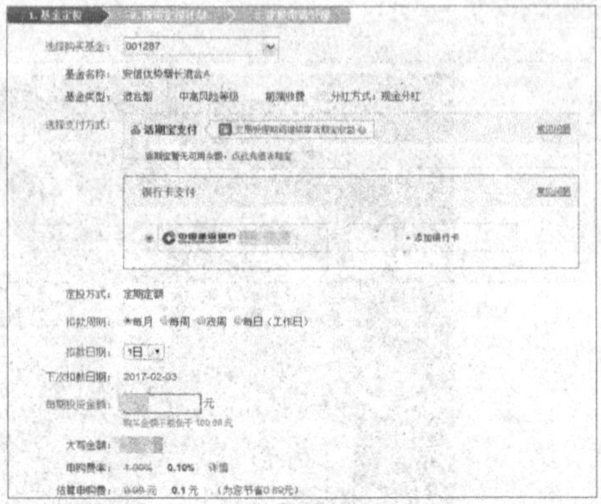

图 11-12 输入定投信息

步骤 5 执行上述操作后，页面转至“预览定投计划”界面。在该界面确认定投信息，输入基金交易密码，并单击“下一步”按钮，如图 11-13 所示。

步骤 6 如果新转出的页面中显示“定投计划设置成功”，就说明定投申请已经递交，如图 11-14 所示。

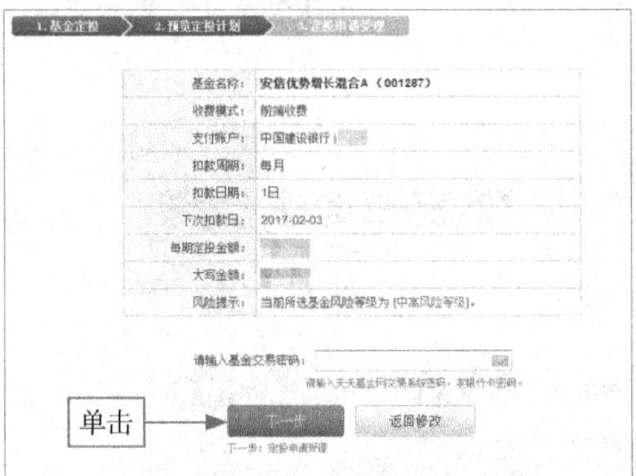

图 11-13 “预览定投计划”界面

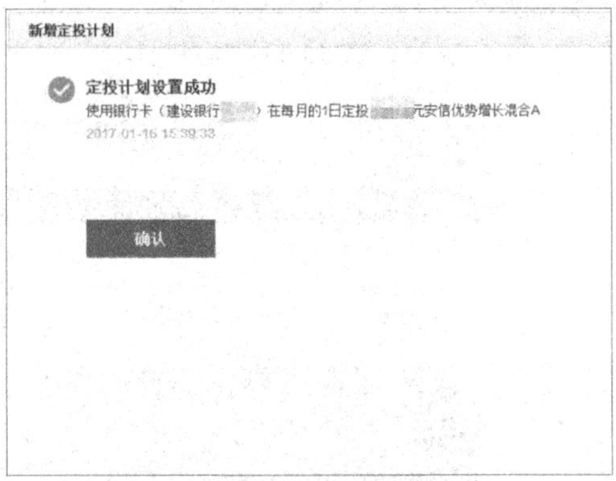

图 11-14 显示“定投计划设置成功”

专家提醒

基金定投是一种科学的投资模式，免去了投资者由于自身失误，而带来的风险。基金定投最大的好处是可以平均投资成本，因为定投的方式是不论市场行情如何波动都会定期买入固定金额的基金：当基金净值走高时，买进的份额数较少；在基金净值走低时，买进的份额数较多，即自动形成了逢高减筹、逢低加码的投资方式。长期下来，每月的分散投资能降低成本和风险，使投资成本接近大多数投资者所投成本的平均值。

11.1.4 定投协议与手动操作基金定投

基金定投的方式可通过定投协议和手动操作完成。

1. 定投协议

基金定投可以通过签订协议，由销售机构扣款，操作简单，定投起点低，通常为 100 元、200 元等。该方式的缺陷是缺少灵活性，定额又定时，目前只有少数的销售机构开通变额变期。签订定投协议的渠道有三种：第一种是到银行柜台，第二种是通过网上银行，第三种是直接到基金公司主页办理。第三种方式往往能享受到最大的手续费的优惠，并且办理并不复杂，只需开通指定网上银行后直接到基金公司主页办理，如图 11-15 所示。

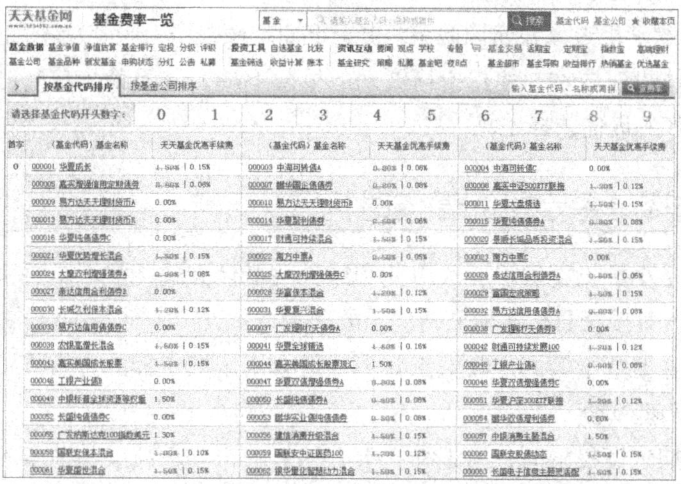

图 11-15　天天基金网中的基金定投手续费优惠情况

2. 手动操作

该方式灵活性强，能自主决定投资份额与时间，把握市场机遇，控制市场风险，缺陷是需要自己费心，牢记定期进行操作，并且操作的有效性受投资者自身能力影响。此外，如果是场外申购，那每次的起点较高，一般为 1000 元。手动操作适合对投资有一定认识与经验、时间充裕的基民。

11.1.5 适合定投的四大人群分析

基金定投是非常适合低薪年轻人的理财方式。专业理财人士认为，选择该种投资方式，不仅可以培养其理财习惯，也能从为数不多的工资中积累一笔不小的财富。概括起来，其适合的人群可以分为以下几类。

（1）年轻的"月光族"。由于基金定投具备投资和储蓄两大功能，可以在发工资后留下日常生活费，部分剩余资金做定投，以"强迫"自己进行储蓄，培养良好的理财习惯。

（2）领固定薪水的上班族。大部分的上班族薪资所得在应付日常生活开销后，结余金额往往不多，小额的定期定额投资方式最为适合。本来月收入就不高，也没有什么理财观念，而基金定投类似于"零存整取"，只要去银行或者证券营业部办理一次就可以了，而且其门槛很低，100 ~ 300 元即可定投，可以在培养理财习惯的同时，慢慢使小钱变大钱。

（3）在未来某一时点有特殊（或较大）资金需求的。例如，3 年后须付购房首付款、20 年后子女出国的留学基金，乃至于 30 年后自己的退休养老基金等。在已知未来将有大额资金需求时，提早以定期小额投资方式来筹集，不但不会造成自己日常经济上的负担，更能让每月的小钱在未来演变成大钱。

（4）不喜欢承担过大投资风险者。由于定期定额投资有投资成本加权平均的优点，能有效降低整体投资成本，使得价格波动的风险下降，进而稳步获利，是长期投资者对市场长期看好的最佳选择工具。

11.1.6 选择基金定投的最佳时机

基金固然是小额投资者参与股市获利成长的最佳方式，但不是每只基金都适合定期定额投资，选对投资目标才能创造优异的回报。

首先，债券型基金等固定收益工具不太适合用定期定额的方式投资，建议定期定额首先考虑股票型基金。

其次，定期定额投资时，要选择在上升趋势的市场。超跌但前景不错的市场最适合开始定期定额投资，投入景气循环向上、现阶段在底部盘整的市场，避免追高是创造获利与本金安全的不二法则，图 11-16 所示为博时卓越品牌混合的净值走势图。

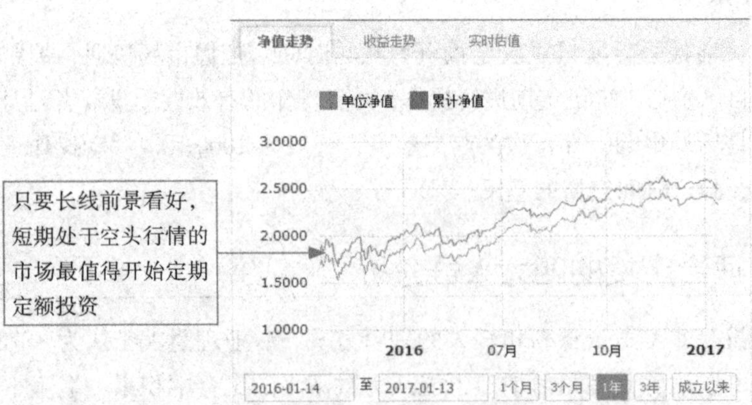

图 11-16　博时卓越品牌混合的净值走势图

11.2 优化定投，掌握交易要点

基金定投是一种中长期的理财工具，因为既省去了购买的手续费，同时对投资时机也有所弱化。只有掌握了基金定投的交易要点，才能使投资者在投资中得到更多的收益。

11.2.1 基金定投前的注意事项

基金定投越来越被人们认识，但很多人却未真正弄清楚基金定投的精髓就茫然去购买了。这样的做法是不可取的。在实际基金定投中应注意以下几点。

- 拟定自己的投资目标。
- 了解自己的风险偏好。
- 预算每月投资金额。
- 选择最合适的基金。
- 开立基金储蓄计划。

只要投资者根据自身财务状况和理财目标，选定好相应基金，去任何一家金融机构就可以办理该业务了。然后，每个月就像银行扣取水电费一样，扣取投资者的钱用于基金投资。这样，就开始定投基金投资了。

专家提醒

基金定投与普通申购的区别主要体现在以下3个方面。

（1）基金定投比普通的基金申购所需金额低得多，有些基金的最低投资限额甚至可以是100元，而且每个月的金额是固定的。

（2）普通申购面临高买低卖的风险，而基金定投的资金按期投入，投资成本较普通申购更为平均。

（3）基金定投可以让投资者养成储蓄的好习惯。

11.2.2 如何挑选定投基金品种

基金定投目前正逐渐被广大投资者所青睐。对于投资者来说，做好基金定投的关键是对于基金的选择。例如，投资者可以通过网络查看最新的基金定投排行，从而快速从中筛选出现中意的定投方案，如图11-17所示。

在进行挑选定投基金时应注意以下几点。

- 要先考察基金累计净值增长率。
- 应选择投资经验丰富且值得信赖的基金公司。
- 不是每只基金都适合以基金定投的方式投资，还要考虑投资的市场。
- 注重市价波幅的大小。

选择比较	序号	代码	简称	相关链接	单位净值	日期	近1年定投收益	近2年定投收益	近3年定投收益	近5年定投收益	上海证券评级09-30	手续费	◉可购 ○全部
	1	378546	上投摩根全球天然资源混合	估算图 基金吧 档案	0.6860	01-12	27.72%	26.35%	13.75%	--	暂无评级	0.16%	定投
	2	162411	华宝标普石油指数	估算图 基金吧 档案	0.6940	01-13	24.59%	15.16%	-1.59%	-12.80%	暂无评级	0.15%	定投
	3	210004	金鹰稳健成长混合	估算图 基金吧 档案	1.5150	01-13	22.30%	28.81%	63.19%	120.92%	★★★★★	0.15%	定投
	4	163208	诺安油气能源	估算图 基金吧 档案	0.9760	01-12	16.49%	16.52%	7.63%	3.90%	暂无评级	0.15%	定投
	5	160512	博时卓越品牌混合(LOF)	估算图 基金吧 档案	2.3150	01-13	17.82%	22.55%	46.82%	90.95%	★★★★	0.15%	定投
	6	001662	创金沪港深精选混合	估算图 基金吧 档案	1.0780	01-13	17.45%	--	--	--	暂无评级	0.15%	定投
	7	001897	九泰久盛量化先锋混合	估算图 基金吧 档案	1.1020	01-13	17.18%	--	--	--	暂无评级	0.15%	定投
	8	160127	南方新兴消费分级	估算图 基金吧 档案	1.3400	01-13	16.72%	16.52%	34.92%	--	★★★★	0.15%	定投
	9	000363	国泰聚信价值优势灵活配置C	估算图 基金吧 档案	1.1860	01-13	16.58%	22.41%	52.50%	--	暂无评级	0.00%	定投
	10	410009	华富量子生命力混合	估算图 基金吧 档案	1.0996	01-13	16.01%	8.90%	19.81%	30.70%	★★	0.15%	定投
	11	001938	中欧时代先锋股票	估算图 基金吧 档案	1.0900	01-13	15.65%	--	--	--	暂无评级	0.15%	定投
	12	540006	汇丰晋信大盘股票A	估算图 基金吧 档案	2.6058	01-13	15.55%	19.21%	59.27%	97.13%	★★★★★	0.15%	定投
	13	539003	建信全球资源混合(QDII)	估算图 基金吧 档案	0.8170	01-12	15.11%	6.72%	-2.59%	--	暂无评级	0.16%	定投
	14	519983	长信量化先锋混合	估算图 基金吧 档案	1.9350	01-13	15.02%	33.04%	77.49%	148.16%	★★★★★	0.15%	定投
	15	001449	华商双翼优选混合	估算图 基金吧 档案	1.2730	01-13	14.68%	--	--	--	暂无评级	0.15%	定投
	16	161725	招商中证白酒指数分级	估算图 基金吧 档案	0.9820	01-13	14.38%	--	--	--	暂无评级	0.10%	定投
	17	229002	泰达宏利逆向策略混合	估算图 基金吧 档案	2.1720	01-13	14.35%	20.30%	51.56%	--	★★★★★	0.15%	定投
	18	000362	国泰聚信价值优势灵活配置A	估算图 基金吧 档案	1.1570	01-13	14.05%	19.95%	49.81%	--	暂无评级	0.15%	定投
	19	001810	中欧潜力价值灵活配置混合	估算图 基金吧 档案	1.1950	01-13	14.04%	--	--	--	暂无评级	0.15%	定投
	20	001421	南方量化	估算图 基金吧 档案	1.2840	01-13	13.92%	--	--	--	暂无评级	0.15%	定投
	21	519704	交银先进制造混合	估算图 基金吧 档案	2.1280	01-13	13.86%	23.87%	55.17%	108.81%	★★★★	0.15%	定投
	22	001397	建信精工制造指数增强	估算图 基金吧 档案	1.0645	01-13	13.77%	--	--	--	暂无评级	0.15%	定投
	23	050013	博时上证超大盘联接	估算图 基金吧 档案	0.8814	01-13	13.68%	5.03%	19.35%	24.65%	暂无评级	0.12%	定投
	24	202021	南方小康产业联接	估算图 基金吧 档案	1.1708	01-13	13.66%	2.94%	23.60%	37.40%	暂无评级	0.12%	定投
	25	202019	南方策略优化混合	估算图 基金吧 档案	1.5770	01-13	13.54%	21.73%	56.56%	89.65%	★★★★★	0.15%	定投

图 11-17　查看基金定投的收益排行

11.2.3　基金定投的八大原则

游先生是某报社的实习生，报社提供吃住，目前的工资是 2 000 元左右。他为了存钱，而选择了基金定投，一个月投了 1 500 元。

根据他的计算，一个月生活开支是 400 元左右，那么投 1 500 元的话还可以富余 100 元当做零用。但是之后发现一旦公司组织什么活动，或者有亲朋好友生日的话，那个月必将苦不堪言。无奈之下，游先生只好撤销了之前的定投，而重新开始月投入 1 000 元左右的定投。

游先生在基金定投时考虑欠周全，这也是新手投资者比较容易出现的问题。在基金定投时，投资者可以遵循以下原则。

（1）目标合理，根据自身情况修改。每个月可以定时扣款 1 000 元或 3 000 元，净值高时买进的份额数少，净值低时买进的份额数多，这样可分散进场时间。这种“平均成本法”最适合筹措蜜月旅游费用、退休基金或子女教育基金等。定期定额投资一定要做得轻松、没负担，有些客户为分散投资标的而决定每月扣款 60 000 元，但一段时间后却必须把定期存款取出来继续投资，这样太不合算。建议投资者最好先分析一下自己每月的收支状况，计算出固定能省下来的闲置资金，1 000 元、3 000 元都可以。

（2）组合定投，保持较高投资效率。组合定投的投资对象一般由 2 ~ 3 只基金组合而成。例如，可以选两只风格都比较激进的股票型基金作为定投的对象；同样可以选择一只稳健型的基金和一只成长型的基金构成一个组合。

（3）投资对象，选择前景好的市场。超跌但基本面不错的市场最适合开始定期定额投资，即便目前市场处于低位，只要看好未来长期发展，也可以考虑投资。另外，定期定额长期投资的时间复利效果分散了股市多空、基金净值起伏的短期风险，只要能遵守长期扣款原则，选择波动幅度较大的基金其实更能提高收益，而且风险较高的基金，长期报酬率越高。例如，较长期的理财目标是 5 年以上，可以选择波动较大的基金。

（4）低位市场，不要停止进行定投。因为基金定投可以平摊风险，因此在下跌的市场里，应该坚持定投，有条件的还可以增加定投资金。

（5）变额定投，突破交易规则限制。例如，准备每月定投 1 000 元的 ETF，可以设立一个波动区间，比如 100 点，即股指（股票价格指数）每上涨 100 点，每月投资金额就应减少 50 元；反之，股指每下跌 100 点，每月的投资金额就应增加 50 元。

（6）选择定赎，预备应急资金。在你面临资金需求时，可以选择定时定额赎回的方式，从而使获得的收益逐步变现，还可以降低投资者一次性赎回基金的风险。

（7）长期投资，听取专家意见。长期投资是定期定额积累财富最重要的原则，这种方式最好要持续 3 年以上，才能得到好的效果，并且长期投资更能发挥定期定额的复利效果。另外，投资者在定投过程中，遇到自己不懂的情况，还是应该听取专家的建议。

（8）适时赎回，巧用基金转换。定期定额投资的期限也要因市场情形来决定，比如已经投资了两年，市场上升到了非常高的点位，并且分析之后行情可能将进入另一个空头循环，那么最好先行解约获利了结。开始定期定额投资后，若临时必须解约赎回或者市场处在高点位置，而自己对后市情况不是很确定，也不必完全解约，可赎回部分份额取得资金。若市场趋势改变，可转换到另一轮上升趋势的市场中，继续进行定期定额投资。

11.2.4 基金定投的十大技巧

基金定投的方式不但能平均成本、分散风险，而且其类似于储蓄的方式是很多投资者认可的，但是作为一项新业务，在投资时既有一定的投资技巧，也需要注意各方面的问题。

1．巧选高波动基金

基金定投法相比等份额投资法，优点在于在高位买入较少份额，而在低位买入较多份额，从而实现更低的平均成本。正因为如此，越是波动性高的基金，越适合用定期定额投资法。

2．选对定投日期很重要

一般来说，目前大多数定期定投的实践者都是采用每个月一次定投的方式。当然，伴随各家机构定投平台的不断进步，如今已经有越来越多的机构可以实现按周乃至按日来进行定投。

3．利用基金转换

许多执行定期定额投资的投资者，往往会选择将富余的资金存放在货币基金之中，待定投执行日前赎回，以确保有足够的资金进行定投。如此操作手法麻烦不说，而且因为货币基金赎回和定投之间的时间差，还会损失 1 天甚至更长时间的货币基金收益。

其实，很多基金定投平台不但支持定期申购，还支持定期转换。投资者完全可以设定为每个月将若干金额的货币市场基金定期转换为打算定投的基金。这样既免去了手工操作的麻烦，也可以实现当日成交，避免了资金的闲置。该方法的前提是两个基金必须隶属于一家基金公司，且认购平台支持定期转换的功能。

直接在基金公司的官网对该公司旗下的基金品种进行转换非常方便。以南方基金官网为例，基金转换步骤具体如下。

步骤 1 进入“南方 e 站通”，在“基金交易”界面中选择“赎回 / 转换”。在新转出的页面中，单击需要转换的基金右侧位置的“转换”链接，如图 11-18 所示。

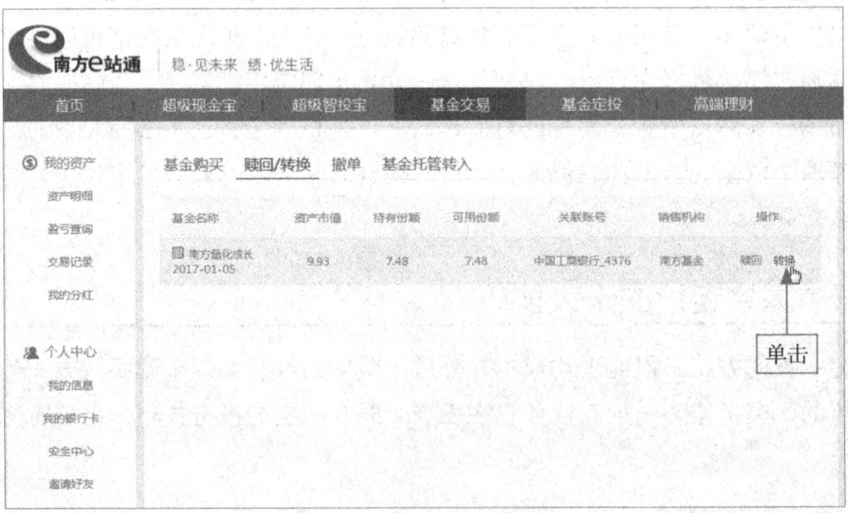

图 11-18 单击“转换”链接

步骤 2 执行上述操作后，页面将转至“基金转换”的“申请”页面。投资者需要在该界面正确填写转入基金、转出份额、交易密码，并对巨额赎回标志进行选择，如图 11-19 所示。

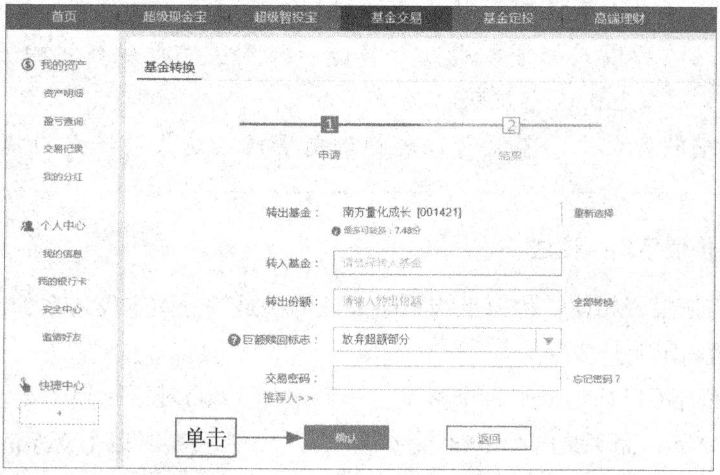

图 11-19 “基金转换”的“申请”界面

专家提醒

如果投资者需要对转换的基金品种重新进行选择，可以单击转出基金后方的“重新选择”。如果投资者想要取消转换操作，可以通过单击“申请”界面中的“返回”按钮来实现。

步骤 3 执行上述操作后，单击“申请”界面中的“确认”按钮，如果新转出的“结果”页面中显示为“操作成功”，就说明基金转换成功了，如图 11-20 所示。

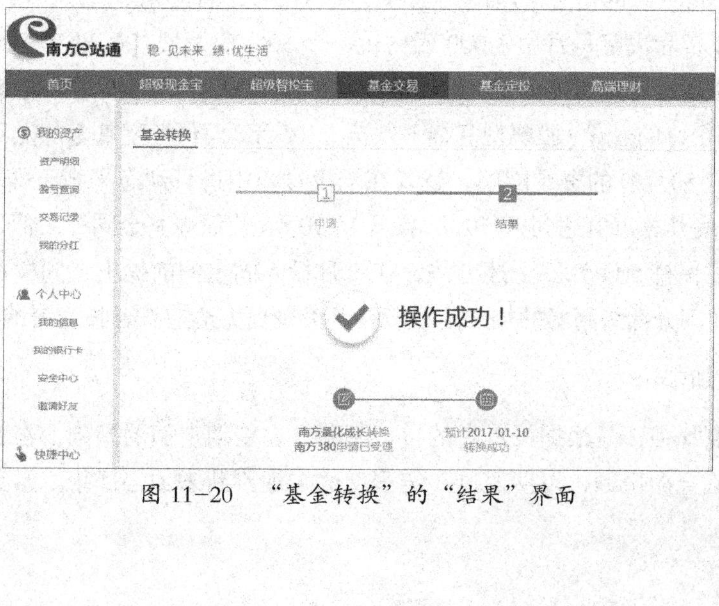

图 11-20 “基金转换”的“结果”界面

专家提醒

转换申请中的两只基金要符合如下条件。

- 在同一家销售机构销售，且为同一注册登记人的两只开放式基金。
- 前端收费模式的开放式基金只能转换到前端收费模式的其他基金。申购费为零的基金默认为前端收费模式。
- 后端收费模式的基金可以转换到前端或后端收费模式的其他基金。

4. 巧用价值平均投资法

与定期定额投资相比，价值平均策略关注的不是每月固定投入多少，而是每月我们的资产净值固定上升多少。

假设投资者可以计划未来每个月基金市值增加 1 000 元。这里需要注意，是基金市值增加 1000 元，而不是购买 1000 元基金。第一个月投资者以 1 元净值买入了 1 000 份净值，次月股市表现大好，买的基金净值变成了 1.4 元，即投入的 1 000 元资金市值变为 1 400 元。

若按照定期定额法，下一个月需要购买的基金数额依旧是 1 000 元，但是用价值平均策略则不同了，投资者要求的只是到第二个月末基金的市值达到 2 000 元，既然现在已经有 1 400 元了，那么当月只需要投入 600 元买入 428.511 份基金即可。该方法虽好，但遇上市场大跌必须大幅度加大定投的金额。

5. 资产组合与动态平衡

一般谈及基金定投，往往只是针对一个基金或者一类基金。其实，资产配置同样是长期投资不可或缺的理念，所以完全可以将这两者结合起来。

例如，投资者决定每月用 3 000 元构筑一个 50% 股票型基金和 50% 债券型基金的定投组合，那么最初时每月定投资金将各有 1 500 元进入债券型基金和股票型基金。不过，若经过一个月的变化，股票型基金下跌至 1 300 元，而债券型基金却上涨至 1 600 元，那么为了维持 50 : 50 的资产配置，就要在定投过程中进行动态平衡，即投入 1 650 元至股票基金，使其总市值达到 2 950 元，投入 1 350 元，使债券基金同样市值达到 2 950 元，两者比例继续保持 50 : 50。上述方法，在每月投入固定的前提下，同样可以实现如价值平均法那样部分低买高卖的加强定投策略，无疑更为适应普通投资者的需求。

6. 定点加强法

所谓定点加强，是根据投资者的自行判断，在定期定额的基础上在特定时刻增加或减少某类基金的份额，以期通过一定程度的主观判断来加强回报。常见的定点加强法可以基于指数或者估值。此外，定点加强法是和资产组合、动态平衡相结合，并不追加或者减持总体基金份额，而是调整股票、债券两类资产的比重。

7．封基也可以做定投

虽然定期定投一直为开放式基金所推崇，但其实封闭式基金一样可以进行定投，只不过这需要在二级市场上自行操作。相比开放式基金，封闭式基金因为折价率的原因，可以为投资者提供更多的安全边际，而且封闭式基金买卖的佣金也低于开放式基金的申购费用，从而可以实现更低的入市成本。

与此同时，每周封闭式基金公布的净值与市价比较，投资者也可以方便观察封闭式基金溢价率的变化，并且可以根据溢价率的高低动态调整定投的金额：在溢价率超过 30% 以上时多定投些封闭式基金，在溢价率过小（比如低于 10%）的时候减持部分封闭式基金。

8．充分利用资金

目前很多机构除了支持定期申购外，还支持定期转换功能。投资者可以在同一家基金公司中将两种基金设定为自动转换，在每个周期需要基金定投的时候自动使另一种基金转换为定投的基金，从而避免到期时赎回然后再申购造成资金短时间闲置。

9．合适的收费方式

短时间内后端收费定投与前端收费定投到期收益差别不大，但是长时间累加却往往会产生明显的差异。因此，投资者如果想选择长期稳定的定投方式可以采用"后端收费"模式。这种模式的特点是持有时间越长费率越低，可以提供长时间复利发酵后的更高回报，有利于复利增值。

10．红利再投资

从长远角度来看，选择红利再投资比选择现金分红收益可能更大。分红是实现收益的一种方式，现金分红使投资者直接获得现金回报，而红利再投资则将分红转化为增加的基金份额。对于基金定投的长期投资者来说，投资时间越长，分红频率越高，则红利再投资的复利优势就越明显。

11.2.5 基金定投的注意事项

虽然基金定投是"懒人投资法"，但也不能"甩手不管"。尤其对于那些亏损的投资者来说，应该重新审视自己的定投，有针对性地进行调整。

（1）避免资金闲置。为了避免到期时赎回到再申购这一个时间段的资金闲置，投资者可以开通定期申购和定期转换功能，还可以设置自动转换。

（2）调整收费方式。短时间内后端收费定投与前端收费定投到期收益差别不大，但是长时间累加却往往会产生明显的差异。

（3）投资资金最大化。分红是实现收益的一种方式，现金分红使投资者直接获得现金回报，而红利再投资则将分红转化为增加的基金份额。

CHAPTER 12

第 12 章 轻松玩转宝类基金

学前提示

人类已经进入“互联网＋”时代。互联网正在改变人类经济活动及其管理方式，同时也正在改变人类的思维。当互联网金融的风暴来袭，最先发生改变的是互联网理财产品：货币基金变成了一种几乎没有门槛限制、没有时间限制，并且随时随地可以投资的产品。本章将全面剖析宝类基金的投资技巧。

要点展示

- 货币市场基金的交易要点
- 热门宝类货基投资技巧
- 宝类基金操作攻略

12.1 货币市场基金的交易要点

货币市场基金（Money Market Fund，MMF），是指投资于货币市场上短期（一年以内，平均期限 120 天）有价证券的一种投资基金。该基金资产主要投资于短期货币工具如国库券、商业票据、银行定期存单、政府短期债券、企业债券等短期有价证券。货币基金只有一种分红方式，即红利转投资，货币市场基金每份单位始终保持在 1 元，超过 1 元后的收益会按时自动转化为基金份额，拥有多少基金份额即拥有多少资产。而其他开放式基金是份额固定不变，单位净值累加的，投资者只能依靠基金每年的分红来实现收益。

12.1.1 货币市场基金的优点与特征

货币市场基金除具有收益稳定、流动性强、购买限额低、资本安全性高等特点外，还具有以下优点。

- 可以用基金账户签发支票、支付消费账单。
- 通常被作为进行新的投资之前暂时存放现金的场所。这些现金可以获得高于活期存款的收益，并可随时撤回用于投资。

一些投资者大量认购货币市场基金，然后逐步赎回用以投资股票、债券或其他类型的基金。许多投资人还将以备应急之需的现金以货币市场基金的形式持有，有的货币市场基金甚至允许投资人直接通过自动取款机抽取资金。

货币市场共同基金首先是基金中的一种，同时，它又是专门投资货币市场工具的基金，与一般的基金相比，除了具有一般基金的专家理财、分散投资等特点外，还具有以下一些投资特征。

- 货币市场基金投资于货币市场中高质量的证券组合。
- 货币市场共同基金提供一种有限制的存款账户。
- 货币市场共同基金所受到的法规限制相对较少。

12.1.2 货币基金与其他产品的区别

货币市场基金有“活定期”之称，通常被认为是储蓄的替代品。

货币市场基金与储蓄的主要区别如下。

- 对于定期储蓄来说，储户往往在急需用钱时，如果提前取回，则不能享受定期利息，而货币市场基金却可以随时申购，赎回时资金一般 T + 1 日即可到账。同时，货币市场基金可以投资一些收益比较高的货币市场产品。

- 大部分基金管理公司都提供自己的货币基金与自己其他基金产品的转换。这样投资者在股市低迷的时候可以持有货币市场基金避险，获得稳定收益，而股市转好时可以迅速转换为股票型基金。

货币市场基金与传统基金相比，还具有以下特点。

- 货币市场基金与其他投资于股票的基金最主要的不同在于基金单位的资产净值是固定不变的，通常是每个基金单位1元。投资该基金后，投资者可利用收益再投资。这样投资收益就不断累积，增加投资者所拥有的基金份额。比如，某投资者以1 000元投资于某货币市场基金，可拥有1 000个基金单位，1年后，若投资报酬是9%，那么该投资者就多90个基金单位，总共1 090个基金单位，价值1 090元。
- 衡量货币市场基金表现好坏的标准是收益率。这与其他基金以净资产价值增值获利不同。
- 流动性好、资本安全性高。其源于货币市场是一个低风险、流动性高的市场。同时，投资者可以不受到期日限制，可随时根据需要转让基金单位。
- 风险性低。货币市场工具的到期日通常很短，货币市场基金投资组合的平均期限一般为4～6个月，因此风险较低，其价格通常只受市场利率影响。
- 投资成本低。货币市场基金通常不收取赎回费用，并且其管理费用也较低，货币市场基金的年管理费用为基金资产净值的0.25%～1%，比传统的基金年管理费率（1%～2.5%）低。
- 货币市场基金均为开放式基金。货币市场基金通常被视为无风险或低风险投资工具，适合资本短期投资以备不时之需，特别是在利率高、通货膨胀率高、证券流动性下降，可信度降低时，可使本金免遭损失。

12.1.3 货币基金的购买与赎回技巧

货币市场基金是稳健投资者的首选，在整个市场不被看好的情况下，很多投资者会把其他风险较大的基金转换为货币市场基金。这样做能在减少风险的同时，还可以获取一定的收益。新基民在购买货币市场基金时须掌握以下技巧。

（1）购买工资卡所属银行代销的货币市场及基金。货币市场基金最大的优势就是交易便捷和流动性强，因此被称为“现金管理工具”。投资者可以将每月的工资除去生活必要开支，将其余部分买成货币市场基金。

（2）购买规模稳定的货币市场基金。很多投资者认为货币市场基金规模越大越好，但其实货币基金的规模与基金业绩并没有明显的关系。货币基金的收益与规模的大小也没有直接关系，但是与规模的稳定性却有很大的关系。

（3）购买产品线完善的基金公司产品。货币市场基金风险低、流动性强、交易费用低廉，不仅是现金管理工具，同时也是股市投资的“避风港”。如果选择产品线完整的基金公司产品，可以享受转换的便利，而且通常各基金公司对于转换本公司产品还有费用上的优惠，帮助投资者有效节约投资成本。

货币市场基金是按天计息的，持有一天就有一天的收益。因此，投资者没有必要担心未到收益分配日赎回基金，持有期间的收益会遭受损失。只是由于未到该基金收益的分配日，投资者在账面上看到的基金份额并未增加，其收益是如何获得呢？提前赎回货币市场基金的损益通常包括以下两种情况。

- 若投资者选择全部赎回，则基金持有期间的收益会以现金方式随本金结算给投资者。
- 若投资者选择部分赎回，则赎回部分的基金在持有期间的收益将在收益分配日后体现在基金账户中，增加基金份额。

该方式类似于银行活期存款，当活期存款全部取出，不论是否到银行结息日，都会利随本清，有一天利息算一天；如果是部分支取，则利息会在结息日计入储户的存款账户中。

12.2 热门宝类货基投资技巧

目前，宝类理财产品形成了百家争鸣的状况。各大互联网公司都已上线此类理财产品，投资者可以根据自己的实际情况，选择适合自己的投资产品。本节将介绍一些热门宝类货币基金的投资技巧，以帮助读者快速上手。

12.2.1 阿里余额宝

余额宝是内置于支付宝钱包的“挣钱功能”。它让用户的“电子钱包”变成了“会挣钱的电子钱包”，如图 12-1 所示。

余额宝是支付宝为个人用户推出的通过余额进行基金支付的服务，把资金转入余额宝即为向基金公司等机构购买相应的理财产品。

（1）每天的收益计算公式：当日收益 =（余额宝已确认份额的资金 /10 000）× 每万份收益。假设用户已确认份额的资金为 20 000 元，当天的每万份收益为 1.10 元，代入计算公式，用户当日的收益为：2.2 元。

（2）余额宝的收益结算规则：余额宝的收益每日结算，每天下午 15：00 左右前一天的收益到账。购物消费支付和快速转出（实时到账和 2 小时内到账）的资金当天起没有收益。普通转出资金自资金到账日起没有收益。

（3）余额宝转入金额限制规则：用余额转入余额宝无额度限制，用借记卡快捷转入余额宝不同银行额度不同，以收银台提示限额为准。

图 12-1 “余额宝”首页

用户注册好账户并绑定银行卡后，即可将银行卡内的资金直接转入的余额宝中（即买入货币基金），开始理财投资。用户可以在手机上通过“支付宝钱包”APP，随时随地买卖余额宝，其具体操作方法如下。

步骤 1 进入支付宝钱包主界面，点击“我的”按钮，如图 12-2 所示。

步骤 2 在“我的”界面，点击“余额宝”按钮，如图 12-3 所示。

图 12-2 点击“我的”按钮

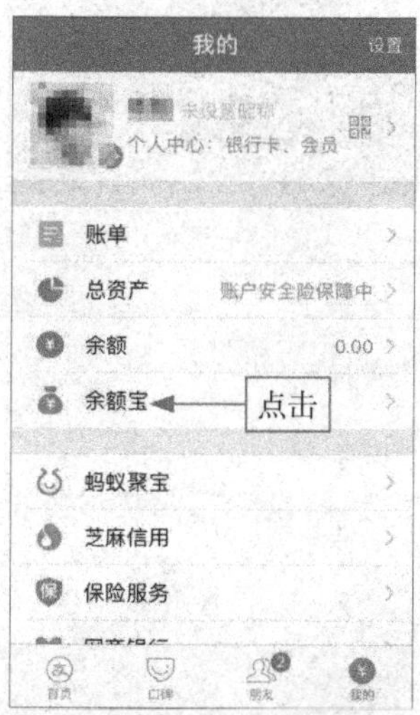

图 12-3 点击“余额宝”按钮

步骤 3 在余额宝界面点击“转入”按钮，如图 12-4 所示。

步骤 4 进入“转入”界面，并输入转入金额，并点击“确认转入”按钮，如图 12-5 所示。

图 12-4　点击“转入”按钮

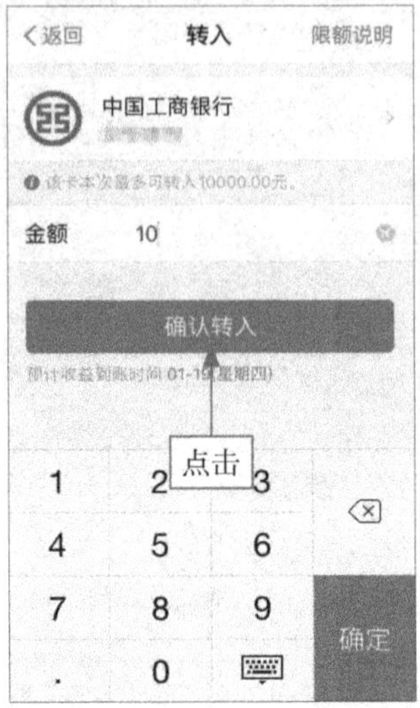

图 12-5　点击“确认转入”按钮

步骤 5 执行上述操作后，弹出“输入密码”界面，投资者需在该页面正确输入密码，如图 12-6 所示。

步骤 6 操作完成后，如果“结果详情”界面显示为“成功转入”，就表示转入成功了，如图 12-7 所示。

图 12-6　输入密码

图 12-7　“结果详情”界面

专家提醒

余额宝和银行活期存款相比：银行是存储利息，利息低，优势是风险低，收益稳定；余额宝则为基金收益，相对收益较高，略有风险。但是，余额宝是支付宝推出的一项功能，支付宝在用户资金方面会有一定的担保，而且余额宝里面的资金也可以直接消费，也可以再转回到支付宝当中。

余额宝与一般货币基金相比：余额宝中可以随时用于消费购物，一般的货币基金赎回需要等两个工作日资金才能到账。

12.2.2 微信理财通

腾讯微信理财通，是一款货币基金产品，合作伙伴目前包括华夏、易方达、广发和汇添富等 4 家基金公司。该产品于 2014 年 1 月 15 日上线，7 日年化收益率曾一度高达 6.4350%，相当于活期存款的 16 倍以上。

理财通现阶段只能在手机端操作，在微信“我的钱包”界面即可找到理财通，用户完成简单的银行卡绑定手续后，即可购买理财通。

步骤 1 进入微信主界面后，点击右下角的“我”按钮，如图 12-8 所示。

步骤 2 进入用户功能界面，点击“钱包”按钮，如图 12-9 所示。

图 12-8 点击“我”按钮

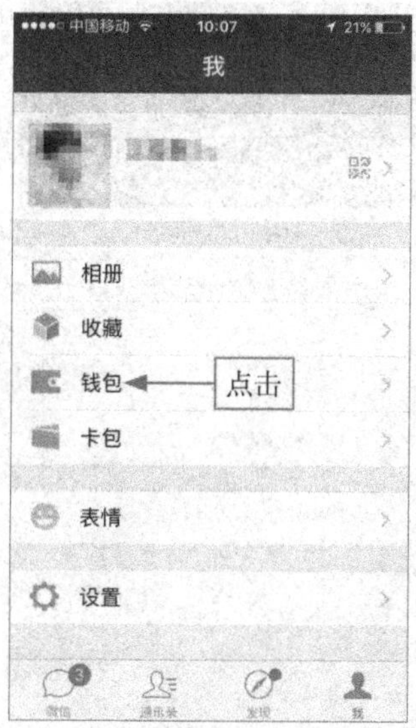

图 12-9 点击“钱包”按钮

步骤 3 进入“我的钱包”界面，点击“理财通”按钮，如图 12-10 所示。

步骤 4 进入“理财通”界面，点击“立即购买余额＋”按钮，如图 12-11 所示。

图 12-10　点击“理财通”按钮

图 12-11　点击“立即买入余额 +”按钮

步骤 5 进入“立即买入余额 +”界面之后，点击相应的理财产品，即可进行选择，如图 12-12 所示。

步骤 6 执行操作后，进入买入界面，设置相应的买入金额，选中“同意服务协议及风险提示”复选框，并点击“买入”按钮，如图 12-13 所示。

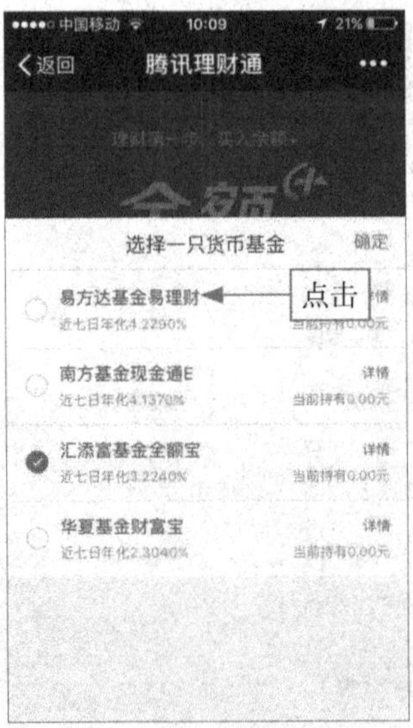

图 12-12　选择相应的理财产品

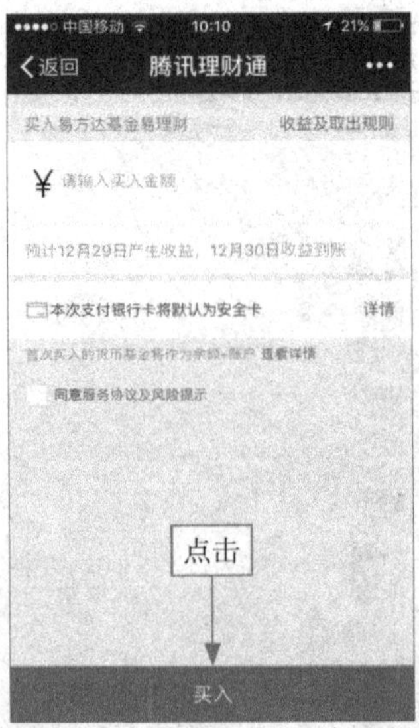

图 12-13　点击“买入”按钮

步骤 7 点击“买入”之后，页面会转至“请输入支付密码”界面，投资者只需直接输入支付密码即可，如图 12-14 所示。

步骤 8 正确输入支付密码之后，如果页面转至图 12-15 所示的界面，就表示购买成功了。

图 12-14 “请输入支付密码”界面

图 12-15 支付成功

相比支付宝余额宝，微信理财通最大的优势在于广阔的用户覆盖面。对于不少人来说，手机当中打开频率最高的一款 APP 应用就是微信。有强劲的用户覆盖度，再加上支付经验的不断优化，微信理财通就很有可能获得余额宝的规模效应。

此外，腾讯一直致力于打造微信移动平台上的 O2O（Online To Offline，线上到线下）市场，微信支付被赋予了不少线下支付场景，包括打车、吃饭、看电影等。若腾讯能成功攻下移动平台上的 O2O 市场，则也将进一步推动用户将资金注入微信平台，以及微信理财通。

12.2.3 百度百发、百赚

继阿里余额宝之后，互联网金融业务开始成为互联网巨头们的标配，百度同样不例外。百度于 2013 年 10 月 28 日正式上线“百度金融中心——理财平台”，如图 12-16 所示。

百发是百度金融中心推出的首项理财计划，本着助百姓发财的目标，降低广大用户从传统金融向互联网金融迁移的门槛。据统计，在百度“百发”推出的当天下午，销售便已超过 10 亿元，参与购买用户超过 12 万。

百发并不是一个产品，而是一个组合形式的理财计划。百发计划是一种互联网金融模式的创新，是一项组合形式的理财计划。百发自 2013 年 10 月上市以来，一直保持着接近 12% 的年收益。这几乎是货币基金的两倍收益。百发同样是百度和华夏基金共同合作的金融理财产品，同样支持 1 元起买，随时可以赎回，比起市面上的传统理财产品，门槛要低不少。

图 12-16　百度金融理财产品

百赚是百度理财的新产品，是百度金融中心推出的首项理财计划。该理财项目对于闲散资金的利用及再创造财富，具有极为重要的作用。由于百赚投资门槛低，因此一经上市便得到大家的广泛关注。

百赚利滚利版背后是嘉实的一支货币基金，是百度和嘉实基金推出一款理财产品。只要用户注册了百度钱包，经过认证后就可以到计算机或手机上进行购买，并且最低购买额是 1 元，可以灵活地查收益和支取，非常的方便，其特点如图 12-17 所示。目前，百赚利滚利对购买额是有限制的，每一个账户每一天只能限购在 2 万元。

图 12-17　百赚利滚利版的主要特点

专家提醒

其实，想要达到百发的收益，从基金运作上来完成几乎不可能。实际上，用户花 100 元购买百发后，百度公司也会花费 100 元购入该产品相关联的货币基金，并将收益全部让利给用户，这样用户即可享受双倍的收益。不过，这样的运作方式是存在一定争议的，其所谓的回报，并不是完全来自于投资。

12.2.4 天天基金网活期宝

活期宝原名天天现金宝，是天天基金网推出的一款针对优选货币基金的理财工具。充值活期宝（即购买优选货币基金），收益最高可达活期存款 10 余倍，远超过一年定存，并可享受 7×24 小时快速取现、实时到账的服务，其主要特点如图 12-18 所示。

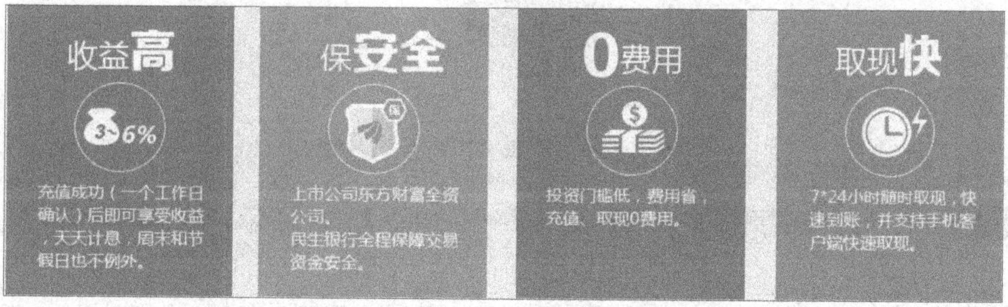

图 12-18 活期宝的主要特点

用户可以通过天天基金网快速完成开户操作，具体方法如下。

步骤 1 进入天天基金网，在其首页顶部的菜单栏中单击“免费开户”按钮，如图 12-19 所示。

图 12-19 单击“免费开户”按钮

步骤 2 执行操作后，在新打开的页面输入手机号码、图形验证码和短信校验码，单击“下一步”按钮，如图 12-20 所示。

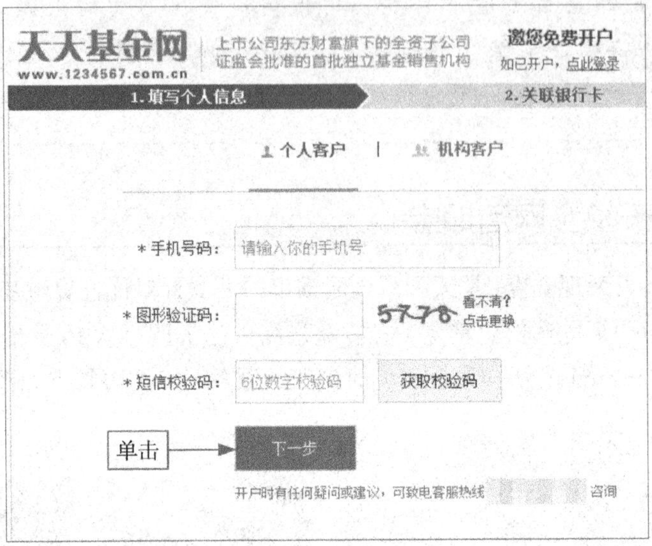

图 12-20 单击“下一步”按钮

步骤 3 在新打开的页面中，设置交易密码，如图 12-21 所示，然后单击“下一步”按钮。

步骤 4 执行操作后，进入“关联银行卡”界面，选中相应银行，如图 12-22 所示，单击“下一步”按钮。

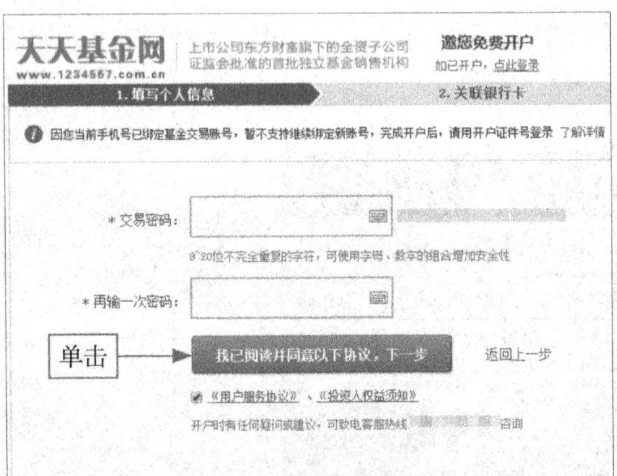

图 12-21 设置交易密码

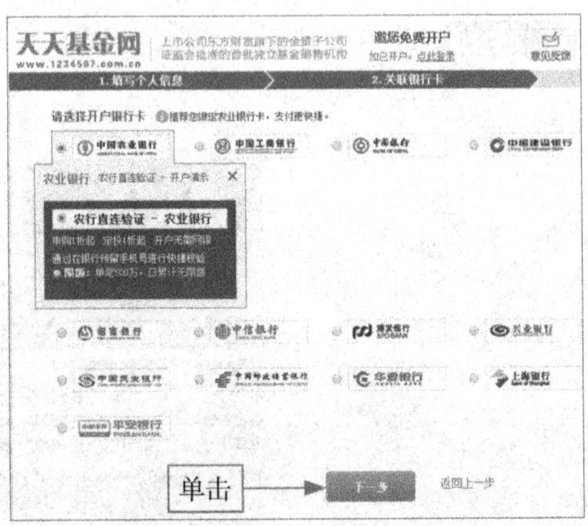

图 12-22 选择银行界面

步骤 5 在页面下方，设置相应的银行卡号、持卡人证件类型和号码、持卡人真实姓名，如图 12-23 所示，单击“开始安全验证”按钮。

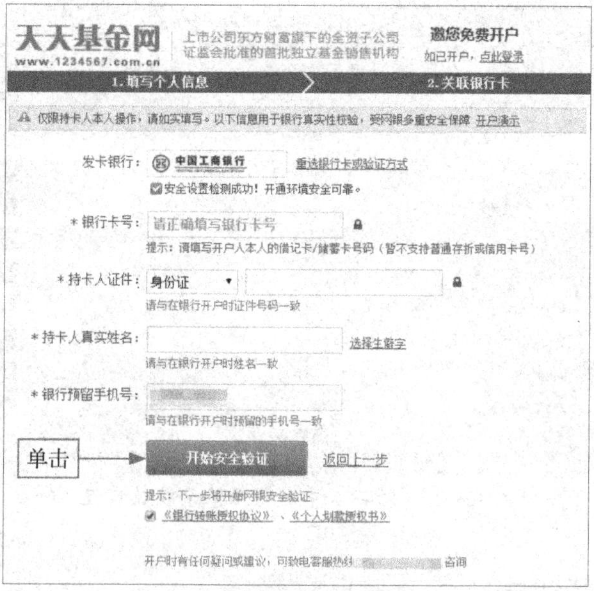

图 12-23　填写银行卡信息

步骤 6 执行操作后，即可完成开户操作，如图 12-24 所示。

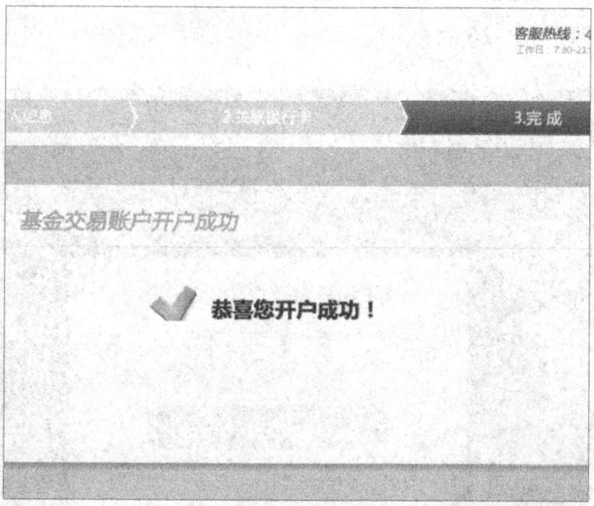

图 12-24　开户成功

活期宝享受货币基金收益，轻松获取 11 ~ 23 倍活期存款利率，甚至超过 1 年期定存利率，如图 12-25 所示。

另外，天天基金网独家功能活期宝一键互转，可以随时将低收益货币基金转换为同期的高收益货币基金。用户只需要登录天天基金网，单击“活期宝互转”按钮。选择要转入的基金和转入金额，单击确认即可，操作简单便捷。

活期宝基金每日播报

基金代码	基金名称	日期	每万份收益(元)	7日年化收益率(%)	
000588	招商招钱宝货币A	01-15	1.0767	4.059%	充值
000010	易方达天天理财货币B	01-13	0.9656	3.99%	充值
020007	国泰货币	01-13	1.0596	3.883%	充值
000009	易方达天天理财货币A	01-15	1.1323	3.643%	充值
360003	光大货币	01-13	0.9131	3.576%	充值
091022	大成现金增利货币B	01-13	0.9446	3.447%	充值
482002	工银货币	01-13	0.9154	3.333%	充值
001666	鹏华添利宝货币	01-13	0.8697	3.303%	充值
213909	宝盈货币B	01-13	1.4087	3.242%	充值
090022	大成现金增利货币A	01-13	0.8784	3.197%	充值

图 12-25　活期宝中的货币基金收益情况

12.2.5　苏宁零钱宝

零钱宝是第三方支付平台苏宁易付宝为个人用户打造的现金理财产品。用户存放在零钱宝中的资金不仅能够得到较高收益，还能随时消费和快速转出，方便灵活且不收取任何手续费，如图 12-26 所示。

图 12-26　苏宁零钱宝

零钱宝理财产品是将合作基金公司的基金直销系统内置到易付宝中，易付宝和基金公司通过系统的对接为用户完成基金开户、基金购买等一站式金融理财服务。零钱宝的主要特点如下。

（1）操作简单，使用灵活：零钱宝内资金可随用随取，既可用于网上购物、充值缴费、转账和信用卡还款等，也可以转到易付宝账户或银行卡。

（2）全程监管，安全保障：由银行对零钱宝资金实行全程监管，确保资金安全；易付宝提供全方位的安全保障体系，加倍安心。

（3）创新优势，更多选择：精选国内实力顶尖的基金公司，资产管理能力更强，多只货币基金可自由选择，打破同类产品选择单一的缺点，充分保障用户权益。

专家提醒

易付宝是由苏宁云商集团股份有限公司（苏宁易购）全资成立的一家独立第三方支付公司，注册资金 1 亿元。零钱宝则与支付宝推出的余额宝类似，是内嵌于易付宝的“挣钱功能”。同时，易付宝还是一款移动电子钱包 APP，其最新版本中新增了理财应用零钱宝，如图 12-27 所示。

图 12-27　易付宝 APP 中的零钱宝应用

12.2.6　网易现金宝

现金宝是网易理财平台通过合作方提供的一款具有较高收益且随取随用的基金产品，是汇添富基金公司的一款货币基金，如图 12-28 所示。投资者可将每月不用的闲钱购买现金宝，可享受货币基金收益。现金宝取现非常方便，而且手续费为零，取现实时到账，流动性非常好。

图 12-28 网易现金宝

现金宝支持 1 分钱起购，收益会在转入的对应工作日进行确认，当日的收益会在下个工作日公布并发放。如图 12-29 所示，为网易现金宝的收益情况。

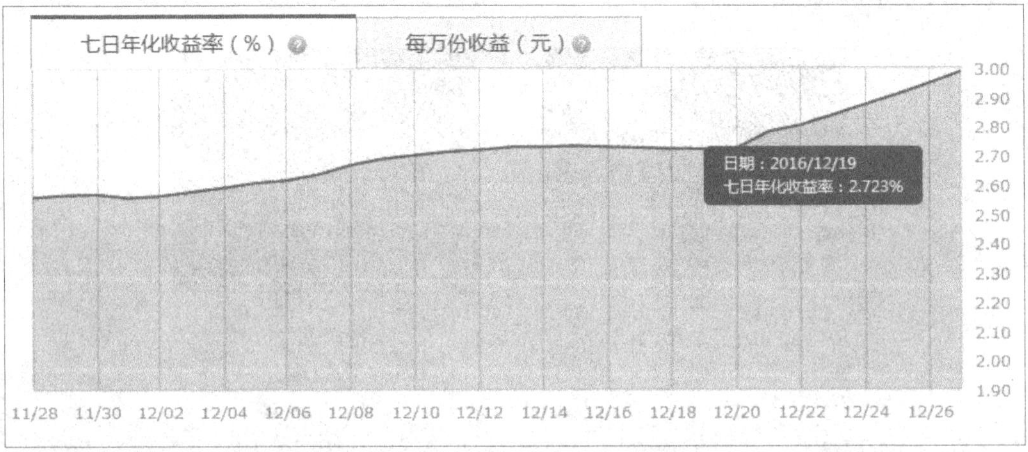

图 12-29 现金宝七日年化收益率走势图

现金宝支持自动充值和保底归集两种自动攒钱方式。自动充值就是绑定工资卡，定期将指定金额的资金自动转入现金宝，让投资者的银行卡内闲置资金“活”起来，享受远超活期的收益。而保底归集是自动充值的升级版，无需繁琐的设置，仅需指定卡内需保留的金额，超出部分每天将自动为用户充值到现金宝。

12.2.7 华夏薪金宝

华夏薪金宝是由华夏基金与中信银行联手为个人用户打造的一项活期资金余额增值服务，如图 12-30 所示。用户在各中信银行网点就可以办理相关业务并购买华夏薪金宝。

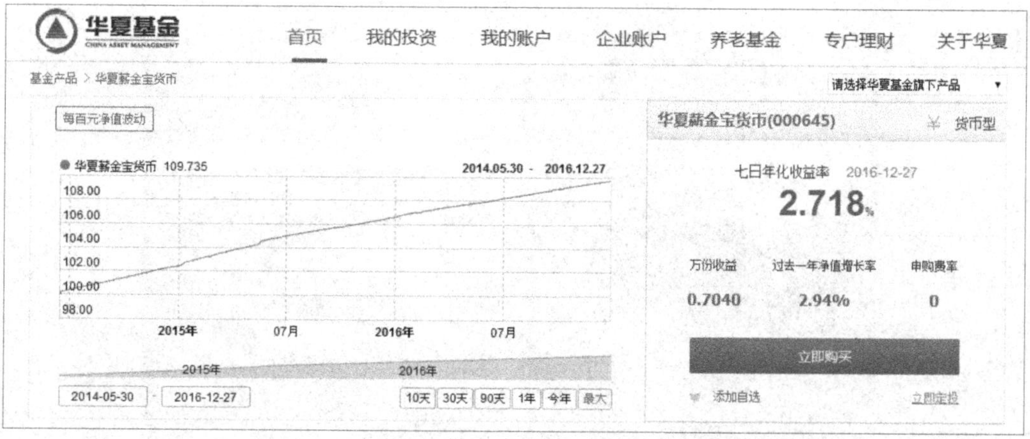

图 12-30　华夏薪金宝首页

华夏薪金宝的特色在于申购赎回全自动模式及支付取现功能。通过华夏薪金宝，用户不仅能够得到收益，还能随时取现消费和转账，像使用活期存款一样方便，如图 12-31 所示。

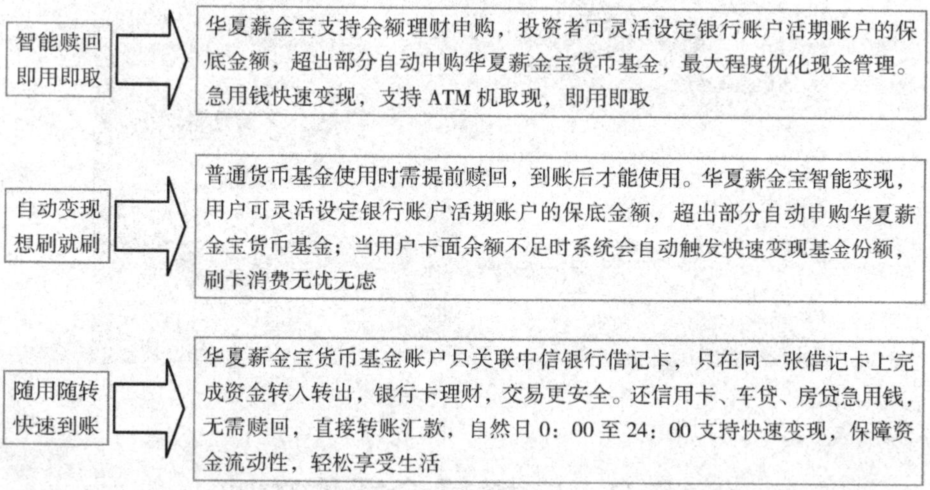

图 12-31　华夏薪金宝特点

12.2.8　京东小金库

京东小金库与阿里巴巴推出的余额宝类似。投资者把资金转入小金库之后，就可以购买京东的货币基金产品。同时，小金库里的资金也随时可以在京东商城购物，如图 12-32 所示。

京东小金库的收益是每日结算且复利计算收益，获得的收益自动作为本金第二天重新获得新的收益，其存入 1 万元的日收益如图 12-33 所示。

图 12-32　“京东小金库”首页

图 12-33　收益计算

12.3　宝类基金操作攻略

在了解了常见的互联网理财产品后，本节笔者以“余额宝”的实战操作为例，对如何注册账户、注入与转出资金进行详细介绍，供投资者参考。互联网理财产品多种多样，投资者必须擦亮眼睛，选择适合自己的产品。

12.3.1　账户注册

支付宝的账户注册非常方便，并且提供计算机注册和手机端注册，用户可以根据自身情况自行选择注册方式。

1. 计算机注册方法

通过计算机注册支付宝的具体操作方法如下。

步骤① 在计算机上打开支付宝主页，填好相关资料，用户就可以很快的拥有一个支付宝账户，如图 12-34 所示。

图 12-34 支付宝注册界面

步骤② 拥有了支付宝账户之后，系统就会自动生成一个余额宝账户，支付宝的余额账户有两个：一个是支付宝账户余额，另一个是余额宝。这两个账户之间是可以随时相互免费转账的。单击余额宝中的“管理”链接，即可进入余额宝界面，如图 12-35 所示。

图 12-35 “余额宝”界面

2. 手机注册方法

通过手机注册支付宝的具体操作方法如下。

步骤 1 打开“支付宝钱包”APP 后，点击“注册”按钮，如图 12-36 所示。

步骤 2 执行操作后，进入“注册”界面，输入手机号、昵称、登录密码，并点击“下一步”按钮，如图 12-37 所示。

图 12-36 点击“注册”按钮

图 12-37 点击“下一步”按钮

步骤 3 弹出“确认手机号”对话框，点击“确定”按钮，如图 12-38 所示。

步骤 4 手机将收到验证短信，记住校验码，如图 12-39 所示。

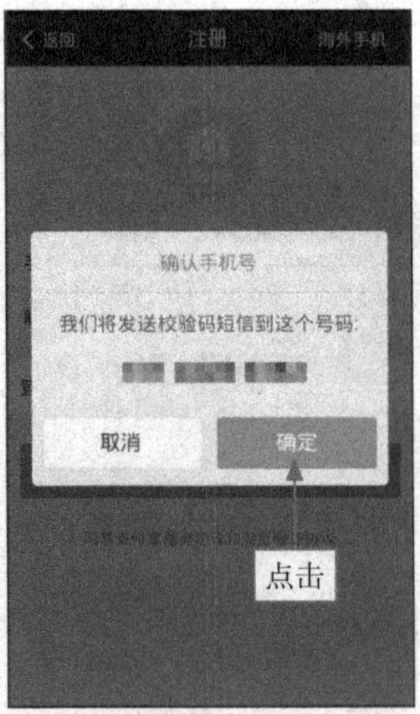

图 12-38 点击“确定”按钮

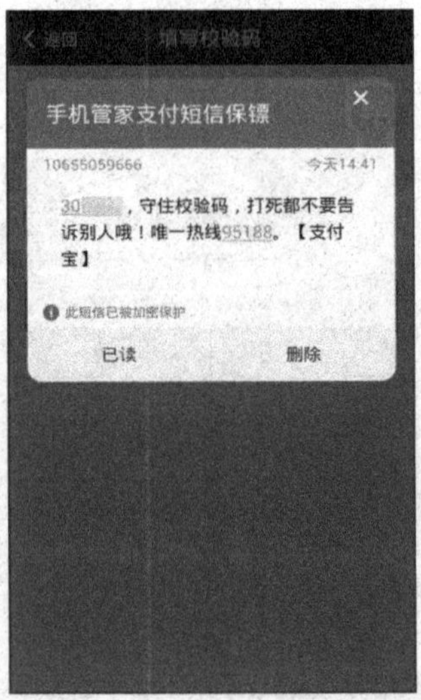

图 12-39 手机验证短信界面

步骤 5 进入“填写校验码”界面，输入刚才收到的校验码，如图 12-40 所示。

步骤 6 点击“下一步”按钮，即可进入支付宝主界面，如图 12-41 所示。

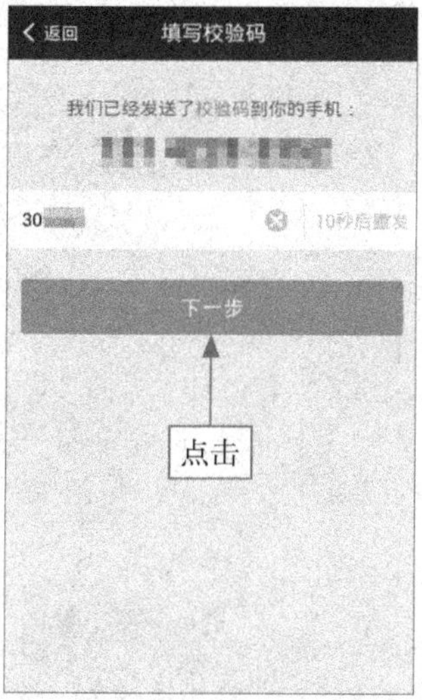

图 12-40　输入校验码

图 12-41　支付宝首页

步骤 7 在支付宝首页点击右下角的“我的”按钮，进入“我的”界面，如图 12-42 所示。

步骤 8 在“我的”界面中，点击“个人中心”按钮，进入“个人中心”界面，如图 12-43 所示。

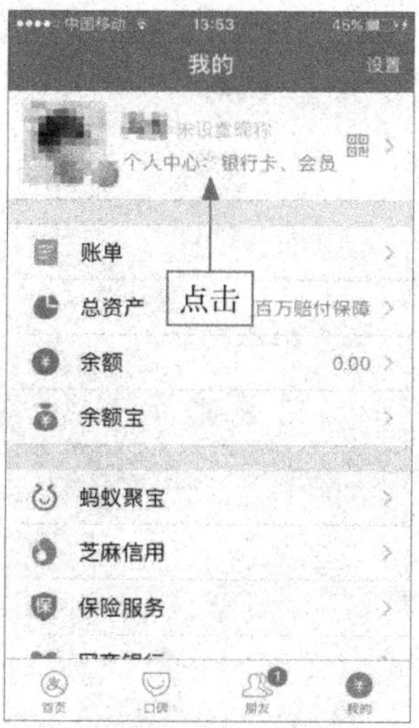

图 12-42　“我的”界面

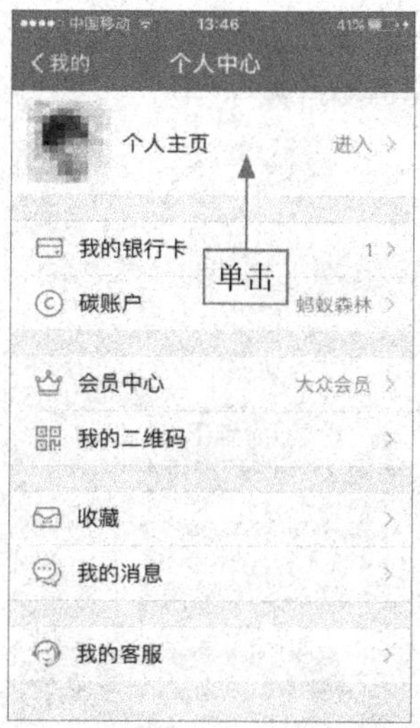

图 12-43　“个人中心”界面

步骤 9 在“个人中心”界面，点击“我的银行卡”按钮，进入“我的银行卡”界面，如图 12-44 所示。

步骤 10 在“我的银行卡”界面，点击“+”按钮，进入“添加银行卡”界面，如图 12-45 所示。

图 12-44 “我的银行卡”界面

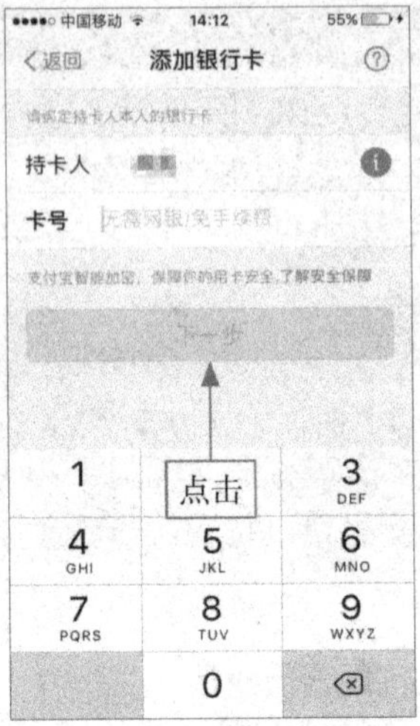

图 12-45 “添加银行卡”界面

步骤 11 在“添加银行卡”界面正确输入卡号之后，点击“下一步”按钮，页面转至“验证手机号”界面，如图 12-46 所示。

步骤 12 在“验证手机号”界面正确输入校验码之后，点击“下一步”按钮，页面转至“添加银行卡”界面，并显示“添加成功”，如图 12-47 所示。

图 12-46 “验证手机号”界面

图 12-47 “添加银行卡”界面

步骤 13 在“添加银行卡”界面点击“完成”按钮，页面转至“我的银行卡”界面，如图 12-48 所示。

步骤 14 在“我的银行卡”界面点击银行卡所在区域，还可进入“银行服务”界面，了解银行卡详情，如图 12-49 所示。

图 12-48 “我的银行卡”界面

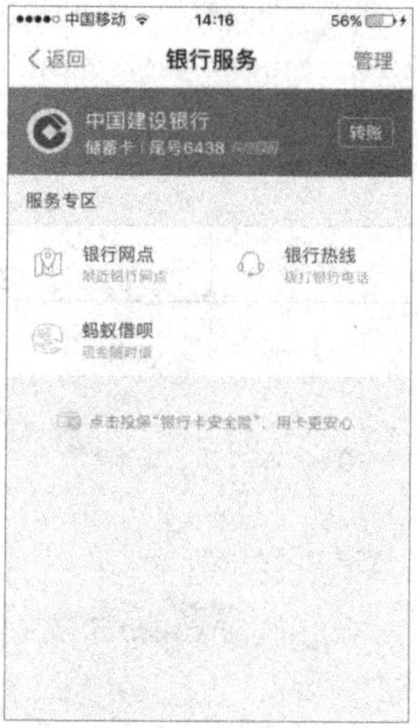

图 12-49 “银行服务”界面

12.3.2 转入资金

用户注册好账户并绑定银行卡后，即可将银行卡内的资金直接转入的余额宝中（即买入货币基金），开始理财投资。

1. 计算机转入资金方法

通过计算机向余额宝转入资金的具体操作方法如下。

步骤 1 用户登录后，在支付宝的主页面单击“转入”链接，如图 12-50 所示。

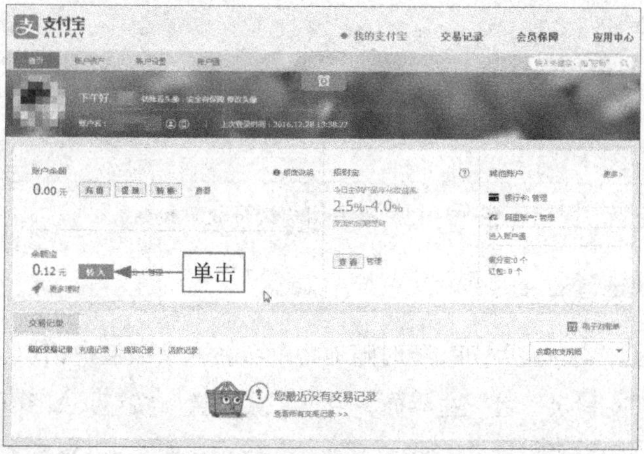

图 12-50 单击“转入”链接

步骤 2 选择需要转入资金金额，单击“下一步”按钮，如图 12-51 所示。

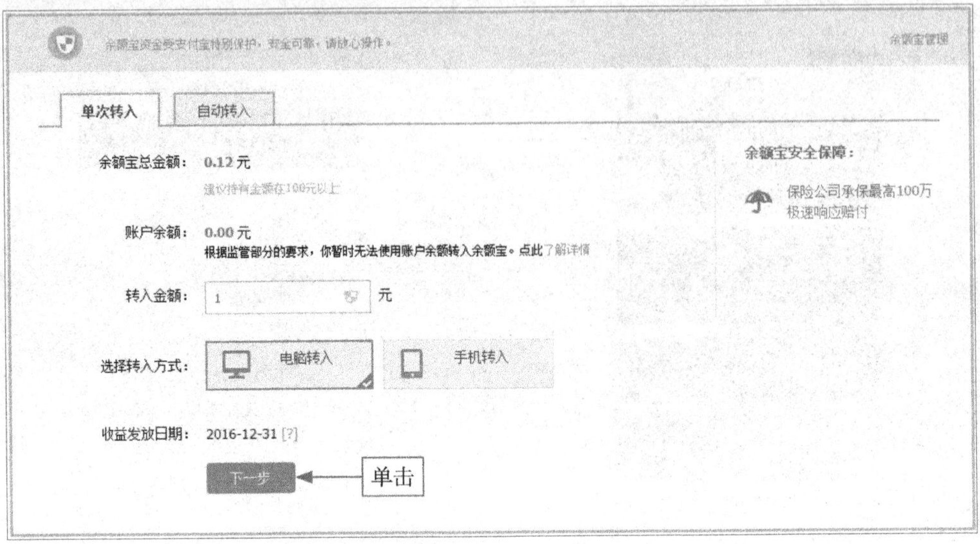

图 12-51 单击“下一步”按钮

步骤 3 选择转入资金的银行卡，单击“确认付款”按钮，如图 12-52 所示。

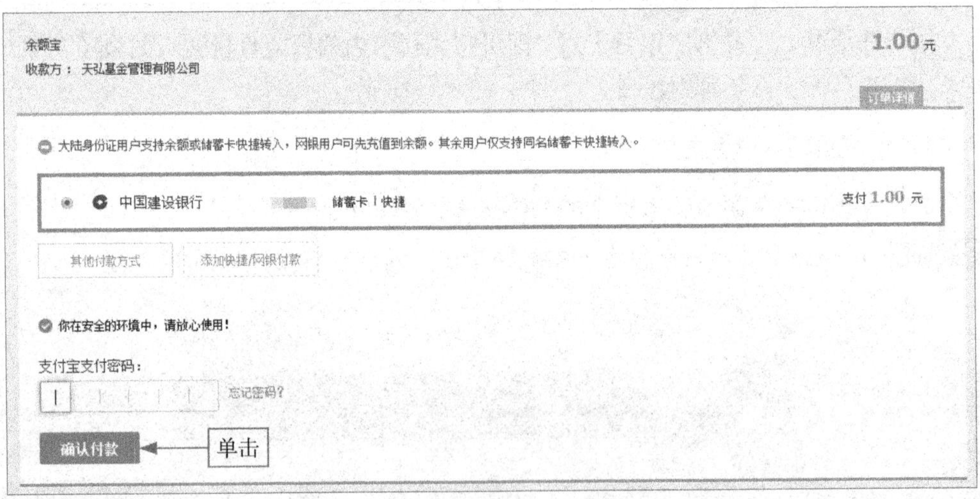

图 12-52 单击“确认付款”按钮

2. 手机转入资金方法

用户可以通过“支付宝”APP，随时随地将资金转入余额宝中，其具体转入流程如下。

步骤 1 进入“支付宝钱包”主界面，点击“余额宝”按钮，如图 12-53 所示。

步骤 2 进入“余额宝”界面，点击“转入”按钮，如图 12-54 所示。

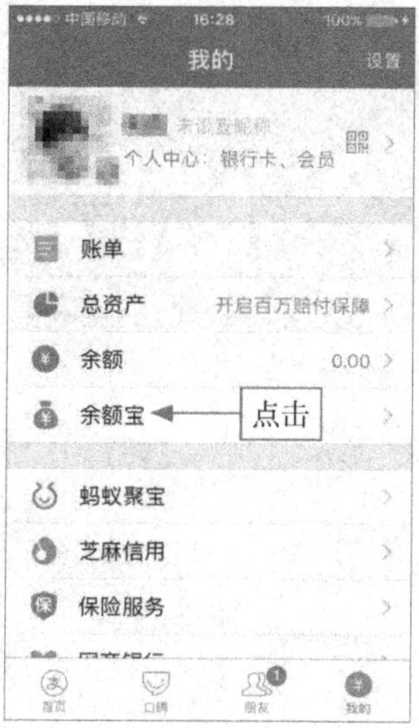

图 12-53 点击“余额宝”按钮

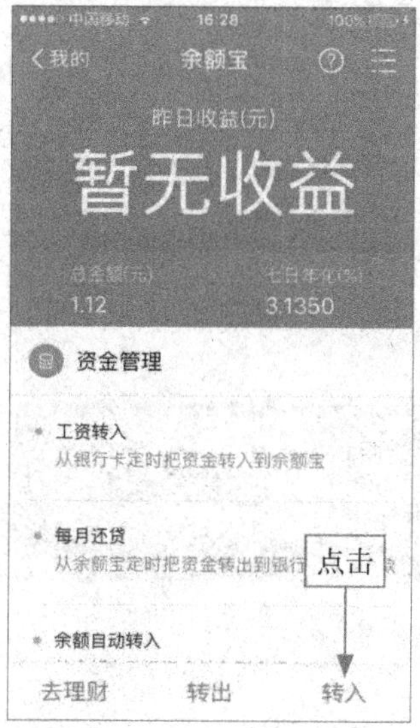

图 12-54 点击“转入”按钮

步骤 3 进入“转入”界面，输入相应金额，点击“确认转入”按钮，如图 12-55 所示。

步骤 4 在“输入密码”界面中输入支付宝支付密码，如图 12-56 所示，点击“确认”按钮。

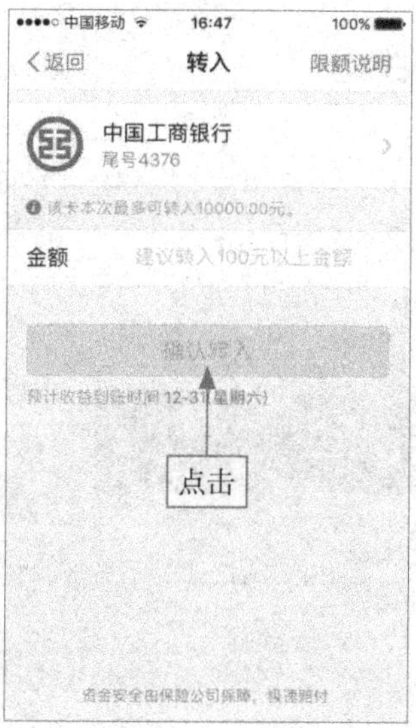

图 12-55 点击“确认转入”按钮

图 12-56 “输入密码”界面

步骤 5 完成密码输入之后，进入“结果详情”界面，点击“完成”按钮，如图 12-57 所示。

步骤 6 执行操作后，即可成功购买余额宝理财产品，如图 12-58 所示。

图 12-57　点击“完成”按钮

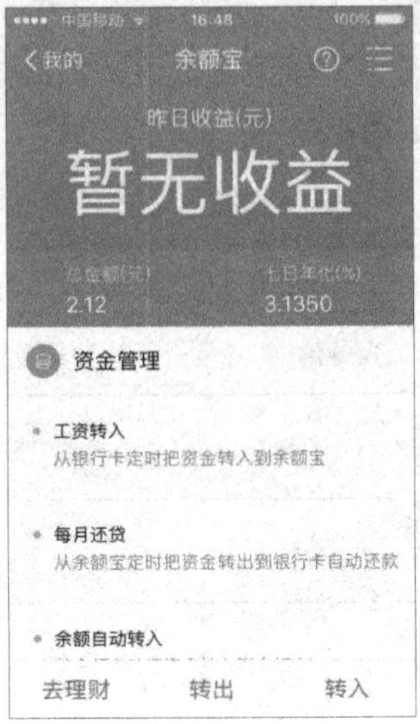

图 12-58　成功买入余额宝

12.3.3　转出资金

余额宝内的资金可以随时转出（即卖出货币基金），用户只需要有一台可以上网的计算机或是手机，即可完成资金转出的操作。

1．使用计算机进行资金转出

使用计算机转出余额宝资金的操作方法如下。

步骤 1 在余额宝主界面单击“转出”按钮，如图 12-59 所示。

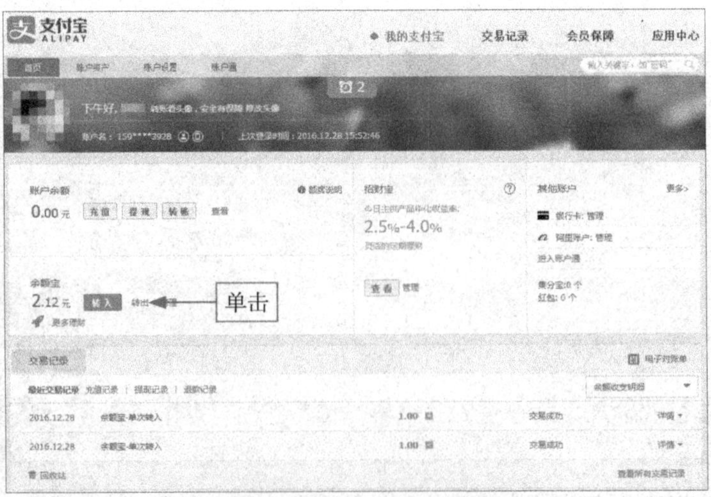

图 12-59　单击“转出”按钮

步骤 2 选择“转出至银行卡”并填写相关信息后，单击“确认转出至银行卡”按钮，即可将资金直接转至自己的银行卡内，如图 12-60 所示。

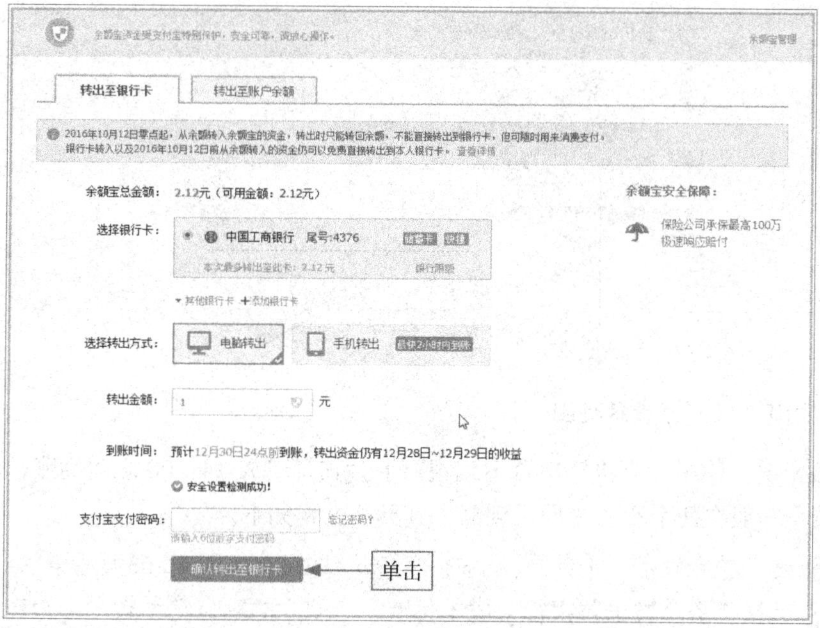

图 12-60 填写转出信息界面

步骤 3 用户也可以将余额宝内的资金转入到支付宝中，切换至“转出至账户余额”选项卡，输入转出金额和支付密码，单击“确认转出至账户余额”按钮，如图 12-61 所示。

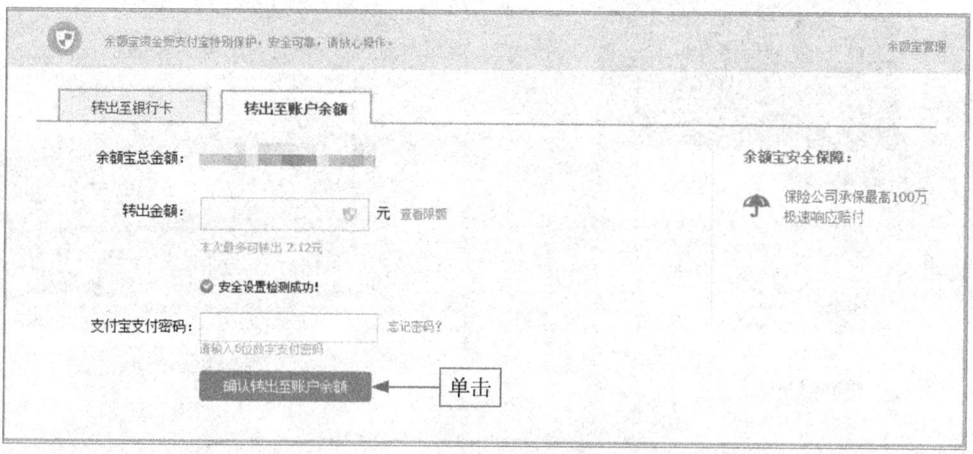

图 12-61 “转出至账户余额”界面

步骤 4 执行操作后，页面中会显示“转出申请已提交”，如图 12-62 所示。

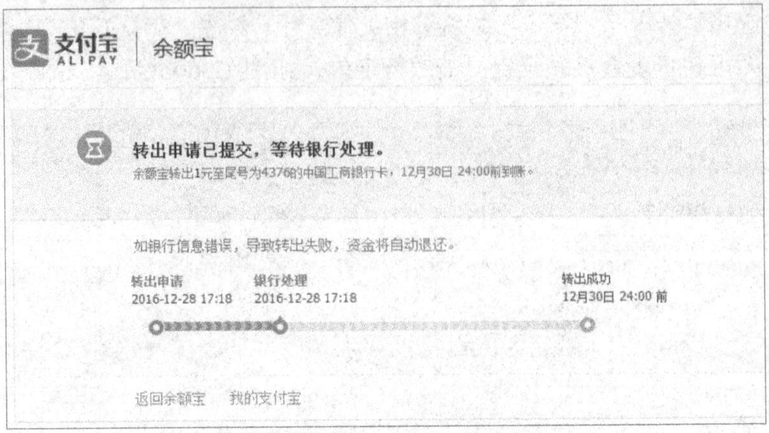

图 12-62　显示“转出申请已提交”

2. 使用手机进行资金转出

一般来说，使用计算机转出资金到银行卡会在第二天 24：00 之前到账，而使用手机转出资金一般在两个小时内即可到账，其具体方式如下。

步骤 1 进入“余额宝”主界面，点击“转出”按钮，如图 12-63 所示。

步骤 2 选择将资金转出至银行卡或支付宝，若用户的支付宝绑定多张银行卡，还可点击银行卡进行选择，输入转出的相应金额后，点击“确认转出”按钮，如图 12-64 所示。

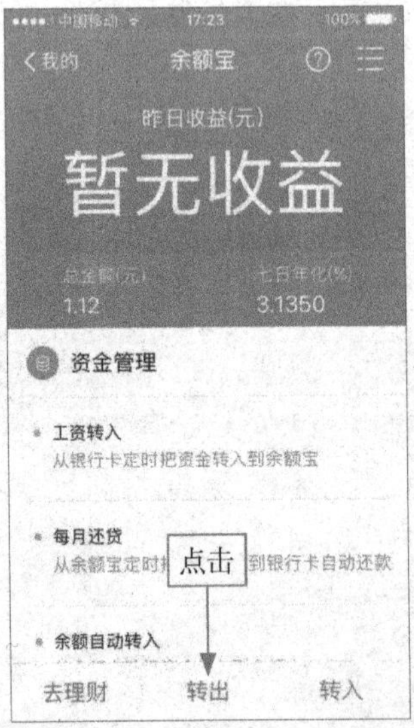

图 12-63　点击“转出”按钮

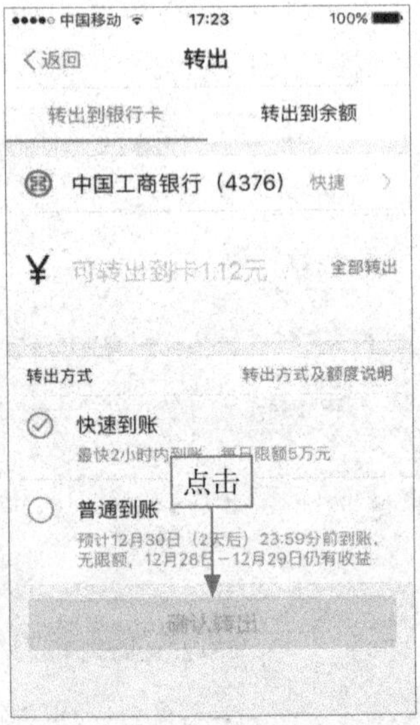

图 12-64　点击“确认转出”按钮

步骤 3 输入支付宝支付密码，如图 12-65 所示，在新跳出的页面中，点击“确定”按钮。

步骤 4 执行操作后，进入“结果详情”界面，即可提交转出申请，等待银行处理即可，并显示了预计的到账时间，如图 12-66 所示。

图 12-65 输入支付密码

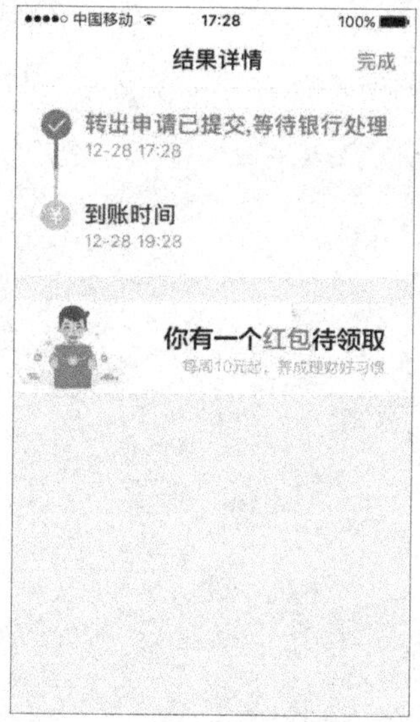

图 12-66 “结果详情”界面